ショッピングセンター用語辞典　新版

社団法人　日本ショッピングセンター協会
ショッピングセンター用語辞典編集委員会

著

学文社

［調査研究委員会委員長］

木村　達央　　㈱ジャパンイマジネーション　代表取締役社長

ショッピングセンター用語辞典編集委員会

［座　長］

飯村　　博　　㈱アイシーエム企画　代表取締役（調査研究委員会副委員長）

［コーディネーター］

外川　洋子　　法政大学　キャリアデザイン学部　教授

［編集委員］

藤山　正道　　NPO法人再開発ビル活性化ネットワーク　理事長（SC経営士会）
関　　正明　　スタジオK　代表
鈴木　裕之　　㈱船場　SC綜合開発研究所　所長
及川　亘弘　　㈱流通・まちづくりコンソーシアム　代表
大甕　　聡　　㈳日本ショッピングセンター協会　専務理事

［編集協力］

高橋　富士夫　　イオンモール㈱　取締役　営業本部　西日本事業部長

（2010年3月現在）

発刊にあたって

　米国で誕生し，1960年代にわが国に導入されたショッピングセンターは，近代的な商業施設として順調な発展を遂げてきました。2009年末には全国で3000箇所以上のショッピングセンターが営業し，年間総売上は約26兆円9千億円となり，わが国小売流通において確固たる地位を築いています。

　ショッピングセンターは，地域住民，消費者にとってショッピングの場としてだけでなく，コミュニティや憩いの場としてなくてはならないものとなっています。

　今や，流通業，不動産業，さらにはまちづくり，都市計画に係るとき，ショッピングセンターの理解を抜きにはできません。しかしながら，ショッピングセンターは非常に裾野の広い業界です。ステークホルダーも多種多様です。そのために，ショッピングセンターを理解するための用語は数多く，また，使用のされ方・解釈の仕方も統一されていませんでした。

　当協会ではこのような現状に鑑み，平成18年5月に「ショッピングセンター用語辞典」を発刊しました。現在まで，ショッピングセンター業界に携わる方々，ショッピングセンターを研究する研究者や学生など多くの方々に愛用されてきたと自負しています。

　初版の発行から4年が経過し，ショッピングセンター業界を取り

巻く環境は大きく変化しています。CO_2 削減などの環境問題，アジアを中心とした国際化のより一層の進展，開発・管理業務に係る新技術の導入，経営手法の革新などに伴って，新たな用語が使われるようになっています。

　本改訂新版は，初版で掲載している用語を現状にそった形で見直すと共に，掲載語彙数を 700 から 1200 と大幅に増やし，充実させました。また，体裁も初版の手帳サイズから今回は四六判として見やすくしました。

　ショッピングセンター業界関係者におかれましては，本用語辞典を座右に置かれ日常業務の中でご活用いただければ幸いです。

　平成 22 年 3 月 31 日

社団法人日本ショッピングセンター協会

会長　木村　惠司

ショッピングセンターの定義　shopping center；SC

　ショッピングセンターとは，1つの単位として計画，開発，所有，管理運営される商業・サービス施設の集合体で，駐車場を備えるものをいう。その立地，規模，構成に応じて，選択の多様性，利便性，快適性，娯楽性等を提供するなど，生活者ニーズに応えるコミュニティ施設として都市機能の一翼を担うものである。

【ショッピングセンター取扱基準】

　ショッピングセンターは，ディベロッパーにより計画，開発されるものであり，次の条件を備えることを必要とする。
①小売業の店舗面積は，1500㎡以上であること。
②キーテナントを除くテナントが10店舗以上含まれていること。
③キーテナントがある場合，その面積がショッピングセンター面積の80％程度を超えないこと。ただし，その他テナントのうち小売業の店舗面積が1500㎡以上である場合には，この限りではない。
④テナント会（商店会）等があり，広告宣伝，共同催事等の共同活動を行っていること。

ABC 分析

ABC analysis
在庫管理のための手法で，一様に管理するのではなく，売上高や売上数量などからみた重要度に応じて，ABCの3つのグループに分類し，管理をすると効率がよいとする考え方。商品に関してだけでなく，顧客管理の方法としても用いられている。
  ロングテール現象　　　　　　　　[外川]

ADR

alternative dispute resolution
裁判外紛争解決。日常，身の回りで，消費者と事業者の間で起こるトラブルについて，当事者以外の第三者にかかわってもらうことにより，裁判以外の方法で解決をはかること。厳格な手続きが必要とされる裁判などに比べ，第三者である専門家による知見を生かした柔軟で迅速な問題解決が可能である。改正独立行政法人国民生活センター法（2009年4月1日施行）で国民生活センター紛争解決委員会が設置され，消費生活センター等や国民生活センター相談部へ寄せられた相談のうち，そこでの助言やあっせん等の相談処理のみでは解決が見込めないときなどには，消費者は紛争解決委員会へ和解の仲介や仲裁を申請することができるようになる。　　　　　　　　　[外川]

ADR

American depositary receipt
米国預託証券。外国企業が米国で株を上場する際，自社株のままでは通貨の違いや，受け渡しの手間などの不都合が生じるため，代替の証券（ADR）を米国内で発行・上場させることで，ドル建てでの売買・決済を可能にするという方策が採られる。この形式による上場外国企業に対しては米国企業と同レベルの情報開示が求められる。欧州にはユーロ建ての欧州預託証券（EDR）がある。　　　　　　　　　　　　　[外川]

AIDMA

attention（注意），interest（関心），desire（欲求），memory（記憶），action（行動）の頭文字をとったもので，顧客が製品や商品，サービスを知ってから購買行動にいたるまでの心理的消費行動モデルのこと。米国のローランド・ホールが提唱した。
　　　　　　　　　　　　　　　　[外川]

AISAS

attention（認知），interest（興味），search（検索・情報収集），action（行動），share（意見共有）の頭文字をとったもので，2004年に電通の秋山隆平と杉山恒太郎が提唱した，ネット時代の到来を反映した新しい消費行動モデル。従来のAIDMAモデルは，消費者の購買行動は attention → interest → desire → memory → action の5段階を経るとするモデルであるのに対して，

AISASでは，商品を認知し，興味をもった消費者は，まずネット等を活用した情報収集・検索（search）を行い，その後に購買行動を起こす。そして購買の結果を評価としてクチコミやネット上コミュニティへの書き込みにより，意見をシェアするとのモデルを想定している。　　　　［外川］

ASP

application service provider
インターネットを通じて，ビジネス・アプリケーション・ソフトをレンタルする事業者。ユーザーは ASP が保有するサーバーにインストールされたソフトを利用するので，個々のパソコンにそれぞれソフトをインストールする必要がなく，管理やアップグレードにかかる費用や手間も節約できる。従来は ERP（経営資源管理）などの大規模な業務システムがレンタルの対象だったが，最近ではワープロや表計算などの日常業務用のソフトもレンタルされるようになっている。　ERP　　　　　　　　　　　［外川］

BBS

bulletin board system
Web サイト上で，参加者のすべてが閲覧したり，書き込みができる電子掲示板サービス。初期のパソコン通信が電子掲示板サービスを目玉としていたことから，電子メールやソフトウェアのアップロードやダウンロードなどのサービスも含めて，パソコン通信サービス全体をさすこともある。
　　　　　　　　　　　　　　　　［外川］

BDF

bio diesel fuel
菜種，ヒマワリ，大豆，トウモロコシなど生物由来物からつくることのできる軽油代替のディーゼルエンジン用燃料のこと。植物は光合成により二酸化炭素を吸収するので燃料油として二酸化炭素を排出しても大気中の二酸化炭素総量は増えないカーボンニュートラルである。バイオエネルギーの一種で，近年外食産業で使用した廃油（天ぷら油など）を回収・処理し，バスなどの燃料油として再利用される事例が紹介されている。　　　　　　　　　　　　　［協会］

BID

Business Improvement District
「特定開発地区」のことで，景観の管理や警備など，特別な地域サービスを提供する代わりに地権者や商業者など当該地区内の受益者から市街地活性化のため，通常の行政サービスに付加価値を乗せるための負担金を徴収する。自主課税権をもつのが特徴で，NPO 法人などが運営するケースが一般的。米国やカナダでは 1000 以上の BID が活動しており，また英国やドイツでも導入の動きが相次いでいる。BID が手がける事業としては地域の清掃や警備，空き店舗対策，イベント，マーケティングなどがあり，活動経費のために地区内の地権者や小売業などから資産税や事業税に数パーセント分を上乗せして，税金として強制的に徴収することができる。徴収した税金は地区の BID 運営団体が事業を推進するために使われる。　　　　　　　　　　　［外川］

BPR

business process re-engineering
企業活動，事業に際して，売上高や収益率，シェアその他の目標を設定し，それを達成

するために，業務のあり方や流れ，組織や人事構造などのビジネス・プロセスを見直し，抜本的に再構築すること。単なる社内業務の改善ではなくて，ビジネスのプロセス全体が最適なものになるように，とくにコスト削減と効率化をキーファクターとして，社内の無駄や不合理な面を改善する。取引先との関係の再構築も対象となる。合理化に際しては高度な情報システムを取り入れる場合が多い。　　　　　　　　[外川]

BRICs

ブラジル (Brazil)，ロシア (Russia)，インド (India)，中国 (China) の頭文字をとったもので，有力新興国のこと。2003年に米国の証券会社が投資家向けレポートのなかで使ってから一般化した。全世界人口（約65億人）の4割，全世界の国土面積の3割を占めている BRICs の GDP 合計は，2039年には先進6カ国（米日仏独英伊）合計を抜くといわれている。　　　　[外川]

BS 放送

broadcasting satellite
放送衛星 (BS) を使った放送サービス。1984年に NHK がアナログで試験放送を開始。2000年12月には BS デジタル放送が始まり，民放系チャンネルが加わった。圏域放送の地上波に対し，日本全国に同じ番組を放送できる。家庭で見るにはパラボラアンテナが必要だが，最近は地上波とBS・CS 対応の薄型テレビの普及で視聴可能な世帯が増えている。総務省は共用受信機の普及を踏まえ，新 BS 事業を CS と一体的に進める方針で WOWOW など既存のBS 放送会社がチャンネルを拡大するほか，スカパー JSAT ホールディングスなど CS陣営や総合商社なども参入機会をうかがっている。　　　　　　　　　　　　　[外川]

BSE

bovine spongiform encephalopathy
牛の脳の中に空洞ができ，海綿状になり，死にいたる病気。牛海綿状脳症。クロイツフェルト・ヤコブ病などとの関連で，人間への感染性も疑われており，脊髄や眼，脳，腸の末端部分などの部位の摂取が，感染のリスクが高いと考えられている。狂牛病は，俗語である mad cow disease の直訳。
　　　　　　　　　　　　　　　　[外川]

BTO

build-to-order
受注生産方式。注文を受けてから，部品を組み立てる方式。米国のコンピュータメーカーにはこの方式によって顧客に直販するものが多い。メーカーは完成品を在庫する必要がなくなり，また直販によって販促費の削減が可能になるため，大幅なコスト削減が可能である。不特定多数の顧客の多様な要望に応じて，速やかに組み立て，出荷できるような，受注・生産・物流体制を構築する必要があるが，IT（情報技術）の発展により，納入業者や配送業者との連携が，よりスムースに行われるようになった。
↪ ダイレクトマーケティング　　[外川]

CAFIS

credit and finance information system
クレジットの与信管理システム。全国の店舗や企業と，クレジット会社や金融機関をネットワークで結び，クレジットカードのほか，デビットカード，ポイントカードなどの取引を効率的に処理する。クレジット

カードの与信限度額，無効カードのチェックをはじめ，売上データの中継や代行売上処理等を 24 時間提供するシステム。カード決済のほか，企業内出金サービスなど，資金移動情報のトランザクションサービス等も行う。 CAT　　　　　　　　［及川］

CASBEE

Comprehensive Assessment System for Build Environment Efficiency

建築物総合環境性能評価システム。建築物を環境性能で評価し格付けする手法で，国土交通省の関係団体である㈶建築環境・省エネルギー機構が 2002 年に開発した。近年，CO_2 削減やビルのエネルギー量を計測するためのツールとして SC や大規模小売店舗で活用されているが，省エネ，省資源などの環境負荷削減という側面以外にも，室内の快適性や景観の配慮といった建築物の環境品質・性能の向上といった側面を総合的に評価するシステムとして注目されている。 LEED　　　　　　　　　［協会］

CAT

credit authorization terminal

クレジットカード決済を行う際に利用する信用調査システムの端末機のことで，電話回線を使ってホストシステムに連絡してクレジットカードの信用照会を行う。無効カードのチェックや販売承認が瞬時に判断でき，カード処理時間が短縮される。1992 年にカード犯罪が 1 万件を超え，クレジットカード犯罪対策連絡協議会が設立されて登場した。 CAFIS　　　　　　　［外川］

CDO

collateralized debt obligation

社債や貸出債権（ローン）などから構成される資産を担保として発行される資産担保証券の一種で，証券化商品。返済順位ごとに複数の格付けを取得する。担保とする商品が債券または債券類似商品の場合には CBO（collateralized bond obligation, 社債担保証券），貸出債権の場合には CLO（collateralized loan obligation, ローン担保証券）と呼ばれるが，CDO は，CBO あるいは CLO のいずれか，またはその双方を包含する商品。1980 年代に米国ではじめて発行された。日本でも 1970 年代後半から「BIS（国際業務を行なう銀行の自己資本比率に関する国際統一基準）規制」対策として，都市銀行が発行を開始して以降，その発行残高は増加し続けている。　　［外川］

CEO

chief executive officer

米国型企業統治における最高経営責任者のことで，企業において取締役会が任命する役員，執行役員または執行役のトップに立つ。企業経営において非常に大きな権限をもち，成果次第で莫大な報酬も得られるが，業績不振時には容易に解任される。取締役会長や社長とは異なるが，会長が CEO を兼ねることが多い。とくに CEO や COO に法的な裏づけがない日本企業で CEO 制度を導入する場合にはその傾向が強いが，2006（平成 18）年施行の会社法では「委員会設置会社」においては，CEO に近い「代表執行役」が設置できるようになった。 COO　　　　　　　　　［外川］

CGM

consumer generated media

消費者発信型メディア。Web2.0 の中核概念であるユーザー参加型サービスのことで，プロが作ったコンテンツを買い集める従来のネットサービスとは対照的に，サービス事業者は場の提供に徹し，コンテンツの生成はサービスを利用するユーザー自身が行

う。典型例はブログやSNSで，代表例は，不特定多数のユーザーが参加して編集する百科事典のウィキペディア。⤴ ウィキペディア，ウィキノミックス　　　　［外川］

CI

corporate identity
コーポレートアイデンティティ。外部から見て，その企業を識別できるような個性，特有の理念やイメージのこと。あるいは企業の存在価値や社会的な役割，個性や特徴，経営理念などを体系的に整理し，簡潔に表したものを社内外に意思表明し，イメージと企業行動の統一をはかること，またはそのようなマーケティング手法のこと。CIの定着にはイメージ戦略をともなうことが多いが，CI＝イメージ戦略ではない。

［外川］

CIF

cost, insurance and freight
運賃保険料込み条件。商品が買主の指定する場所に届いた時点でその商品の所有権が買主に移転するという取引形態。売主（輸出者）は貨物を荷揚げするまでの費用（運賃・海上保険料等）を負担し，荷揚げ以降の費用（輸入関税，通関手数料を含む）は買主（輸入者）の負担となる。リスクは貨物が積み地の港で本船に積み込まれた時点で移転する。海上保険は売主が手配するが，運送中に貨物が破損した場合，買主には代金支払い義務がある。⤴ FOB　　［外川］

CO_2 削減

地球温暖化のもたらす最大の要因といわれるCO_2（二酸化炭素）をいかに削減するかが，全世界的な課題になっている。京都議定書でわが国はCO_2などの温室効果ガス6種類を2008〜12年に5%削減（1990年比）することになっている。日本SC協会でも，国の施策に対応して積極的に取り組むことを宣言し，2008年3月に「SC業界におけるCO_2削減数値目標」をまとめた。具体的には2008〜12年の5年間でエネルギー単位を5%削減（2005年比）とする目標を掲げている。　　　　　　　　　　　［協会］

CO_2 排出権取引

排出権取引とは京都議定書第17条に規定されており，「排出量取引」，「排出枠取引」，「排出許可取引」等ともいわれる。地球温暖化の原因として指摘される温室効果ガスの総量を抑制するために国や企業ごとに温室効果ガスを排出する枠をあらかじめ設定し（キャップ），その枠を超えた国や企業と枠の余った国，企業との間でその排出権を取引する制度のことである。排出権取引にはあらかじめ定めた排出量目標（キャップ）をもとに取引を行う「キャップ＆トレード方式」と削減を実施しなかった場合に排出される量をベースラインとし，その量に対して減じることのできた量をクレジットとして取引する「ベースライン＆クレジット方式」の2種類があり主に前者の「キャップ＆トレード方式」が採用されている。

［協会］

CO_2 排出量

地球温暖化の効果があるとされる6種類の温暖化ガスのなかでも二酸化炭素（CO_2）は，日本国内の温暖化ガス排出量の95%を占める。メタンやフロンガスなど他の温暖化ガスは減少傾向にあるのに対して，CO_2は京都議定書の基準となる1995年よりも増加している。とくに1990年代以降はオフィスビルや家庭などの電力需要が急増したこともあって排出量の増加が著しく，削減に向けて省エネが喫緊の課題になっている。

［外川］

COO

chief operating officer
最高執行責任者のことで，CEO を頂点とした企業における業務執行役員や執行役員の役職のひとつ。CEO が企業の経営全般に対して責任をもつのに対し，COO は CEO が定めた経営方針や戦略のもとで日々の業務執行，営業活動の責任を負う。業種や企業によって責任と権限の範囲が多少異なるが，実質的に企業のナンバー 2 で社長を兼務することが多い。～ CEO［外川］

CP ☞ コマーシャルペーパー

CPFR®

Collaborative Planning, Forecasting & Replenishment
「協働による生産計画・需要予測および補充活動」の意味。メーカーと小売業とが協力して商品計画や生産計画，販売促進計画を立案し，需要予測をし，商品補充までの一連の活動を担うもの。製造から物流，小売販売までの一連の流れ（サプライチェーン）をネットワーク化して情報を共有し，リードタイムや在庫の圧縮に役立てる SCM（サプライチェーンマネジメント）の進化形ともいわれる。サプライチェーン全体の効率と有効性を向上させるために設立された米国の流通業界団体である VICS（Voluntary Inter-industry Commerce Standards Association）が CPFR を定義，普及に努めている。～ SCM ［外川］

CRM

customer relationship management
顧客との間の良好な関係づくり，あるいは顧客との間に緊密な関係を構築し，自社の製品やサービスを愛用し続けてもらうようにする経営の考え方やマーケティングの手法。顧客データベースを有効に活用し，顧客情報をきめ細かく分析し，それぞれの顧客のニーズや特性に合った販売促進活動につなげるのが主眼。［外川］

CRM

centralized retail management
ダウンタウンの商業地域を統合的にマネジメントするもので，中心市街地を活性化する手法のひとつとして，米国で活発に行われている。活動内容としては，①中心市街地の安全性の維持や向上，②歩道や公共施設の改善・維持・管理，③マーケット分析と活性化プランの策定，④商業施設の誘致，⑤共同販促活動など幅広い。～ DID, TCM, TMD ［外川］

CS

customer satisfaction
顧客満足。顧客は商品やサービスを購入するとき，自分の期待やニーズに最も適したものを選択しようとするが，この期待やニーズに対する充足度が満足や不満という評価につながる。「顧客第一主義」が企業サイドから見た顧客応対のあり方であるのに対して，CS は顧客サイドの期待から始まる，「顧客起点」の考え方である。～ ES
［藤山］

CSC

community shopping center
コミュニティショッピングセンター。米国では，中規模商圏を想定した地域の商業機能の核となるようなショッピングセンターのこと。キーテナントは GMS，スーパーマーケット，ディスカウントストア，ドラッグストアが 2 店舗以上入ることが多い。規模は約 1 万～3.5 万 ㎡。1 次商圏の範囲

CSR

corporate social responsibility
企業の社会的責任。企業経営にあたって，経済的な利益の追求以外に，地球環境・地域社会・倫理などの面において，法律で定めるレベルを超えて，積極的に貢献していこうという考え方。地球環境保護，企業統治と積極的な情報開示，ボランティア活動の支援，消費者に対する誠実な対応，従業員に対する職場環境の改善などの活動があげられる。またこれらについて，ステークホルダー（株主，従業員，地域社会，行政等の利害関係者）への説明責任を果たすことも重要である。CSR の視点から企業価値を評価し，投資の指標とする動きを「社会的責任投資（SRI; socially responsible investment）」という。⤴ ステークホルダー，社会的責任投資　　　　［外川］

DID

downtown improvement district
中心市街地の活性化手法のひとつで，ダウンタウンの衰退が深刻化した米国において 1960 年代に構築された。DID は特定地区内の事業者や地権者等をメンバーとしたもので，州法に基づいて設立される準政府組織であり，地域市民や事業者と同意のうえで，地域から集めた資金を活用して地域活性化のための諸事業を行う。活動内容は，地域の美観や治安の維持，駐車場の管理，共同広告や共同イベントの開催などのプロモーションその他である。また地域が活性化されることで利益を得る者に対しては，課税権や料金徴収権（徴税作業は自治体が代行する）などの公的権限をもつ。BID（ビジネス・インプルーブメント・ディストリクト）と呼ばれる場合もある。またほかに，ダウンタウンの商業地域を統合的にマネジメントする，セントライズド・リテール・マネジメント（CRM）などの手法がある。⤴ CRM，TCM，TMO　　　　［及川］

DIY

do-it-yourself
自分でつくること。日曜大工。業態の場合は日曜大工用品店，ホームセンターを意味する。⤴ ホームセンター　　　　［及川］

DRM

digital rights management
デジタル著作権管理。音楽データなどデジタル情報として表現されたコンテンツの著作権を保護し，その利用や複製を制御・制限する技術。音声・映像ファイルにかけられる複製の制限技術のほか，広義には画像ファイルの電子透かし（ウォーターマーク）なども含まれる。デジタル化された著作物はコピーや遠距離での送受信でも品質が劣化しないため，情報ネットワーク技術の高度化にともない違法な配布・交換が増大しており，DRM の必要性が高まっている。メモリカードなどの記憶媒体に内蔵したり，音声や動画のプレーヤーソフトやファイルの送受信・転送ソフトに組み込まれたり，それらを組み合わせたシステムなどがある。音楽配信ではアップルの「フェアプレイ」，マイクロソフトの「ウィンドウズ・メディア DRM」などの独自規格があるが，互換性がない。⤴ ウォーターマーク　［外川］

DSサービス ☞ ドロップシッピング

E

Eコマース

electronic commerce; EC
電子商取引。インターネットなどの電子的なネットワークを通じて、商品やサービスの販売や情報提供などの商取引を行うこと。企業間取引（BtoB）、消費者への販売（BtoC、ネットショッピング）の双方で展開されている。取扱商品の種類は問わないが、配送システムと決済システムの整備が重要である。　　　　　　　　　[外川]

EBIT

earnings before interests and taxes
利払い前の税引前当期利益。税引前当期利益に支払利息を加算したものであり、他人資本を含む資本に対してどの程度の（税引前）付加価値を産み出したかを示す。設立後、間もない企業の収益力を測るためによく利用される。　　　　　　　　　[外川]

EBITDA

earnings before interest, taxes, depreciation and amortization
税前利益に支払利息、固定資産の減価償却費を加算したものであり、他人資本を含む資本に対してどの程度のキャッシュフローを産み出したかを簡易的に示す。国ごとに異なる金利水準や税率、その他の差違を取り除いたうえで、各企業の収益を比較する際の指標となるので、海外に多くの子会社をもつグローバルな企業を分析する際や、海外の同業他社と収益力を比較する際に有用な指標とされている。具体的な株式評価では、EBITDAに対して企業価値（負債プラス株式時価総額）が何倍に当たるかというEV/EBITDA倍率が使われる。
☞ EV　　　　　　　　　　　[外川]

EDI

electronic data interchange
見積書や受発注書、請求書などの書類を紙でやりとりする代わりに、商取引に関する情報をデジタル化し、ネットワークを介して企業間で電子的に交換するしくみ。取引のスピードアップ、再入力時ミスの防止、事務工程数の削減などのメリットがある。情報項目は業種によって異なるので、当初は業界団体などが主導して業種ごとに規格が標準化された。現在はISOに登録されている「EDIFACTv.4」が国際的な規格標準となっている。企業間のデータの送受信にインターネットが使用できるようになってから中小企業にも普及した。　　[外川]

EDLP

everyday low price
期間限定のバーゲンセールや、特売商品とは異なり、すべての商品を毎日安定的に、かつ同業他社に比較して相当の低価格で販売すること。折り込みチラシなどの広告コストの削減やリベートの平準化による仕入価格の安定的引下げ、店舗内などにおけるローコストオペレーションなどによって、商品を常に安定して他店より安く提供する。1980年代半ばに、米国のウォルマートが、それまで一般的な低価格戦略であったハイ・ロー・プライシング（high-low pricing、時期や状況によって価格差をつける低価格戦略）に代えて推進し、他企業や他業態でも追随するものが増えた。日本でも導入をはかろうとしたところがある。広告

宣伝費や物流費を抑えることで低価格化を実現し，それを企業（店舗）イメージとして定着させることができれば，企業側も消費者側も恒久的なメリットを受けることができる。EDLPを実現するためには，EDLC（エブリデイ・ローコスト）の徹底が不可欠であり，そのためには高度なロジスティクス（物流情報システム）の確立や，安定的に低価格商品を確保するための国際的な商品調達網の整備などが必要とされる。
[外川]

Edy

エディ。ICカード型電子マネーの一種。プリペイド方式で非接触型ICチップに，コンビニエンスストアのレジやキオスク端末などから金額情報を入力（チャージ）し，商品やサービス購入時に決済手段として使う。専用ICカード型のものだけでなく，クレジットカードや社員証，学生証などにICチップを搭載した型式のほか，携帯電話に内蔵されたものは，2004年にNTTドコモがサービスを開始後，他の携帯電話会社も追随，2006年にJRが携帯電話を乗車券として利用できるようなサービスを開始したことから，普及度が高まった。
⚭ 電子マネー，Suica，PASMO，ICカード [外川]

EPA

Economic Partnership Agreement
「経済連携協定」。ただ単に関税を撤廃するなど通商上の障壁を取り除くだけでなく，締約国間で経済取引の円滑化，経済制度の調和，ならびにサービス，投資，電子商取引等，さまざまな経済領域での連携強化・協力の促進等をも含めたものをいう。FTAには含まれない人物の移動，投資，知的財産など幅広い分野でのルールづくりとなる。日本がはじめてEPAを結んだのはシンガポールとの間で，2002年11月に発効した。⚭ FTA [外川]

ERP

enterprise resource planning
経営資源管理，企業資源計画。企業全体の経営資源の有効活用の観点から統合的に管理し，経営の効率化をはかるための手法または概念のことで，製造，輸送・配送，在庫管理，受発注，請求，決済から，人事システムまで含めたビジネス活動を統合的に管理すること，またそのためのしくみをさす。またERPを実現するための統合的なソフトウェアのことを「ERPパッケージ」と呼ぶ。⚭ ASP [外川]

ES

employee satisfaction
従業員満足。「ESなくしてCSなし」といわれるように，顧客に満足を与えるためにはES（従業員満足）の実現が重要な鍵を握っている。CS（顧客満足）が重要視され，多様な産業分野において顧客満足の実現のための施策がとられてきた。一方，企業が活力を高め，付加価値の高い顧客満足を提供するためには，足元の従業員一人ひとりが企業理念に基づきCSを実践することが重要となる。具体的にCSを実践するためには，従業員が心から満足する環境づくりが重要視され，報酬面ばかりでなく，働く場としての環境づくりや従業員の提案や意見を尊重した仕事のしくみづくりが重要視されることになる。流通・サービス業にとっては，直接顧客と接する，従業員の士気が重要となり，従業員の働く環境の整備により，絶えず従業員満足を実現することが不可欠となった。⚭ CS [及川]

ES細胞

embryonic stem cells

初期胚から得られた多能性分化能をもった細胞。理論上すべての組織に分化する分化多能性を保ちつつ、ほぼ無限に増殖させられるため、再生医療への応用に注目されている。1998年に米国・ウィスコンシン大学のトムソン教授らが人間のES細胞の取出しに成功した。以来、各国の研究者はES細胞を使った研究に力を注ぎ、日本では2001年秋に文部科学省から「ヒトES細胞に関する樹立と使用に関する指針」が示され、一定の条件のもとでES細胞を利用した研究にゴーサインが出された。
↪ iPS細胞 [外川]

ETC

electronic toll collection system

有料道路を利用する際に料金所で停止することなく通過できるシステム。無線通信を利用して車載器と料金所のシステムが必要な情報を交換し、料金の収受を行うことで、料金所をノンストップ(通過時の時速は20km以下)で通過することができる。通行料金はクレジットカードの機能を利用し後払いされる。 [外川]

EV

enterprise value

企業価値。会社が生み出す将来のフリーキャッシュフローを割引いた現在価値のこと。会社の財産、収益力、安定性、効率性、成長力等株主の利益に資する会社の属性またはその程度。一般に、ネット有利子負債に株式時価総額を加えて算出する。ネット有利子負債は、有利子負債からすぐにキャッシュにできうる現金・預金と短期性有価証券を差し引いた金額。↪ EBITDA、時価総額 [外川]

EVA®

economic value added

経済的付加価値。米国のコンサルティング企業が開発した経営指標で、商標登録化されている。事業活動によって得た利益のうち、税金や株主への配当、負債に対する金利などの資本コストを上回る利益をどれだけ創出したかを表す指標で、財務諸表上のデータから算出するROE(株主資本利益率)では企業の実態が把握しきれないという理由から、ROEに代わる判断指標として注目されるようになっている。
↪ ROE [外川]

F

FAZ施設

foreign access zone

輸入促進地域。「輸入の促進及び対内投資事業の円滑化に関する臨時措置法」(1992年制定、1995年改正)に基づき設定された。各地の空港や港湾を中心とする地域に物流施設などを整備し、輸入関連業務を集積させて、大都市圏に集中していた輸入貨物の窓口を地方に拡大し輸入促進をはかるとともに、この地域への参入者に各種のインセンティブを供し対内投資を促進しようとするその波及効果による各地域の経済活性化が期待されており、全国で20カ所以上が国の承認を受けている。各FAZ施設では、自治体と民間企業で設立された第三セクターが中心となって、地域特性を生かした輸入に関連する基盤施設(物流施設、ビジネス支援施設、加工、卸業務施設、展示場、会議場など)の整備をはかるとともに、輸入関連ビジネスの支援や、広報活動、企業誘致などを行っている。 [外川]

FL

floor level
フロアレベル。床の基準になる高さのこと。
[鈴木]

FOB

free on board
本船渡し条件。商品が船舶や貨車, 飛行機などに荷積みされた時点で, その商品の所有権が買主に移転するという受渡し形態。輸出港にて積み荷するまでのコストを売手が負担する。売主は貨物を本船に積み込むまでの運賃, 船積諸掛費用を値段に含めておき, 積み込む前に買主にわかるように, 前もって船積明細情報を買主側に知らせる。買主は船会社, 本船, 航路の指定ができ, 売主がこれを手配しないときは買主自身が手配する。海上貨物保険は買主側が掛ける。
⌒ CIF [外川]

F/S ☞ フィージビリティスタディ

FSP

frequent shoppers program
顧客維持のために発行する特典付き会員カードシステムやポイントカード, 各種のサービス提供カードなどを発行して, 顧客一人ひとりの購買データをとらえながら, 購入金額や来店頻度によって顧客をセグメンテーション(細分化)し, 個々の顧客に最も適した特典やサービスを提供し, かつ効率的な販売戦略を展開することによって, 固定客の維持や拡大をはかるマーケティング手法。小売業界では買物金額の累計や買物頻度などによって各種特典を提供することを FSP と呼ぶが, 航空業界では飛行距離(マイレージ)によって特典を与えることを FFP(frequent flyers program, フリークエント・フライヤーズ・プログラム)と呼ぶ。1981 年にアメリカの航空会社がはじめてマイレージ・ポイントを提供したのが始まりといわれる。購買履歴をデータベースに蓄積するので, 顧客データベースマーケティングを行ううえでのベースとなるしくみである。⌒ ポイントカード [外川]

FTA

Free Trade Agreement
「自由貿易協定」。特定の国や地域との間で貿易分野を軸に交渉する。鉱工業品や農産物など物品の関税引き下げ・撤廃や流通や海運などサービス貿易の障壁をなくすのがねらいで, 物品の関税, その他の制限的な通商規則, サービス貿易等の障壁など, 通商上の障壁を取り除く自由貿易地域の結成を目的とした 2 国間以上の国際協定。地域経済統合の形態のなかでは緩やかなもので 2 国間の協定が多いが, NAFTA (北米自由貿易協定)のような多国間協定もある。
⌒ EPA [外川]

FX

foreign exchange
外国為替証拠金取引。一定の資金を証拠金として取引会社に預け, これを担保に数百倍までの額の外国通貨を売買できる取引。少額の証拠金(保証金)でもレバレッジを利かせることで大きな取引が行えるのが特徴で, 損失の金額も大きくリスクが高い。1998(平成 10)年の外為法改正をきっかけに誕生し, 個人投資家向けの金融商品として注目されているが, 投資に関する十分な知識や経験がない高齢者などが悪質業者に強引に勧誘される詐欺まがいトラブルが多発したため, 2005 年 7 月から取引会社に登録が義務づけられ, 金融庁の監督下におかれた。しかし客の資産をきちんと管理せずに破産する業者も後を絶たない。[外川]

G7

Group of Seven
日本，米国，英国，ドイツ，フランス，イタリア，カナダの先進7カ国のことで，1986年にイタリアとカナダが加わる以前はG5と呼ばれていた。G7と欧州連合によりサミットが開かれているが，これにロシア連邦が参加するようになり，1998年からはG8となった。これら7カ国の財務大臣・中央銀行総裁による国際会議「G7財務相・中央銀行総裁会議」のことを単に「G7」と呼ぶこともある。この会議では，世界経済や為替，金融などでの政策協調を協議する。通常は春，秋，冬の年3回開催され，会議後には世界経済や為替相場の動向について各国当局の統一見解が示されるため，市場関係者などの注目を集める。

[外川]

GAP

Good Agricultural Practice
環境への配慮や従業者の安全，販売管理などを含めた農作業の工程管理基準のことで，直訳すると「良い農業の実践」となる。農薬の使用や管理，種苗や土，水の安全性，収穫後の取扱いなどについて配慮することが主眼で，ヨーロッパ小売業組合の「EUREPGAP」がデファクトスタンダード（事実上の国際標準）になっている。国内では小売事業者や生産者団体，各都道府県がグローバルGAPを参考にそれぞれ独自にGAPを制定しており，生産者らで組織する日本GAP協会の「JGAP」などがある。またイオンや生協連も独自規格を設定している。JGAPでは必須項目31，重要項目63，努力項目34の128項目を制定しており，認証取得のためには全必須項目と重要項目の95％を達成することが求められる。認証を得た農家は出荷する農産物に専用マークを付すことができる。&ある アグリビジネス

[外川]

GATT

General Agreement on Tariffs and Trade
「関税及び貿易に関する一般協定」。1930年代の世界的な不況対策のため，1944年に米国のブレトンウッズで開催された会議に基づき，1948年から機能した貿易面から国際経済を支えるしくみで，基本原則は，貿易制限措置の削減と貿易の無差別待遇による自由貿易の推進。モノの貿易に関するルールしかなかったため，8回目の多角的交渉（ウルグアイラウンド：1986～94年）で世界経済の変化に対応し，さらなる自由貿易を促進する国際機関として，GATTに代わり1995年1月にWTO（世界貿易機関）が設立された。&ある WTO

[外川]

GDP

gross domestic products
国内総生産。一定期間内に国内で生産された経済的付加価値の合計をいう。GNP（gross national products）とともにその国の経済規模を示す指標だが，グローバル化が進展するなかで，GNPよりもGDPの方が重視されるようになった。&ある GNP

[外川]

GL

ground level
グランドレベル。建築物が立つ地盤面の高さのこと。

[鈴木]

GMS

general merchandise store
衣食住全般にわたり各種商品を幅広く品揃えした大型小売業。セルフサービスを基本としている。量販店や総合スーパーとも呼ぶ。チェーンストア形式で多店舗展開しており，自社開発商品の比率も相対的に高い。大手企業間での同質化傾向が強かったが，消費不況下で業績が低迷している近年は，専門店化や高品質化，ディスカウント化など各社の戦略に差がみられるようになっている。なお米国で GMS という場合には，統計的には非食品の総合小売業を意味し，百貨店，ディスカウントストア，ホールセールクラブ，スーパーセンターなどを含む包括的な概念である。 [及川]

GNP

gross national products
国民総生産。生産される場所にかかわらず，一定期間内にその国の国民が生産した財やサービス等，経済的付加価値の合計をいう。
↪ GDP [外川]

GPS

global positioning system
全地球測位システム。人工衛星を利用して，地球上の位置を正確に割り出すシステム。GPS 衛星からの電波を利用して，経度，緯度，高度などを数十メートルの精度で割り出すことができる。カーナビで利用されるほか，パソコンやモバイル端末に GPS 端末を取り付け，地図ソフト上で現在地を確認するシステムもある。ほかに携帯電話に搭載したり，身につけて利用できる小型の端末も開発されている。営業用車両に GPS 端末をつけ，カーナビと連動させて経路監視や配送指示に利用する例もある。 [外川]

H&M

Hennes & Mauritz
1947 年にスウェーデンに創業した衣料品専門店。アメリカのギャップ，スペインのインディテック（ザラ）に次ぎ，世界第 3 位の衣料品専門店チェーン。SPA（自社ブランドを要するファッション専門店チェーン）に区分されるが，独自規格ブランドのほか，カール・ラガーフェルドや川久保玲といった大物デザイナーや，マドンナなどのセレブとのコラボレーションで開発した個性派商品など，流行の先端をとらえたファッション性が高い衣料品やアクセサリーを，低価格で販売し，急成長している。世界 29 カ国に約 1600 の店をもつ。地盤の欧州のほか，米国や中国，中東にも進出しており，日本には 2008 年に進出したが，行列のできる外資小売業として成功をおさめている。 ↪ コラボレーションブランド
[外川]

HACCP

hazard analysis critical control point
食品の製造過程における品質管理システム。予測される危害の分析（HA）と，重要管理点監視（CCP）からなる言葉で，ハサップまたはハセップと読む。最終製品を抜き取り検査するのではなくて，製造プロセス全体において，重要管理点を定め，管理の基準や監視方法，基準外のものに対する対応措置などをあらかじめ設定して管理する。もともとは米国で宇宙食の安全性確保のためのシステムとして考案された手法で，材料の仕入から製品の出荷までの工程ごとに温度や湿度，洗浄方法や作業員の動き方な

どについての詳細な手順（マニュアル）を策定して、徹底管理する。欧米では食肉加工業者を中心に導入が義務化されており、日本でも1990年代半ば頃から食品メーカーや外食産業などが導入、1998（平成10）年にはHACCP手法支援法が施行された。
[外川]

HBC

health and beauty care
健康（health）、美容（beauty）、手入れ・保護（care）の3部門を組み合わせて展開する売場のこと。消費者の健康志向の高まりを受け、ドラッグストアでいち早く売場が拡大されたが、最近ではGMSやコンビニエンスストアなどにも広まっている。ショッピングセンター内でも関連商品に加え、美容サロンやクイックマッサージなどのテナントを複合させ、HBCゾーンを構成しているところもある。 [鈴木]

HMR

home meal replacement
「家庭における料理の代行をする」という意味。ミールソリューション（meal solution）ともいう。百貨店やスーパー、コンビニエンスストアなどの食品売場や、惣菜店、ホテルなどがグルメ食品、高級惣菜などバラエティ豊かな調理済みの食品や食事を提供することをさす。女性の社会進出などによって食事を用意する時間が短縮化したことを背景に市場が拡大している。料理時間を短縮したいが、おいしいものを食べたいというニーズに対応するものでもある。最近では出前形式のものも増えている。
&〜 中食、デリカテッセン、デパ地下、ホテイチ [及川]

I

IC カード

ICやLSIなどのメモリーを組み入れて多量の情報を記憶できるようにしたカードで、キャッシュカードやIDカードなどに利用される。 [及川]

IC タグ

IC tag
電子荷札。極小のIC（集積回路）チップに記録された多様な情報をRFID（無線を用いた自動認証）技術を利用してやりとりするデジタルメディア。情報の書き換えや追記が自由で、商品を積み重ねたままでも情報が読み取れるなどの利点があり、食品、アパレル、家電製品、書籍、宅配荷物、その他、幅広い分野での追跡管理（トレーサビリティ）や自動識別、在庫管理、産地証明、偽造・万引防止などに活用できる。米国ではウォルマートが納入商品すべてにICタグの貼付を求めていることから急速な普及が見込まれる。日本でも小型化とコストダウンが進むことで、数年以内に本格的に普及するとみられる。現状では複数の規格・システムが並存していること、顧客のプライバシーを侵害しないために購入後にはICタグを無効にする手順を講じる必要があるなど課題も多い。&〜 RFID、トレーサビリティ [外川]

ICSC

International Council of Shopping Centers
国際ショッピングセンター協会。1957年、ショッピングセンター業界初の団体として、

アメリカに設立された。機関誌や資料の発行のほかに，教育機関の設立，販売促進会議や経営研究会，さらにラスベガスで毎年コンベンションを開くなど，国際的な活動を展開している。また，1979年以来，㈳日本ショッピングセンター協会（JCSC）と友好関係にある。⤴ ㈳日本ショッピングセンター協会　　　　　　　　　[協会]

IP電話

インターネットで利用されるパケット通信プロトコルのIP（Internet protocol）を利用した音声通信。音声を電話機でデジタルデータに変換し，パケットと呼ばれる単位に分割したうえで，IPネットワーク上を通話相手まで送ることで音声通話を行う。データをパケット単位に分割し，1本の回線で複数の通話のデータを混在して運ぶため，回線経路を占有するアナログ加入電話より高効率・低コスト。当初はADSL（非対称デジタル加入者線）などと組み合わせて提供され，家庭での利用が先行していたが，最近ではCATV回線や光ファイバー回線などを利用することで通話品質も従来の加入電話と遜色ないレベルになった。

[外川]

IP放送

Internet protocol broadcasting
IP（インターネットプロトコル）を使い，高速大容量通信ができる光ファイバーを経由し，契約家庭に放送番組を送るしくみ。映像など大量のデータを多数の相手に一斉に配信し，放送に近いサービスが提供できる。現行の著作権法では通信と位置づけられているため，放送に比べて権利処理の手続が複雑であり，普及には著作権法の見直しが不可欠である。　　　　　　[外川]

IPCC

Internet governmental Panel on Climate Change
「気候変動に関する政府間パネル」。1998年国連環境計画（UNEP）と世界気象機関（WMO）の共同で設立された。地球温暖化の科学的・技術的評価を行い，その知見を広く一般に活用してもらうことを目的にしている。2007年には米国のゴア元副大統領とともにノーベル平和賞を受賞している。最高意思決定の総会と3つの作業部会から構成されており，数年に1度，地球温暖化に関する評価報告書を出しているが，2007年には第4次評価報告書が公表された。

[協会]

iPhone

アップルが2007年1月に発表した統合型スマートフォン。全面タッチパネルのフルカラー液晶で，携帯電話機能のほかiPod機能（音楽・動画再生），インターネット環境等を備えている。日本での発売は2008年7月からで，ソフトバンクモバイルが担当。⤴ スマートフォン　[外川]

IPO

initial public offering
株式の新規公開。株式会社が少数の株主により所有され，自由な株式譲渡が制限されている状態である未公開会社から，不特定多数の株主により所有され，株式市場において自由に売買が可能になる状態（公開会社）となること。株式公開の方法には，証券取引所市場への上場と店頭登録市場への登録とがある。株式を公開することによって企業情報開示義務が生じるが，資金調達の多様化がはかれるとともに，知名度の向上や社会的信用の増大などのメリットがある。　　　　　　　　　　　　　　[外川]

iPod

アップル社が開発・製造・販売する携帯型デジタル音楽プレーヤー。HDD（ハードディスク）にデータを記録するタイプで、ホイールを用いて選曲、音量調整、早送り、巻き戻し、画像・動画閲覧などすべての操作を指先を滑らせて行うのが特徴。iTunesとの連携が強力で、iTunesストアで購入（ダウンロード）した音楽もスムースに転送できる。内蔵HDDはポータブルHDDとしても利用でき、簡易的なPDA（携帯情報端末）にもなる。　　　　　　　　[外川]

iPS細胞

induced pluripotent stem cells

京都大学の山中伸弥教授が世界に先駆けて作製した万能細胞で、あらゆる細胞や組織に分化する能力をもつ人工多能性幹細胞。ES細胞と異なり生命の萌芽である受精卵がなくても作製でき、倫理上のハードルが低い。また患者自身の皮膚細胞などからつくれるので、治療に応用した場合に免疫拒絶が起こりにくいとされる。難病患者から採取してつくれば、病気の原因解明や新薬候補を探索するのに活用できる。京都大学は2008年9月にiPS細胞の作製に関する基本特許を国内で取得するとともに、金融機関と知財管理会社を設立し実用化を進めている。　　　　　　　　　　　　　[外川]

IR

investor relations

投資家向けの広報活動。株主や投資家に対して、決算情報やそれ以外の経営に関する広範な情報を開示すること。自社株の価値と信頼性を高め、資本市場の資金調達の円滑化をはかる。近年日本では、企業同士の株式持合いの解消が進み、銀行等の金融機関が株式投資に消極的になる一方で、個人投資家比率が高まりつつあるが、適正なIRは、個人投資家を開拓するうえで重要な役割を果たす。　　　　　　　　[外川]

IRR

internal rate of return

投資プロジェクトの評価指標のひとつで、現在価値をゼロとする割引率をさす。投資に対する将来のキャッシュフローの現在価値と、投資額の現在価値とが等しくなる割引率（＝内部利益率）を求め、内部利益率が資本コストよりも大きければ、その投資は有利であり、資本コストよりも小さければプロジェクトの収益性に問題があると判断される。　　　　　　　　　　　　[外川]

ISO

International Organization for Standardization

国際標準化機構。国際間におけるモノやサービスの流通を円滑にするための品質保証規格を定めている民間組織。ISO9000シリーズは品質管理に関する国際規格。ISO14000シリーズは環境に関する国際規格。国際間の取引を行う際には、ISOの認定を取得していることが条件とされる場合がある。また国内でも同様の傾向がみられるようになっている。　　　　　　　　[外川]

ISO 22000

約140カ国が参加するスイスの国際標準化機構（ISO）が制定、2005年に認証が始まった食品安全確保のためのマネジメントシステム規格。製品の品質管理ルール「ISO9001」に、食品衛生を科学的に分析する「HACCP」の考え方を加えたもので、食品に関する企業を対象として、リスクマネジメントやコンプライアンスの要素を組み込んでいる。認定範囲は、食品製造業（一次

食品製造・食品加工・二次食品加工），食品製造・流通に直接携わる組織・企業（農業・飼料製造業・卸売業・小売業）および間接的にかかわる組織（建設業，機械メーカーなど）など，一次生産者から一般消費者に食品が届くまでの「フードチェーン」全体を対象とする。日本国内でも認証サービスが各認証機関により開始されている。

[外川]

JAN コード

Japanese Article Number
JIS（日本工業規格）により規格化されたバーコード。現在流通しているほとんどの商品に記されており，POSシステムで活用されている。米国・カナダのUPC，ヨーロッパのEANコードと互換性があり，国際的に利用できる共通コードである。

[外川]

JAS 法

正式名称は「農林物資の規格化及び品質表示の適正化に関する法律」。飲食料品等が一定の品質や特別な生産方法でつくられていることを保証する「JAS規格制度（任意の制度）」と，原材料，原産地など品質に関する一定の表示を義務づける「品質表示基準制度」からなる。この法律で定められたルールに従い，食品などにはJASマークや原産地などの表示がつけられる。制定（1950年）当時は戦後の混乱による物資不足や模造食品の横行による健康被害等が頻発しており，JAS規格制度は農林物資の品質改善や取引の公正化を目的としていた。その後1970（昭和45）年には表示の基準を定めることにより消費者が商品を購入するときに役立つように改正され，さらに1999（平成11）年の改正で消費者に販売されるすべての食品にJAS表示が義務づけられるようになった。現在のJAS法は2005（平成17）年に改正されたもの。

[外川]

JCSC

☞ ㈳日本ショッピングセンター協会

JP ドメイン

トップレベルドメインが「jp」のドメイン群の総称。JPRN（日本レジストリサービス）によって管理される。1990年代初頭頃までは，日本国内のインターネット利用者は一部の大学や研究機関に限られており，とくにドメイン名に関する明確なルールなどは定められていなかったが，1991年に任意団体「日本ネットワークインフォメーションセンター（JPNIC，現在の社団法人日本ネットワークセンターの前身）」が設立され，慣用的に運用されていたドメイン名管理のルールが明文化されるようになった。JPドメイン導入後に，セカンドレベルドメインとして組織属性を現す「.co（企業）」，「.go（政府・行政機関）」，「.ac（教育機関）」等の決まった文字列をつける，ドメイン登録は1組織に1つなどの管理運用ルールが徐々に整備され，2001年2月にJPドメインの正式登録サービスがスタートした。
☞ ドメイン

[外川]

J-REIT

Japan real estate investment trust
REITとは一定の要件を満たす不動産投資運用会社をひとつの投資信託商品と見立てて，その運用会社が行う不動産運営から生じる収益を，投資家である株主に還元する

しくみ。不特定多数の投資家から資金を集めた資金を，投資信託などの形態により，オフィス，住宅，ショッピングセンター，ホテルなどに投資し，賃貸収益や売却益などを配当金として，投資家に還元するかたちである。1960年に米国で誕生したが，日本では2000（平成12）年の投資信託法の改正で投信への不動産の組入れが認められ，2001年3月に東京証券取引所に，「J-REIT」市場が開設された。一時は40を越す銘柄が上場していたが，2008年以降の不動産市況の悪化によって，REIT指数はピークの3分の1以下にまで落ち込んでいる。

⌒ REIT，オリジネーター　　　　［外川］

LBO

leveraged buyout
企業買収方法のひとつで，買収先企業の資産や将来のキャッシュフローを担保に金融機関等から借入れをし，それを元手とするもの。買収側は受け皿会社を設立し，そこが金融機関から融資を受けるかたちをとる。少ない資金でも規模の大きな企業を買収することが可能であるため，「梃子（てこ，leverage）の方式」と呼ばれる。　　［外川］

LED 照明

light emitting diode
LEDは発光ダイオードを意味する。LED照明とは白色LEDを使った照明。近年，ショッピングセンターの照明でもその特徴から従来の照明に替わり使われるところが増えてきた。LED照明の特徴としては，消費電力が少ない，長寿命，小型・軽量，デザイン性，環境にやさしい等のメリットをもつ。ただ蛍光灯や白熱灯に比べまだ価格が高い。　　　　　　　　　　［鈴木］

LEED

leadership in energy and environmental design
不動産の環境性能評価手法のひとつで，米国の非営利団体である米国グリーンビルディング協議会（USGBC）が1996年に開発し，普及している。この日本版がCASBEE（建築物総合環境性能評価システム）である。この評価を受けることで，不動産の価値が上がり，テナントの入居率が高まるなど効果があることや，REITのポートフォリオに組み込まれるなど活用されている。約60の評価項目から構成されており，新築，既存建物が評価対象となっている。

⌒ CASBEE　　　　　　　　　　［協会］

LLP

limited liability partnership
有限責任事業組合。出資者の責任が出資額の範囲内に限られる株式会社と，内部自治が自由な任意組合の利点を併せ持つ事業形態。出資者は出資額までしか責任を負わないが利益配分は出資率に拘束されないので，出資額は少なくても，技術協力などの貢献度に応じて利益配分が得られるので，IT関連，ソフトウェア開発などの起業に適している。　　　　　　　　　　　　［外川］

LOHAS

lifestyle of health and sustainability
ロハス。健康と地球環境に配慮したライフスタイル。地球環境問題が深刻化した1998年に，米国の社会学者が提唱し，話題を集めた。自分に優しく，地球にも優しい，というコンセプトが，ヨガや有機食材，ハイブリッドカーなどの一連のヒット商品

につながっているといわれる。　　[外川]

LRT

light rail transit
軽量軌道交通。もともとは都市間路線や国際路線といった大型車両を用いた本格的鉄道に対し、都市計画・地域計画等で位置づけられた都市内や近郊での運行を行う中小規模鉄道全般をさす。併用軌道との組合せによる都市内輸送との親和をはかったシステムが注目され、現在では併用軌道を用いた都市交通システムとしての認識が強くなっている。一般的には VVVF 制御、超低床といった新機構を盛り込んだ路面電車、地平面での乗り換えが可能な都心部のターミナル、道路だけでなく高架や地下を自在に走行する自由度、既存交通との連携、ゾーン制運賃、時間帯や曜日による変動運賃の採用、バリアフリー設備などの特徴をもったものを LRT と呼ぶ。　　[外川]

LTV

loan to value
借入比率。資産価値に対する負債比率、銀行が融資を行うときの担保比率をさす。不動産の価格に対して負債がどのくらいあるのかを見る指標で、負債（債務金額）を不動産価格（資産価値）で除して求める。LTV の値が小さいほど、元本に対する安全性が高いと判断される。　　[外川]

M&A

mergers and acquisitions
企業合併、買収の総称。密接な関係をともなう業務連携や OEM 提携も含むことが多い。M&A の目的は、新規事業や市場への参入、企業グループの再編、業務提携、経営が不振な企業の救済などさまざまだが、双方の企業の合意に基づきお互いの利益のために行う友好的 M&A だけでなく、合意がないまま株式取得合戦になりがちな敵対的 M&A もある。　　[外川]

MBO

management buy out
経営陣による企業買収。子会社や事業部門の経営責任者などが、資金を調達し、親会社の株主から株式を買い取り、経営権を取得すること。経営陣ではなく従業員による場合は、EBO (employee buyout) と呼ばれる。企業買収の一種だが、内部関係者によって行われるものであり、「暖簾分け」のような性格をもつ。破綻企業の事業再生も含めて、企業リストラクチャリング（事業再構築）の手段にもなりうる。　　[外川]

NGO

non-governmental organization
非政府組織。一般的には非営利かつ非政府で公共的・公益的なサービスを担う活動を行う組織のことだが、狭義には政府間の協定によらずに設立された民間の国際協力機構のことをさす。国連憲章では国連の活動に関連する活動を行う民間団体との協力を規定しており、経済社会理事会が認定した団体のことを「国連 NGO」と呼ぶ。[外川]

NPO

non-profit organization

非営利組織。寄付や会費を主な財源とし，利益配分を目的としない民間組織。快適で安心な暮らしを営むためには，行政や営利企業だけに任せるのではなくて，住民が自らの手で諸問題を解決していくべきだという考え方と，ボランティア精神が根底にある。営利企業では採算性がとれない分野でも事業の展開ができ，行政よりもスピーディで柔軟に対応できるという特性があることから，現在全国各地で，環境，保健，福祉，医療，文化などの分野での活動が活発化している。　　　　　　　　　　　[外川]

NSC

neighborhood shopping center

ネイバーフッドショッピングセンター。米国では主として生鮮食料品や日用雑貨などの最寄品を扱う店舗を揃えた小型のショッピングセンターをいい，開発数において最も多いタイプ。スーパーマーケットやドラッグストアが集客の核となる。駐車場を囲むように店舗が並び，目的の店の近くに駐車できるオープンモール形式のものが多い。規模は約3千〜1.5万㎡。1次商圏の範囲は約5km。最近では都心部での開発も増えている。近隣型ショッピングセンター。日本では，スーパーマーケットやドラッグストア，クリーニング店等の生活密着型専門店やサービス業からなる小型のショッピングセンターをさすことが多い。

   CSC, RSC, SRSC　　　　　　[協会]

OEM

original equipment manufacturing

供給先の企業のブランドで販売されることを前提に製品を受注生産すること，またそのようなメーカー。OEMメーカーは自社の技術力をベースに，相手先のブランドと販売力を活かして生産量を向上させることができる。家電製品や衣料品，自動車などをはじめとして広範な分野でも見られる。購入した製品や部品に独自の機能などを付加して再販するメーカー，という意味で使われる場合もある。　　生産受託会社
　　　　　　　　　　　　　　　　[外川]

OTC医薬品

一般の風邪薬や胃腸薬のように，軽い病気の症状緩和のために医師の処方箋なしで，薬店，ドラッグストアなどで買える一般医薬品（大衆薬）のこと。OTC (over the counter, オーバー・ザ・カウンター) はカウンター越しに薬を販売するかたちに由来する。医療用医薬品として患者に長年使われ，安全性が高いと判断された有効成分を活用しているもので「市販薬」とも呼ばれる。自分で健康管理を行う「セルフメディケーション」医薬品。改正薬事法では副作用リスクによって第一類から第三類までに区分され，施行（2009年6月）後には第二類，第三類については登録販売者も販売ができる。　　大衆薬，家庭薬　　[外川]

P&A

purchase and assumption
資産・負債の継承。金融機関の破綻処理に際し，破綻金融機関を買い取る銀行がその資産や負債の全部または一部を継承するという営業譲渡方式の破綻処理。監督当局は経営危機の金融機関の経営状況を事前に把握，水面下で譲渡先を決める。破綻公表後すぐ営業を引き継ぐことでペイオフを避け，預金支払いなどに支障が生じないようにする。預金者にいちいち保険金を支払うペイオフに比べて処理にかかる時間が短いのが特徴で，米国では週末に業務停止し，週明けから受け皿機関が営業を始めるのが一般的。資産の悪化が小さい時点で処理を迅速に進めれば，預金者に戻る預金の額は大きくなるが，必ずしも預金者の預金が全額保護されるわけではなく，承継されなかった不良資産部分の損失は，預金保険機構等を通じて最終的に政府が負担する。日本にP&Aを導入する前提として，検査体制の拡充などを通じて金融当局が経営の監視を強めるべきだとの声が多い。　　　　[外川]

PASMO

関東の主要鉄道・バス事業者が導入している共通ICカード乗車券。2007年3月サービス開始。JR東日本のSuicaと相互利用でき，1枚のカードで首都圏のJR，私鉄，バスの乗継が可能。電子マネーとして買物にも使える。2008年末現在の累計発行枚数は1057万枚，月間利用件数は3471万件，利用可能店舗数は4万8600店。
　Suica，電子マネー　　　　　[外川]

PCI-DSS

☞ ペイメントカードデータセキュリティ基準

PDCAサイクル

plan-do-check-act cycle
計画（plan），実行（do），評価（check），改善（act）のプロセスを順に実施し，最後の改善を次の計画に結びつけ，らせん状に品質の維持・向上や継続的な業務改善活動などを推進するというマネジメント手法。1950年代に品質管理の父といわれるW. E. デミングによって提唱されたことから，デミングサイクルと呼ぶこともある。製造プロセス品質の向上や業務改善などに広く用いられるほか，マーケティングや企業経営，戦略構築，自治体経営や教育その他，広範な分野でのマネジメントシステムに取り入れられている。　　　　　　　　　　[外川]

PER ☞ 株価収益率

PFI

private finance initiative
安価で良質なサービスの提供を目的とし，民間の資金や経営能力，技術的能力を活用することによって，国や地方公共団体の公共施設等の建設，維持管理，運営を行う手法のこと。日本では公共事業費削減や景気対策の一環として，1999（平成11）年に「民間資金等の活用による公共施設等の整備等の促進に関する法律」（PFI法）が成立した。自治体と民間が共同出資して設立する第三セクターとは異なり，PFIでは民間事業者が事業の設計，運営，維持管理を一貫して手がけ，国や地方自治体などの公共部門が民間からサービスを購入することで，事業全体のリスク管理を効率化し，財政負

PIPEs

private investment in public equities
株式の募集・売出しの際に,限定された投資家に募集・売出しを行う私募投資。公募で行うには相当のコストと時間を要し,機動性に欠ける場合に,証券取引法に認められている条件の範囲内で限定された投資家に対して私募方式で行う。ファンドは投資先と相対で私募増資や第三者割当増資などの条件を交渉し,市場価格より安く株式の一部を譲り受ける。経営に関して企業価値を高め,保有株の売却益をねらうものだが,株式の非公開化が前提のMBOと異なり,投資先が上場を維持しながら支援を得られるのが特徴で,公募増資などに比べて迅速に資金調達できる利点がある。また上場企業のステータスを保ちつつ,一定の改革も期待できる手段として経営者も受け入れやすいというメリットがある。　　　　[外川]

PL法

product liability law
製造物責任法。欠陥製品による被害から消費者を保護する目的で制定された法律で,企業の過失の有無にかかわらず,製品の欠陥さえ証明されれば,企業側に賠償責任があるものとされる。アメリカでは1960年代に法制化,日本では1996(平成8)年に施行された。　　　　　　　　　[外川]

POP広告

point of purchase advertising
売場で商品宣伝をする店頭広告のこと。商品の特徴や価格を説明して,顧客の目を引きつけ,お買い得感を演出して購買意欲を喚起する。状況に応じて価格や説明文を書き換えたり,展示場所を移動させるという柔軟な対応が可能な手法であり,とくに売れ筋でない商品の販売促進や,売れ筋商品をより多く売りさばこうとするときなどに効果的な販売促進の方法。　　　　[外川]

POSシステム

point of sales system
販売時点情報管理システム。商品が販売された時点で,商品名,ブランド,価格,売れた時刻,その他,その商品に関するデータを把握し,管理する。通常は商品に貼付されたバーコードやICタグなどをレジスターに装備されたスキャナーで読み取り,それをコンピュータに伝送する。リアルタイムの情報把握が可能で,このシステムの普及により,在庫の適正化や販売動向のきめ細かい分析ができるようになった。
⤷　POSレジ　　　　　　　　　[外川]

POSレジ

POS-register
POSシステムで使われるレジスター(金銭登録)端末。スキャナーなどで商品コード情報を読み取り,即時にコンピュータに入力する。⤷　POSシステム　　　　[外川]

PPP

point-to-point protocol
電話回線を通じてコンピュータをネットワークに接続するプロトコルのこと。さまざまなプロトコル(TCP/IP, IPX/SPX, NetBEUIなど)と併用される。認証機能や圧縮機能もあり,将来的に新しいプロトコルをサポートすることもできる。[外川]

PPP

pay per post

ブロガーに報酬を支払って，自社に有利な記事や広告宣伝文を書かせるWebマーケティングの手法。PPPそれ自体が即違法というわけではないが，善意の個人を装って，特定企業や商品についての偏った情報を発信するというのは，消費者利益を損なうおそれがある。かつてウォルマートが偽ブログに宣伝や自己弁護の記事を掲載したり，グーグルがPPPで自社プロモーションを展開したときには社会的な批判を浴びた。⚭ ステルスブロガー　　　［外川］

PPP

public private partnership

パブリック（行政）とプライベート（民間）がパートナーシップ（連携して）を組んで事業を行い，地域の課題を解決していくこと。新しい官民協力の形態であり，地方自治体等での取組みが増加している。PPPは地域社会のインフラ整備や公共サービス，さらには公有地の活用など，従来地方自治体が公営で行ってきた事業に民間企業などが事業の計画段階から参加し，土地や施設は自治体が所有したまま，設備投資や運営を民間に任せる，民間委託事業等を含む手法をいう。地方自治体と民間企業が対等の関係で知恵と力を合わせて，より質の高いサービスを，より効率的費用で行うもの。

［及川］

PSEマーク

2001（平成13）年施行の電気用品安全法で義務づけられたもので，漏電その他，安全性が確認された電気製品について販売に際して必要とされるマーク。対象となるのは450品目で，一定の猶予期間の後，2006年3月末のテレビ，冷蔵庫，洗濯機，電子楽器，音響機器など259品目から表示が義務化され，マークのない製品は販売できなくなるとされていた。しかし，周知徹底されなかったために中小企業が多い中古品販売業者や，旧型製品を愛好する音楽家やマニア的ユーザーから強い反発を受け，運用の緩和を余儀なくされた。その結果，現在では希少性のある楽器や音響機器などは「ビンテージ」としてマークなしでも販売が可能となっているほか，メーカーによる検査が義務化される以前に生産された一般の中古については，レンタル扱いとすることで実質的に販売できるようになっている。

［外川］

QCサークル

quality control circle

同じ職場内で品質管理活動を自主的に行う小グループのことで，全社的品質管理活動の一環として自己啓発，相互啓発を行い，QC手法を活用して職場の管理，改善を継続的に全員参加で行うものである。QC活動はE. デミング，石川馨らにより戦後に構築されたが，1960年代頃から日本の製造業の現場に広く普及し，日本製品の品質の格段の向上に貢献したとされる。製造部門にとどまらず，サービス部門や管理部門など全社的な活動であるTQC（total quality control）やTQM（total quality management）にまで拡大されている。2008年度末現在，残業手当を支給する企業は半分以下とみられ，サービス残業に当たるとの批判も強まってきた。⚭ サービス残業

［外川］

QRコード

1990年代半ばに日本で開発されたマトリックス方式の「2次元コード」。情報量が多いが読み取りに手間がかからず、どの方向からも読み取れ、加筆修正が容易で、復元識別が可能というメリットがある。カメラ付携帯電話との連動によってさまざまな情報伝達や広告や販促、支払いなどにも利用できる。雑誌やポスターなど限られた広告スペースに最小のコードを掲載し、製品の魅力を高めるデザインや文言を最大限に表現するだけでなく、どの媒体からのアクセスが多いのかを分析し、広告の費用対効果分析に役立てることもできる。携帯電話の画面上にQRコードを表示させ、自販機に読み取らせて商品を購入するシステムや、コンビニエンスストアで支払いの際にQRコードを表示させ、これを店頭にある読取機でスキャンするしくみもある。　[外川]

RC造

reinforced concrete structure
鉄筋コンクリート造。建物の構造形式のひとつで、鉄筋とコンクリートが組み合わされた構造。リインフォースド・コンクリートは直訳すると「補強されたコンクリート(コンクリートの弱い面を鉄筋で補強した構造)」となる。⌒ S造、SRC造
[鈴木]

REIT

real estate investment trust
一定の要件を満たす不動産投資運用会社をひとつの投資信託商品と見立てて、その運用会社が行う不動産運営から生じる収益を、投資家である株主に還元するしくみ。不特定多数の投資家から集めた資金を、投資信託などの形態により、オフィス、住宅、商業施設、ホテルなどに投資し、賃貸収益や売却益などを配当金として、投資家に還元するかたちである。1960年に米国で誕生したが、日本では2001年3月に東京証券取引所にJ-REIT(ジェイリート)市場が開設された。⌒ J-REIT、オリジネーター
[藤山]

RFID

radio frequency identification
ICタグ(RFIDタグ)によって、人やモノを識別する技術。商品の一つ一つにICタグを付けることで、製造プロセスや物流経路の追跡だけでなく、在庫状況や販売状況まで一元的に管理することも可能になる。また製造段階から物流過程、中間流通、小売段階から消費者にいたるまでを追跡するトレーサビリティシステムを実現できる。
⌒ ICタグ、トレーサビリティ　[外川]

RFM分析

recency, frequency, monetary analysis
顧客の購買履歴を分析する手法のひとつで、購買行動・購買履歴から、優良顧客のセグメンテーションなどを行う。R(recency、最新購買日)は、いつ買ったか、最近購入しているか、F(frequency、累計購買回数)は、どのくらいの頻度で買っているか、M(monetary、累計購買金額)は、いくら使っているか、のデータである。各指標の重要性や意味合いは、業種や業態、取扱商品によって異なるため、指標数値へのウエイトの付け方自体が企業ノウハウとなる。場合によっては3指標すべてではなく2つの組合わせ、あるいはM指標のみを利用する。ただし、RFM分析は購買にいたっていな

い潜在顧客の購買力までは判定できず，また次に何を買うかといった質的な評価はできない。　　　　　　　　　　　[外川]

ROA

return on asset
総資本に占める経常利益の比率。総資本利益率。企業の経常的な事業活動内容を示す指標で，投下資本に対してどの程度の利益が生み出されたのかを見るものであり，収益性分析の際の最も基本的な指標。[外川]

ROE　☞　株主資本利益率

ROI

return on investment
投下資本利益率。投資に対する利益の比率のこと。利益を投下資本で割ったもの。ある事業への投資額に対して，どれだけの収益があがったのかを表す指標で，企業の収益率を示す。投資家が各企業に投資する際の判断基準とされるとともに，企業の経営診断や新規独立開業時の資金計画策定の際も使われる。　　　　　　　　　　　[外川]

RSC

regional shopping center
リージョナルショッピングセンター。米国では，広域商圏を想定した大型のショッピングセンターのこと。核店舗として百貨店やGMS，ディスカウントストアなどの大型店と多様な専門店が入る。規模は約4万〜8万㎡。1次商圏の範囲は約8〜25km。郊外の幹線道路沿いに立地するものが多く，郊外商業の中心的役割を担っている。日本でも，GMSや百貨店などを核として数千台の駐車場を有する大型ショッピングセンターが増えている。☞　CSC，NSC，

SRSC　　　　　　　　　　　　　[協会]

RSSリーダー

RSSとはニュースやブログなどの最新記事が入っている規格データのことで，RSSリーダーはこの記事データを自動的にまとめて集めてきてくれるサービス。自分の好みのWebサイトのURLをRSSリーダーに登録しておけば，情報が更新されるたびに記事を自動的に送り届けてくれるしくみ。多くのRSSリーダーは無料で提供されているので，お気に入りのサイトを訪れる際の手間が省ける。　　　　　　　　　[外川]

S&L

savings and loan association
貯蓄貸付組合。個人の預金を集め，主に住宅ローンを手がける米国の中小金融機関。貯蓄と住宅ローンに特化した貯蓄金融機関の一業態で，事業形態は日本の信用金庫や信用組合に近い。規制緩和の波に乗って業務を拡大したが，1980年代後半に倒産が続出し，米政府は破たん処理のための整理信託公社を設立，約1300億ドルの公的資金を投じ，不良債権を買い取り，1995年末ごろまで担保物件の売却や貸付金回収などを進めざるをえなかった。その後90年代後半からは住宅ブームに乗って事業を拡大したが，低所得者向け高金利型（サブプライム）住宅ローン焦付きに端を発した金融危機が直撃し多くのS&Lが破綻に追い込まれ，2008年9月には総資産33兆円規模の最大手S&Lのワシントン・ミューチュアルが業務停止に追い込まれるにいたっている。　　　　　　　　　　　　　[外川]

S造

steel structure
鉄骨造。建物の構造形式のひとつで、鉄骨で柱や梁を組み立てた構造のこと。鉄筋コンクリート造に比べ軽量で短工期であるため、郊外型ショッピングセンター建築の主流となっている。👉 RC造, SRC造

[鈴木]

SaaS

Software as a Service
インターネット経由で業務ソフトを提供するサービスで、ネットで使われることを前提としたソフトウェア。利用者はパソコンのブラウザー(ネット閲覧ソフト)からサービス提供会社のコンピュータで動く業務ソフトを呼び出して利用する。ソフトを物品のように購入するのではなく、サービスとして必要なときだけ借りるしくみなので、この名称がある。通信費が安くなったことで、ネット経由でユーザーにソフトを提供できるようになった。従来型のパッケージソフトはシステム構築の際に料金を一括して支払う売り切り型だが、SaaSは使ったボリュームだけ月額で支払うため、投資効率が見えやすい。

[外川]

SC 👉 ショッピングセンター

SCアイデンティティ

idetity of shopping center
ショッピングセンターとしての個性や特徴、イメージのこと。あるいはそのための戦略。付加価値の高いSCアイデンティティを確立するためには、顧客、競合、事業戦略、個性や強みを十分理解したうえで、アイデンティティの構築を考える必要がある。

[藤山]

SCカード

特定のショッピングセンターあるいは複数のショッピングセンター内で共通に利用できるカードで、ショッピングセンター版ハウスカードをいう。ショッピングセンターのテナントは独自のカードシステムを保有するケースが多いが、SCカードはショッピングセンター内における汎用性の高いカードとして、共同販促などに使用されることで、全体の集客力の強化や顧客ロイヤリティの向上に貢献することが期待される。

[及川]

SC競合

商圏内における同業施設との間の競争のこと。ショッピングセンターにおいては、商圏内のショッピングセンター同士だけでなく、大型店も競合相手となる。競合に打ち勝つためには、競合店調査、競合店分析を行い、自ショッピングセンターの強み弱みを把握し、適切な競合対策を立てなければならない。👉 競合

[協会]

SC業態

ショッピングセンターの業態は一般に、規模や商圏範囲、提供する機能や来店頻度等によって、ネイバーフッド(近隣型)、コミュニティ(地域型)、リージョナル(広域型)、スーパーリージョナル(超広域型)などに区分される。しかし、流通の成熟化とともに多様化が進展し、最近では「スペシャリティセンター」や「テーマセンター」、「フェスティバルセンター」等の専門化されたものや、「アウトレットモール」、「パワーセンター」等の低価格志向型も増えている。👉 業態

[協会]

SC共同販促

ショッピングセンター全体として行う販売促進活動をいい、テナント会とディベロッパーが連動して実施するのが一般的である。また共同販促は、個々のテナントの立場を尊重するあまりコンセプトが不明確で総花的になりがちであるため、現在ではテナント会の一任を受けてディベロッパーがイニシアチブをとり、ショッピングセンター全体の視点から実施する例が多い。その場合は、テナント会販売促進委員会は承認の場ではなく、確認の場として位置づけられる。
🔗 共同販促　　　　　　　　　　　　[協会]

SC経営士

ショッピングセンターの開発から管理運営までの業務に対して豊富な経験と実績を有し、ショッピングセンター経営のトップマネジメントの職務を遂行・補佐することができる者をいう。ディベロッパー組織のなかでは、統括的なマネジメントを行うマネジャー以上の職能を遂行できる者、コンサルタントでは、ディベロッパー組織のなかのトップマネジメントの指導ができる能力・資格を有する者で、㈳日本ショッピングセンター協会の資格試験に合格した者に与えられる称号である。1992年に創設され、335名（2010年1月31日現在）が登録されている。また、㈳日本ショッピングセンター協会では、「SC経営相談室」を開催し、SC経営士がショッピングセンターの経営全般にわたる相談に応じている。　　[協会]

SC出店契約

ショッピングセンターの出店契約は、出店者に店舗の使用収益を認め、その対価として賃料を収受する賃貸借契約である。表題が「営業委託契約書」と書かれてあっても、営業委託の実態がなく、テナントが独立の経営主体として店舗を占有使用し、その対価をディベロッパーに支払っている場合は建物の賃貸借契約であり、借地借家法の適用対象となる。各条項に記載されているショッピングセンター運営方針、出店者全体の共同の利益と秩序の保持等のために個々のテナントの営業内容に加えられる諸制約や履行についての合意内容についても、借地借家法の強行規定との関連において効力の判断が求められることになる。契約期間の終了についても借家人の承認が必要であるが、定期借家契約を締結した場合には、期間通りに契約が終了できるようになった。
[協会]

SCゾーニング

大型店舗やショッピングセンターなどのフロア構成をどのように区分するか、それぞれをどのように利用するか、テナントなどをどのように配置するかなどを決めていくことをいう。その成否が売上に大きく影響を及ぼすことが多く、たいへん重要な作業である。🔗 ゾーニング　　　　　　[協会]

SCディベロッパー

商業ディベロッパー事業のなかで、ショッピングセンターを計画し、建設、所有し、管理運営する事業者をいう。オープン後も適切な管理運営を行いながら、将来のリニューアル計画や創造開発を考えていく開発者のことを意味する。管理運営におけるSCディベロッパーの役割には大別すると、①マーケッター、②プランナー、③オペレーターの3つの機能がある。近年は、「開発・建設」「所有」「運営管理」などのディベロッパー機能の分離が進行しており、SCディベロッパー機能もアセットマネジメントやSCマネジメントなどの新しいビジネスモデルに変化してきている。

🔗 ディベロッパー，商業ディベロッパー，

アセットマネジメント，プロパティマネジメント　　　　　　　　　　　　　　　[藤山]

SC の立地

(1)中心地域（中心商業地域）：当該市町村の商業機能が集積した中心市街地。なお，㈳日本ショッピングセンター協会では，都市規模を①大都市（政令指定都市，および特別区），②中都市（大都市を除く人口15万人以上の都市），③小都市（人口5万人以上15万人未満の都市），④町村（郡・町村）の4つに区分している。(2)周辺地域（周辺商業地域）：中心地域に隣接した商業・行政・ビジネス等の都市機能が適度に存在する地域。(3)郊外地域：都市郊外で住宅地，農地等が展開されている地域。　　[協会]

SC マーチャンダイジング

一般にマーチャンダイジングとは，商品の企画，生産，販売までの全般にかかわる活動をさすが，ショッピングセンターにおけるマーチャンダイジングは，ディベロッパーのコンセプトに沿って，テナントのリーシング，ゾーニング，業種構成，業種配置まで含む一連の活動をいう。ショッピングセンターのマーケティングのノウハウをもつディベロッパーは，計画段階から主要テナントについては具体的な構想をもち，柱となるテナントを中心にマーチャンダイジングを推進する。&~ マーチャンダイジング　　　　　　　　　　　　　　　[協会]

SC マネジャー

ショッピングセンターの管理運営業務の遂行責任者。役職名は支配人，管理部長，営業部長，業務部長等さまざまであるが，その資質と能力が，ショッピングセンターの全体の業績や発展成長の重要な役割を果たす。SC の進化にともない，管理運営業務より SC 全体の経営を行うことが，ますます重要になってきている。これまでの SC ディベロッパーにおける SC マネジャーもさることながら，所有と経営が分離した SC においてはアセットマネジャーから業務を受託していることから，ともすればプロパティマネジメント（PM）の置かれている立場である所有者重視主義に陥りやすいが，SC マネジャーはステークホルダー重視主義でなければならない。ステークホルダーをリードし，パートナーシップを強化することにより，消費者の要求を満たし，ショッピングセンター全体の経営をすることにより業績向上を実現していくことが主な職務である。さまざまな知識や技術に加え，人間のあり方が重要であり，信頼感の得られる人間性が求められる。&~ ディベロッパー，商業ディベロッパー，アセットマネジメント，プロパティマネジメント　　　　　　　　　　　　　　　[藤山]

SC 面積

ショッピングセンター内の物品販売業，飲食業，サービス業など，すべての売場に供している面積のこと。共用通路を含み，同一敷地内にあってショッピングセンターを訪れた人が利用可能な公共性の強い諸施設の面積も含む。ただし，ホテルや駐車場の面積は含まない。&~ 売場面積，店舗面積　　　　　　　　　　　　　　　　　　　[協会]

SC リニューアル

ショッピングセンターの改装，活性化のこと。既存店の売上，利益などの増加を目的として行うもので，売場面積の拡大（増改築）にともなうリニューアル，商品等のマーチャンダイジングやテナントのリニューアル，全面リニューアルなどがある。

[飯村]

SCM

supply chain management
サプライチェーンマネジメント。受発注，原材料調達，在庫管理，配送という川上から川下までを，IT（情報技術）を駆使して統合管理する経営手法。生産段階から流通業を経て最終需要者にいたる商品・情報・資金の一連の流れであるバリューチェーン（value chain）を抜本的に改革することによって，コスト削減と顧客満足を同時に実現し，企業の競争力を強化しようとするもの。顧客起点で全体の最適化をはかるという点で，双方向のマーケティングであるCRM（customer relationship marketing）に通ずる。当初メーカー主導で進み，次第に小売業や流通システム全体に波及した。米国では衣料品業界のQR（クイックレスポンス）や，加工食品業界のECR（efficient consumer response，効率的な消費者対応）の発展形として1990年代の後半に登場したCPFR（需要予測と在庫補充のための共同作業：業界団体のVICSが定義し，著作権を有するビジネスモデル）が，SCM全体の最適化を実現する手法として注目されている。日本では加工食品メーカーのほかには，大手スーパーの一部やSPAが，POSデータに基づく需要予測を武器に，メーカーや卸売業，物流業までも取り込んだSCMを構築している。 CRM, QR, CPFR® ［及川］

SEO

search engine optimization
検索エンジンを利用したマーケティング（SEM，サーチ・エンジン・マーケティング）の一種で，グーグルやヤフーなどの検索エンジンにおいて検索結果の上位に表示されるようにサイトを改良し最適化すること，または検索エンジン最適化のためのサービス。具体的には，他サイトからのリンクを増やしたり，サイト内の検索キーワードや関連情報を増やしたり，検索エンジンが情報の内容を把握しやすいようにサイトを改良するなど。検索機能解析能力の評価は必ずしも明確ではないし，サービスの効果が現れるまでに時間を要する。そのため上位に表示された場合に課金する成功報酬型の料金体系が一般的。 ［外川］

SKU

stock keeping unit
絶対単品。これ以上細かく分けられない商品の最小単位。一般的な単品管理は，SKUを基にして行われる。 ［外川］

SNS

social networking service
ネットに公開する日記や掲示板を使って情報を交換し，友人との交流や人脈づくりに役立てる会員制の情報ネットサービス。既存会員からの紹介がないと入会できないものが中心で，参加者の略歴や交友関係を公開するため，匿名性の高いサイトに比べるとトラブルが起こりにくいとされる。
 ［外川］

SOHO

small office/home office
ソーホー。会社と自宅や郊外の小さな事務所をコンピュータのネットワークで結んで仕事場にしたものや，コンピュータのネットワークを活用して自宅や小さな事務所で事業を起こすこと。最近ではベンチャービジネス用に小規模な事務所スペースを設置し，起業家や中小事業者に提供する自治体やディベロッパーが増加している。［及川］

SPA

speciality store retailer of private label apparel

自社企画ブランドを擁した衣料品専門店チェーン。米国の専門店チェーンのGAPが1980年代後半に自社の業態を表現した造語が一般化した。現在では小売分野に進出したアパレルメーカーやその直営店，さらに製造小売業一般にまで拡大解釈されているが，本来は素材調達，製品企画開発，製造，物流，販売，在庫管理，店舗企画までを含む全工程を一連の流れとしてとらえ，効率化とニーズへの迅速な対応（QR; quick response）体制を構築するしくみをもった衣料品専門店チェーンを意味する。[及川]

SPC ☞ 特定目的会社

SRC 造

steel reinforced concrete structure

鉄骨鉄筋コンクリート造。建物の構造形式のひとつで，鉄骨で柱や梁等の骨組を組みその周りに鉄筋を配置し，コンクリートを流し込んだ構造で，RC造より強度が強く，高層建築物等に用いられる。☞ S造，RC造　　　　　　　　　　　　[鈴木]

SRSC

super regional shopping center

スーパーリージョナルショッピングセンター。超広域型ショッピングセンター。米国では，超広域商圏を想定した大規模ショッピングセンターをいう。規模は約8万㎡以上。1次商圏の範囲は約8～40km。百貨店，GMS，専門店のフラッグシップショップなどの複数の大型業態と，100を超える各種の専門店が入るほか，フードコートやレストラン街などの飲食施設を充実させている。ホテルを併設するものや，室内プール，スケートリンクなどのスポーツ施設等を導入するものなどサービス機能も充実している。最近ではエンターテインメント性が強化されており，とくにシネコン（シネマコンプレックス）などの娯楽施設が重視されるようになっている。日本でも近年はSRSCの規模に匹敵するショッピングセンターが開発されるようになっている。

☞ CSC, NSC, RSC　　　　　　[協会]

Suica

スイカ。非接触方式のICカード「FeliCa」を使用した乗車カードで，東日本旅客鉄道（JR東日本），東京モノレール，東京臨海高速鉄道の3社線その他社相互利用路線で利用されているほかにPASMOとの共通利用が進み，仙台や新潟，関西圏のシステムとの汎用化も進んでいる。また電子マネー機能を搭載したものやクレジットカード機能の付いたものもある。☞ 電子マネー，Edy　　　　　　　　　　　　　　[外川]

SWOT分析

strength（強み），weakness（弱み），opportunity（機会），threat（脅威）の4つの軸で組織を総合的に評価する手法のこと。マーケティングや経営戦略立案で使われるフレームワーク。　　　　　　　　　[外川]

TCM

town center management

タウンセンターマネジメント。中心市街地をひとつのショッピングセンターとしてと

らえ，魅力的な環境づくりをマネジメントする官民共同，あるいはNPO的活動のこと。1980年代半ばに，英国で自然発生的に生まれた。背景には自動車の普及にともなう中心市街地の衰退や空洞化への危機感があった。活動内容はさまざまであるが，サステイナブルシティ（持続的発展が可能なまちづくり）の構築，という目的は共通している。タウンセンターマネジャーがその中心的役割を担っている。また TMO (town management organization) は，TCMの理念を具体化するための組織体である。
☞ TMO, DID, CRM　　　　　　[協会]

TLO

Technology Licensing Organization
大学の研究者の研究成果を評価し，特許化と企業への技術移転を促進することを目的とする技術移転機関。技術移転により得られた実施料は，その一部を研究資金として大学に還元することで大学の研究を活性化させるという「知的創造サイクル」を担う産学連携の中核となる組織で，「承認TLO」と「認定TLO」の2種類がある。承認TLOは，事業者が事業計画を立案し，文部科学大臣および経済産業大臣の承認を受けたもので，産業基盤整備基金による助成金交付および債務保証等の支援措置を受けられる。承認TLOは国立大学の教官個人，公私立大学およびその教官個人の保有する特許を取り扱う。従来の産学連携は，大学に所属する研究者個人と企業により行われることが多く，研究成果の帰属やライセンス収入がどこに属するかが不明瞭だったが，TLOではこれらを明確にしてモラルの維持に寄与することもめざしている。
[外川]

TMK　☞　特定目的会社

TMO

town management organization
中心市街地活性化の推進組織。とくに中心市街地内の商業等の活性化事業の主体となって，活性化のための基本構想と実施計画を立案し，推進する役割を果たす。第三セクター方式とまちづくり会社方式とがあり，タウンマネジャーを中心に商業活性化関連事業を実施することで，賑わいづくりや，地域事業者の業容拡大に寄与する。
☞ TCM, DID, CRM　　　　　　[及川]

TOB

take-over bid
株式公開買付け制度。ある企業（または自社）の株式を買い取る場合，透明性や公平性を保つために，買付け期間と株数，価格を公開し，株主から直接株を買い取る方式。特定企業の支配をめざして市場外で大量の株を取得する場合に義務づけられている方法。株式市場を通す買付けとは異なり，予定価格で短期間に株を集めることができる。また取得株数が予定に満たない場合には，買付けを取り消すことができるので，リスクが小さい。
[外川]

TSU

trade service utility
世界の主要銀行間の決済ネットワーク「SWIFT（スイフト）」の運用団体が貿易の電子化のために2006年から稼動させたしくみ。国際決済ネットワーク機構。輸出入取引をする2社と輸出入業務を手がける取引先銀行2行の4者をつなぎ，契約書などの必要書類を電子データ化することで書類作成業務などの手続きを簡素化する。銀行が既存の企業向けサービスを補完，強化するためのしくみを提供するもので，いわば銀行のサプライチェーンマネジメントサー

ビスのグローバルスタンダード。世界の19の大手金融機関が参加している。

[外川]

TX ☞ つくばエクスプレス

W

Web 2.0

Webとはworld wide webの略で単純にはインターネットと置き換えられる。また2.0とはソフトウェアなどのバージョンのことであり，世代が1.0から2.0に上がることである。したがってWeb 2.0とは「新しい世代(第2世代)のインターネット」という意味合いである。従来とは異なる発想に基づく，次世代のインターネット関連の技術，サービス，ビジネスモデルの総称で，ティム・オライリーらによって提唱された。ただ抽象的な概念であり，Web 1.0とWeb 2.0との間に明確な境界線があるわけではない。 [鈴木]

WiMax

2003年に米国電気電子学会(IEEE)が承認した次世代無線通信の国際標準規格。広範囲で，高速大容量通信を可能にしたもの。無線LAN(構内情報通信網)の標準規格である「Wi-Fi(ワイファイ)」よりも基地局からの通信範囲が広く，インフラ投資のコストが軽いのが特徴。長距離を移動中でも通信を中断せずに情報のやりとりができるのが特徴。 [外川]

WTO

World Trade Organization
世界貿易機関。自由で円滑な世界貿易推進のための国際的機関。前身のGATTはモノの貿易に関するルールしかなかったため，1960年代以降に急拡大したサービス化に対応することができなかった。そのため123カ国・地域が参加した8回目の多角的交渉(ウルグアイ・ラウンド)を経て，知的財産権の保護など新たな分野への対応がはかられることになった。GATTのルールのうち多くの部分は加盟各国の加盟当時の国内法の許す範囲での遵守で可とされていたが，WTO協定では加盟国は例外なくすべて遵守しなければならないので，国際貿易ルールとしての拘束力が強まった。またルール違反の場合の紛争解決制度も，より実効性が高められている。2002年1月から交渉会議が開始された「ドーハ開発アジェンダ」では途上国の食糧安全保障の尊重や国内産業の保護といった途上国の開発問題が大きな位置を占める。ほかに農業，サービス，非農産品市場アクセス，ルール，TRIPS(貿易関連知的所有権)，貿易と環境，DSU(紛争解決了解)改正や2004年7月の枠組み合意で交渉化が決まった貿易円滑化についての交渉も実施されている。2007年現在の参加国・地域は151。
☞ GATT [外川]

X

XML

文書やデータの意味をコンピュータに認識させるための言語の一種。利用者が意味づけを自由にできるなど加工が簡単なため，異なるソフトやシステムの間のデータ交換

を促す手段として普及している。Web ページ制作に使われる HTML と比べて，ソフトやシステムの分野まで使える範囲が広がっているのが特徴。　　　　　　［外川］

アイテム

item
項目や品目，種目のこと。あるいは消費者が購入に際して識別できる商品の最小分類のこと。コンピュータゲームの世界では，プレイヤーが手に入れて使うことができる道具を意味する。　　　　　　　　[外川]

アイドルタイム

idle time
休業，休憩，手持ち時間のこと。またはなんらかの原因によって，生産設備が正常に稼動していない時間や設備が遊休化している時間のこと。小売店やフードサービスにおいては，顧客がいない状態の時間をいう。アイドルタイムの間も，家賃や減価償却費，人件費などの固定費はかかり，操業再開時には別のコストも発生するが，このようにアイドルタイムにともなって発生する経費を，アイドルコストと呼ぶ。アイドルコストを削減するためにも，商品の補充や施設整備の点検など，アイドルタイムの活用が重要である。　　　　　　　　　[藤山]

アヴァンギャルド

avant-garde
元来はフランス語で軍隊の前衛部隊という意味であり，そこから芸術，ファッション界でも「前衛」の意味として使われている。過去の概念や正統を否定し，実験的な手法によって新しいものを創りだそうとした革新的な動きで，ファッション界においては「時代を先取りしたもの」「奇抜なもの」などをさす。代表的なファッションブランドとして，コムデギャルソンがあげられる。　　　　　　　　　　　　　　　　[鈴木]

アウトソーシング

outsourcing
社外の資源を活用するという意味で，自社で行っていた仕事や業務を外部業者に一括して委託すること，またはそのような経営手法。従来型の外注，業務委託，下請け，パート化，人材派遣などだけでなく，業務の企画・運営・管理まで含めて一括して外部の専門業者に任せてしまうケースが増えている。経済産業省ではアウトソーシングを，企業等の組織が従来内製していた，または新たに始める業務や機能について，①コア業務への経営資源の集中，②専門性の確保，③コスト削減などの明確な戦略をもって，業務の設計から運営までの一切を外部化すること（「平成8年度アウトソーシング産業の育成に関する調査研究」）と定義している。　　　　　　　　　[外川]

アウトバウンド

outbound
日本人が海外に出かける場合を示すもので，ビジネス・観光を含めてとらえている。経済のグローバル化によって日本人のビジネスマンが世界の隅々の国でビジネス活動を行っており，日本人観光客は国内観光旅行のコスト高の影響もあって，世界の観光地を訪れている。⇨　インバウンド　[及川]

アウトレット（アウトレットストア）

outlet

アウトレットストア。サンプル品，型落ち品，B級商品，過剰生産品などを低価格で販売する店。アウトレットとは「出口」や「はけ口」，「販路」などを意味する言葉で，もともとはメーカーや製造機能をもつ専門店が，季節外品，傷物や規格外品など自社製品の在庫処分のために設置したもの。アウトレットストアが集積されたショッピングセンターをアウトレットモールというが，日本では1993年に登場し，2000年にかけて大型アウトレットモールの建設が相次いだ。近年は，最初からアウトレットで販売することを目的とした「アウトレット専用商品」を製造するメーカーもある。なおオフプライスストアとは一般にブランド品，とくにファッション製品を低価格販売する店のことであるが，日本ではアウトレットに含めることが多い。 ⌒ アウトレットモール，オフプライスストア　　［外川］

アウトレットモール

outlet mall

メーカーが季節外商品や旧型品，難あり商品やデッドストックなどの処分を目的として運営している直営店（アウトレット）で構成されるディスカウント型ショッピングセンター。ブランドや店舗のイメージを損なうことなく在庫品を処分するための施設。メーカーのアウトレットのほかに，小売店が運営する「リテールアウトレット」が出店することもある。取引先小売店との競合に配慮して，繁華街を避け，地価の安い郊外に開発されるケースが一般的である。米国では100万㎡を超える敷地に1万数千台規模の駐車場，商圏人口数百万人超，という超大規模なモールもある。日本の場合，観光地型，大都市近郊立地型とに二分される。 ⌒ アウトレットストア　　［協会］

アカウンタビリティ

accountability

企業や組織の説明責任。権限を委譲された職務に関して，遂行状況や現状などを利害関係者（ステークホルダー）に説明する義務をいう。アカウンティング（会計）とレスポンシビリティ（責任）の合成語で，もともとは会計的な責任を意味した。現在では，説明責任や説明義務一般として用いられることが多い。経営者はその企業の財務内容や戦略などについて株主への説明義務を負っている。また政府や行政機関は，政策内容などに関して国民や住民への説明義務を負っている。　　［外川］

アキバ系

アキバは東京・秋葉原のことで，秋葉原のほか，大阪・日本橋や愛知県・大須などの家電・ハイテク街に象徴されるいわゆる「オタク」文化や，そこに集う人々，また彼らのファッション的傾向や行動様式をさす。「萌え」や「コスプレ」，「メイド喫茶」など独特の嗜好をもつ。いわゆる「オタク」。　　［外川］

アクセシブル・ラグジュアリーブランド

accessible luxury brand

超高級ブランド（ラグジュアリーブランド）よりも値ごろな価格の，「手の届く高級ブランド」。背伸びをしすぎずに高級ブランドを楽しみたいという20～30代女性をターゲットとし，次々と斬新なデザインの新モデルを打ち出すことで売上増をはかる。米国のコーチが先鞭をつけ，のちにLVMHが，素材はヨーロッパ製だが，生産加工は中国製にすることでコストダウンした製品で参入した。ヨーロッパのブランドのほかに，コール・ハーンやケイト・スペードなどのアメリカのブランドが積極的

で，国内ではバッグ，アクセサリー分野で人気ブランドが育っている。⌒ ラグジュアリーブランド　　　　　　　　[外川]

アグリビジネス

農林水産・食品関係の産業のことで，種苗，種畜，飼料，肥料，薬品，農業用施設・装置などの農業用資材のほか，農産物や食品の貯蔵，加工，流通など農業機械産業から食品加工業，流通業まで農業にかかわる幅広いビジネスを意味する。最近では，ITやバイオテクノロジーによる高付加価値型の先端的農業や地域発展に関連して使われることが多く，農林水産省の「農政改革大綱・農政改革プログラム」によって，農業法人の規制緩和が進み，商社や食品会社などによる農業関連産業への新規参入やバイオテクノロジー活用の有機農産物の生産など，従来の農業から企業主導の新しいビジネスモデルへと移行しつつある農業関連産業をさして使われる。2004年からは農林水産省が「アグリビジネス創出フェア」も開催している。⌒ GAP，農地法　[外川]

アスベスト

asbestos
石綿（せきめん，いしわた）。蛇紋石や角閃石が繊維状に変形した天然の鉱石。耐久性，耐熱性，耐薬品性，電気絶縁性などに優れ，安価であるため建設資材，電気製品，自動車，家庭用品等，さまざまな用途に広く使用されてきた。しかし肺に入ると分解されずに蓄積され，15～50年の潜伏期間を経て肺がんや胸膜や腹膜の悪性腫瘍中皮腫になる可能性が指摘されている。また石綿を扱っていた事業所の従業員はもちろん，衣服に付着した石綿が家庭に持ち込まれ，家族に被害が拡大する可能性があるとされる。　　　　　　　　　　　　　　　　[外川]

アセスメント

assessment
課税・査定・評価価値・分担金などを意味する英語からきている。わが国では，「評価」「査定」の意味で用いられることが多く，「対象が周囲に及ぼす影響の評価をすること」「開発が環境に与える影響の程度や範囲，また対策について，事前に予測・評価すること」などをさす。また，「事前評価」の意味でも用いられ，ソーシャルワークでは，クライアントに関する情報収集をいう。アセスメントが単独で出てきたときは，「環境アセスメント」を意味することが多い。
　　　　　　　　　　　　　　　　[飯村]

アセットマネジメント

asset management
投資家や資産所有者等から委託を受け，金融資産や不動産などの資産（アセット）の総合的な運用・管理・運営を行う業務のこと。商業施設やオフィスビルなどの不動産のポートフォリオの管理を業務とし，投資計画の策定，実施，デューデリジェンスの実施，組み入れ資産の取得，処分の決定，財務分析，資産評価，プロパティマネジメントのコントロールなどを遂行する。
⌒ デューデリジェンス，プロパティマネジメント　　　　　　　　　　[藤山]

アソシエイトプログラム

associate program
ネット書店のアマゾンが始めたアフィリエイト（成果報酬型広告）。書籍からエレクトロニクス，家庭用品，各種ソフト，玩具にいたるまで，数百万点以上の商品が扱われる巨大規模の国際的なアフィリエイトプログラムである。アフィリエイトはメールマガジンやWebサイト上の企業サイトへのリンクを張り，ユーザーがそこを経由し

て商品やサービスを購入した場合に，サイトやメールマガジンの管理者に報酬が支払われるしくみで，ブログを運営する個人が急増するにつれて拡大している。なかでもアマゾンのアソシエイトプログラムは，作成できるリンクが豊富で，価格や商品レビュー，関連商品をリアルタイムに掲載できるWebサービス等の先進技術が導入され，用意されたソフトを用いてアマゾンが扱う全商品に対して商品リンクの作成が容易であるため利用者が多い。⤶ アフィリエイト　　　　　　　　　　　　　［外川］

アソートメント

assortment
品揃えや商品，業態の組み合わせ。コンセプトによって商品を揃えることだけでなく，カテゴリーによって売場を構成することや，店舗や業態を考えることなどまで，幅広く使われている。小売業においては，まとまった単位で仕入れた商品を，店舗や売場の要望や状況に応じて小分けをしたり，多数の商品を組み合わせて販売する機能のことを意味する場合もある。⤶ マーチャンダイジング　　　　　　　　　　［及川］

アップスケール

upscale
高品質であること，または品質を上げること。「スケール（ものさし）の目盛りを上げる」という意味で，量的な規模拡大という意味ではない。アップスケール・ディスカウントストア，アップスケール・スーパーマーケットなどは，従来型の業態よりも取扱商品やサービスのレベルが高く，専門性の高いものを意味する。　　　　　　［外川］

アトリウム

atrium
商業施設の中心部やホテル，オフィスのロビー，公共建築，マンションのエントランス部分などに設けられた広場や中庭のこと。もともとは古代ローマ邸宅の天窓のある広間，または教会の前面に設けられた回廊で囲まれた中庭のこと。現代では一般的に，吹き抜け構造になっていて，空間上部は自然採光のためのガラス等透明の屋根がかかっている広場状の空間や，屋根がかかった全天候型の公開空地，広場のことを意味する。　　　　　　　　　　　　　　　［外川］

アバター

avatar
Webサービス上に用意された仮想空間で，自分の分身として顔・髪型・服装・装飾品などを自由に選択して作成できるオリジナルキャラクター。元はサンスクリット語で，ヒンドゥー教の神話で「この世に現れた神仏の化身」や「思想などの体現者」などを意味している。バーチャルコミュニティのなかで，自分の分身として登場するキャラクターが「アバター」と名づけられ，現在の意味で用いられるようになった。［外川］

アパレル

apparel; apparel manufacturer
衣服，衣料品，またはそれらの生産者。日本では衣料品の製造卸や縫製メーカーも含めてアパレルメーカー，または単にアパレルという場合が多い。　　　　　　　［外川］

アーバンセンター

urban shopping center
都市の中心地域に開発されるショッピングセンター。多くは多層構造を採用し，都市

生活者（住民や就労者）をターゲットと想定した店舗構成をとり，オフィスや住宅など複合機能を併せ持つこともある。都市再開発の中心的プロジェクトとして，行政支援のもとに開発されるケースが多い。

[協会]

アーバンリゾート

urban resort
都市のなか，あるいは都市に隣接する地域でありながら，自然環境を巧みに取り入れることで，リゾート気分が味わえるようにしたホテルやテーマパーク，その他の施設や場所。または現代的，都会風のライフスタイルを取り入れたリゾート施設や非日常的な雰囲気が演出されている娯楽施設などのこと。

[外川]

アービトラージ

arbitrage
裁定取引。市場間で価格差ができた場合，割安な資産を購入すると同時に，割高な資産の売却を行い，同一商品の売買でリスクなしに利益を生む取引手法。分断された市場間で商品の価格差が生じていればどのような市場でも可能。また金融商品の現物・先物など，金利分を調節すれば同一と評価されるような場合にも成り立つ。たとえば，東京市場では1ドル =100円だが海外市場で1ドル =110円の場合，東京で割安なドルを買い，海外で割高なドルを売れば1ドル当たり10円の利ざやを取ることができる。

[外川]

アフィリエイト

affiliate
Webサイトやメールマガジンに，企業サイトへのリンクを張り，ユーザーがそこを経由して商品を購入したりすると，Webサイトやメールマガジンの管理者に報酬が支払われるという「成果報酬型」の広告手法。自分が運営するWebサイトやメールマガジンなどに，提携先の広告主（マーチャント）の扱う商品等のリンク原稿（バナーやテキスト）を掲載し，その後，閲覧者がそのリンク原稿を経由して商品を購入するなどの成果が得られた場合には，広告主からサイトの運営者に対して報酬が支払われるというしくみ。米国のネット書店のアマゾン・ドットコムが始めた「アソシエイト・プログラム」に端を発しており，ブログを運営する個人の増加に応じて拡大した。実際の売上に応じて媒体側への支払い額が決まるため，ポータルサイトへのバナー広告のように，成果とは無関係に広告費が決まる他の広告手段に比べると，費用対効果が高いという特徴がある。 アソシエイトプログラム

[外川]

アフターケア

after care
アフターサービスが，販売した後の消極的・規制的な対応戦略であるとすれば，アフターケアは，販売後の積極的な顧客戦略として位置づけられるものである。多くの消費者調査から得られる購買行動のひとつに，「商品を買った後の販売店の面倒見のよさ」といったいわゆる店選び行動があり，これが成熟市場における再購入，繰り返し購入の大きな要素としてあげられている。この「面倒見のよさ」を印象づける行動が，アフターケアであり，今後の市場環境では一層重要性を強めることになる。

[飯村]

アフターサービス

after service
企業が商品を販売した後に，定期的あるいは臨時に点検・修理などのサービスを行うことをさすが，一般的には，こうしたサービスを販売者側で制度化した場合をアフタ

ーサービスと呼んでいる。わが国では，1971 (昭和 46) 年にアフターサービス保証金引当制度が創設された。これは売手側がアフターサービスのための引当金を免税で積み立てることが許されるもので，アフターサービスが確実に行われることを目的とした制度である。　　　　　　　　[飯村]

アフターマーケット

故障や事故時における修理などのメンテナンスサービス，使用に際してのフォローアップなど，製品やサービスを販売した後に発生する二次的な市場。狭義には消耗部品や交換部品，アクセサリー類といった付加販売商品などの市場をさし，とくに自動車業界では中古車ディーラー，解体業，それを主とするカスタム・チューニングショップ，社外用品ショップ等の正規ディーラーではない業者をさす。アフターマーケットの充実はロイヤリティの高い顧客を拡大するキーファクターである。　　　　　[外川]

アマゾン・マーケットプレイス

Amazon Marketplace

アマゾン (Amazon) のなかのマーケットプレイス (Web サイトを通じて売手と買手を結びつける電子市場)。あらかじめ登録した出品者が手持ちの中古品やレア物，新品などを売買する。また出店型出品者が「出店」というかたちで商品を販売する形式もある。出品者 (売手) は，売りたい商品の状態をプルダウンメニューから選択し，あとは販売価格を入力する。画像や内容紹介はアマゾンのコンテンツを使える。売れた商品の代金はアマゾン経由で振り込まれる。月額登録料 4900 円でプロマーチャント (大口出品者) として登録することも可能。買手は出品一覧の中から希望する価格，コンディションの商品を注文し，入金処理もアマゾン経由で行う。　　　　　　　[外川]

アメニティセンター

単なる物品販売の場ではなくて，公共空間をはじめとして環境や安全面や快適性に関して十分に配慮した商業施設のことをいう。
　　　　　　　　　　　　　　　　[飯村]

アメリカンスイーツ

American sweets

ドーナッツやカップケーキなどアメリカから導入されたスイーツ (洋菓子) のこと。洋菓子はフランス，ベルギーなどの欧風菓子が中心であるが，高度な技術を使った手の込んだものが多い。これに対しアメリカンスイーツは，シンプルで手軽なものが多く，そういった商品を好む消費者ニーズに対応し，日本にも浸透している。　　[鈴木]

アラサー

アラウンドサーティ (around 30) の略で，30 歳前後 (周辺) の女性のこと。アラサー世代ともいう。女性誌『ジゼル』が使い始め，2006 年秋頃からの婦人服新ブランドのターゲット層として主にファッション業界に広まった。中高生時代にルーズソックス，茶髪，プリクラといった流行を次々とつくり上げたコギャル世代であり，自由なファッション感覚をもち，流行の変化に敏感な層である。　　　　　　　　　　　[外川]

アラフォー

アラサー (araound 30) の派生語として生まれた言葉でアラウンドフォーティ (around 40) = 40 歳前後の女性のこと。2007 年頃から主にファッション業界で使われるようになり，翌年，テレビドラマ「Around 40〜注文の多い女たち」で一般に知られるようになった。アラフォーは男女雇用機会均等法世代であり，バブル経済下

でキャリアを積み、経済力があり、ファッションや生活について一家言ある女性たちである。結婚と仕事についてそれまでの世代より自由な考え方をもつ一方で、結婚・出産・仕事を決める人生の岐路にあって将来についての漠然とした不安をかかえてもいる。　　　　　　　　　　　　　　[外川]

粗利益率

売上高総利益率。売上高から売上原価（商品等の仕入れ原価あるいは製造原価）を引いた「粗利益（売上総利益）」が、売上高に占める比率。粗利益高、粗利益率は流通業の経営内容を判断する重要な指標であり、粗利益率の向上は、企業経営における重要課題である。日本の流通業、とくに小売業では、不動産コストや人件費、広告宣伝費などの販売管理費比率が高くなりがちで、仮に高い粗利益を確保したとしても、最終利益率は低水準になりがちな点が問題とされる。☞ 売上高利益率　　　　　　　[及川]

アロケーション

allocation
売場構成。商品の部門やカテゴリーごとに、売場の配置や広さなどのレイアウトを決めること。　　　　　　　　　　　　[外川]

アンカー効果

係留効果。不確かな状況下で予測したり判断したりするときの基準が、最初に刷り込まれたデータや情報（初期値）に引きずられてしまうこと。最初に見聞きした意見が非常に強い影響力をもつこと。　　[外川]

アンカーテナント　☞ キーテナント

アンチエイジング

anti-aging
1990年代初めに米国で広まった老化防止の研究のこと。抗加齢。日本でも2003年4月に「日本抗加齢医学会」が発足した。医学的には、「病気の治療」から、「健康な人のさらなる健康」を指導するプラスの医療であり、老化の原因を防ぐために、いまで医療として積極的に介入してこなかったサプリメントを含む、栄養指導や運動、ストレスケアなども含めて対処し、アンバランスで病的な老化を積極的に予防し、治療する。また長寿を享受することをめざすための理論的・実践的科学であり、究極の予防医学といわれる。一方、ビジネス分野では医薬品だけでなく、化粧品、食品、サプリメントその他広範な分野で、抗加齢商品・サービスが拡大している。　　[外川]

アンテナショップ

新製品や新しいサービスを売り出すに際しての実験や、消費者の動向を調べるための店舗。収益を確保するためではなくて、情報受発信のための店であることから、こう呼ばれる。原宿や青山、六本木など、流行の変化が把握される場所、先端性のある繁華街の一等地に多く出店される。最近では、地方自治体が地元の名産品や観光名所、イベント等を紹介するアンテナショップを銀座や新宿などの都心部で展開し注目を集めている。　　　　　　　　　　　　　　[及川]

委員会設置会社

経営の監視機能として監査委員会・指名委

員会・報酬委員会を常設し，業務の執行を取締役に代わって執行役が行う会社のこと。2002（平成14）年の商法改正で「委員会等設置会社」制度として導入され，2006（平成18）年の会社法施行で「委員会設置会社」に名称が変更された。それぞれ取締役3名以上で組織され，その過半数は社外取締役で構成される。従来の取締役に代わり執行役が業務執行機能を担う。取締役会は，経営問題に関する意思決定と執行役の監督に徹することで，監視機能と業務執行機能の分離をめざすというアメリカ型の企業統治の形態。取締役の人選や，報酬の決定権限が代表取締役に集中することを避けることができる。機能を分離することで迅速な業務決定が可能になるなどのメリットがある。
[外川]

イスラム金融

Islamic finance

イスラム法（シャリア）の教えに沿った金融取引の総称で，①利子という概念の禁止，②資金提供者と債務者双方による損益のシェア，③金利，豚肉，アルコール，賭博などイスラムの教えに反する事業に絡む取引の禁止，がポイント。富を持つ者は貧者に喜捨を行うべきというシャリアの考えによると，富を持つ者（資金提供者）が自らの余剰資金を貸すことで労せずして利子収入を得るということは好ましくないとされる。そこで預金者は金利ではなく配当の分配として報酬を受けるなど，さまざまなしくみを活用して利子の形態を回避する。[外川]

イスラム債

Sukuk

利子の取得が禁じられ，ギャンブルや酒関連事業への投資も厳禁されているイスラム圏で，教義に抵触しないように，不動産や機械など事業資産を債権化し，その収益を投資家に配分するといった方法で「利子」の発生を回避するしくみ。発行残高は800億ドルを超えているとみられる。日本でも国際協力銀行がイスラム債の過半を発行しているマレーシアにおいてイスラム債を発行した。
[外川]

委託販売

取引に際して売手から買手に所有権を移転せずにしておいて，売れ残った商品については期間内であれば返品ができるというもの。出版物や衣料品その他の分野で見られる。所有権が移転する買取仕入（普通仕入）に比べ，小売の側の在庫処分のリスクが低く，商品の種類や数量を広く確保できるというメリットがある反面，必要以上の発注など安易な仕入につながる。委託販売が主要な取引形態である出版流通の分野では返品率が30～40％に上るとみられる。[外川]

一括物流

複数のメーカーや卸売業の商品をとりまとめ，店舗別に仕分けして一括納品する物流方式。小売業が自社で物流センターを建設，運営を卸売業や物流業者に委託し，センターフィーを徴収する場合と，卸売業が特定の小売業専用物流センターを設置する場合がある。一括発注により，小売業は発注作業の合理化や納入車両数の減少による荷受け作業の簡素化，カテゴリー納品による品出し時間の短縮，販売機会ロスの防止と商品回転率の向上がはかれる。卸売業の側は，取扱い物量の増大によるセンター稼働率の向上に加え，受注情報やPOS情報の分析を通じたカテゴリー提案や棚割・品揃え提案，フロア生産性分析などを展開し，小売業との関係を強化できる。環境面からのCO_2削減効果も期待される。
[外川]

一般廃棄物

いわゆる"ゴミ"は「廃棄物の処理及び清掃に関する法律」(1970年制定, 廃棄物処理法) によって, 一般廃棄物と産業廃棄物に分類されている。一般廃棄物の中心は家庭から出るゴミであるが, 事業系のゴミで産業廃棄物以外のものも含まれる。また, 廃家電製品に含まれるPCB使用製品などは特別管理一般廃棄物に区分されている。一般廃棄物の収集, 廃棄, 処理の権限は市町村にあるため, その処理方法が各自治体によって異なる。現在, 環境問題, ゴミの処理能力といった観点から分別収集が一般的に行われているが, その基準は全国的に統一されていない。 ⇒ 産業廃棄物

[協会]

遺伝子組み換え

genetically modified organism

動物や植物や菌などに外部から他の生物の有用な遺伝子を組み込んで, 新たな性質をもたせること。医薬品の研究開発では一般化している。農業では品種改良のために使われるが, 遺伝子組み換え作物は1996年頃から本格的に栽培が始まり, 米国やアルゼンチン, ブラジルなどでは1000万ha以上栽培されており, 世界的なエネルギーや食料の不足からさらに拡大する模様。日本国内で組み換え作物を栽培するには厳しい規制をクリアしなければならない。周囲の生態系への影響や人が食べた場合の危険性などを調べなければ栽培だけでなく輸入もできない。厚生労働省では安全性審査の手続きを終えた遺伝子組み換え食品・添加物について一覧表を公表している。 [外川]

イートイン

eat-in
飲食サービス形態のひとつで, 店舗内で物販部分と客席部分とを併用する営業方式。ファストフードなどに多く見られるほか, コンビニエンスストアやスーパーなどにも導入されている。 [外川]

移動平均法

moving average

販売用語として, 2つの用法がある。販売高が, 一時的な要因によって異常に上下していることがある場合, このような要因を排除し, 傾向的変動を把握する方法。短期間の平均をとり, 次に一期ずらして平均値をとり, 何年間かの平均値をみる。移動平均値を決めることによって, 販売の傾向的な動向を分析することができる。棚卸資産の払出原価計算法のひとつ。 [飯村]

イニシャルコスト

initial cost

初期投資費用, 初期導入費用。ショッピングセンターの場合は, 主に土地代, 設計料, 建設工事費など, テナント導入前までにかかる費用をさす。また維持費や管理費など, オープン後にかかる費用をランニングコストという。 [飯村]

イノベーション

innovation

単なる企業や製品の技術革新という意味ではなく, 経済社会や産業全体に成長をもたらすような全面的, 根本的な革新をさす。新製品の開拓だけでなく, それが開拓する新しい市場や資源開発, 画期的なアイディアなど創造性を織り込んだ広義の経済学・経営学用語であり, 経済学者のJ. シュムペーターが1911年にはじめて定義した。

[外川]

イベント

event
集客あるいは賑わいづくりのために，さまざまなテーマを設けて実施される行事や催し物。催事。芸術・文化活動的なものから販売促進まで幅広い。　　　　　　[外川]

イメージ広告

image advertisement
企業・商品・ブランドの好ましいイメージを形成することをねらって行われる広告。消費者に好印象を与えておくことにより，商品選択時に有利な状況をつくり上げることを目的とする。とくに，競争品や他社製品との間に，機能やデザイン上の差別化が弱いような商品については，イメージによる差別化に効果がある。また，消費者に連想や暗示・ムードによって好ましいイメージをもたせることが有効な商品群であるファッション品や化粧品，あるいは百貨店などで利用されることが多い。　　　[飯村]

イメージ調査

image survey
消費者や一般大衆は各人が，企業に対して企業それ自体ばかりではなく，その製品・商標・ブランド名・企業活動に，明確にあるいは漠然とした印象や，それらから連想する感覚的，情緒的な反応をもっているが，これをイメージという。これらのイメージは消費者の購買行動に大きな影響を与えるので，企業は実態調査を適切に行って，イメージを正しくとらえ，それが常に好ましい方向へ向かうよう努力する必要がある。イメージ調査は，企業や商品・ブランドについて評価・測定する市場調査の一種で，態度・印象・好悪・期待といった，感情的・感覚的な側面から調査する手法。
　　　　　　　　　　　　　　　　　[飯村]

医療モール　☞　クリニックモール

イールドスプレッド

yield spread
株式益利回り（1株当たり利益÷株価）と，長期国債などが示す長期的な金利水準とを比較したもので，株式相場の水準が割安なのか割高なのかを判断する指標として使われる。景気が改善する見込みならば，イールドスプレッドは直近が大きく，将来に向かって小さくなる。逆に現在景気がよくても将来悪くなる見込みならばイールドスプレッドは直近が小さく，将来に向かって大きくなる。　　　　　　　　　　　[外川]

色物（色物家電）

brown goods
白物（白物家電）に対して，テレビ，ステレオその他音響機器など，オーディオ・ビジュアル系の家電製品をはじめとする趣味嗜好的な製品群をさす。当初，これらの分野の製品の多くが茶色（brown）系だったことに由来する。☞　白物　　　　　[外川]

インサイダー取引

insider trading
内部者取引。会社役員，従業員，その他，会社の重要な情報（内部者情報）にアクセスしうる者（内部者）が，その特別な立場を利用して会社の重要な内部情報を知り，その情報が公表される前にこの会社の株式等を売買すること。このような取引が行われると一般の投資家との不公平が生じ，証券市場の公正性・健全性が損なわれるおそれがあるため金融商品取引法で禁じられている。これに違反した場合は，個人については5年以下の懲役もしくは500万円以下の罰金，またはこれらを併科され，法人に

ついては5億円以下の罰金に処される。企業内部者だけでなく、内部情報に精通した証券会社社員などによって行われる事例も発生しており、2006年の村上ファンド事件もインサイダー取引容疑によるもの。

[外川]

インショップ

shop-in-shop
ショップインショップの略で、店（商業施設）の中にある店という意味。百貨店や大型スーパーなどに売場をもつ専門店その他の店舗のこと。消化仕入れ契約の場合が多い。インショップ形式をとる専門店にはブランド力のあるところが多く、品揃えから販売、在庫管理までの一連の業務は独自に行われるのが一般的である。 [外川]

インストアマーチャンダイジング

instore merchandising
広告や新聞折り込みによる販売促進ではなく、店内で実施される売場管理のこと。インストアジング・プロモーションとスペースマネジメントに分かれる。インストアジング・プロモーションとは、エンド陳列等の店内販促活動。スペースマネジメントは、棚割計画とフロアマネジメントに分かれる。棚割計画とは商品カテゴリー別にどのアイテムをどの棚、どの段に何フェース並べ、陳列数はいくらにするかの計画と管理。フロアマネジメントは客の動線を意識的に変えていく管理手法。 [飯村]

インセンティブ

incentive
意欲を向上させたり、目標を達成させるための刺激策。個人が行動を起こすときの内的欲求（動因：ドライブ）に対して、その欲求を刺激し、引き出すような誘因のこと。具体的には報奨金、表彰、景品などのかたちをとる。従業者のやる気を喚起するということだけでなく、顧客の購買意欲を刺激するときにも使われる。 [外川]

インターネットオークション

Internet auction
ネット上で行われる競売（オークション）のこと。インターネットを活用することで、不特定多数の人による自由な参加が実現した。多くのオークションサイトでは、決済サービスとして、取引の安全性を保証する仲介サービスであるエスクロー（escrow、第三者預託）を導入している。 [外川]

インターネットカフェ

Internet cafe; cyber cafe
店内に設置したパソコンでインターネットに接続してWebサイトの閲覧や電子メールを送受信したりできる喫茶店。レストランや漫画喫茶、サウナなどでも同様のサービスが行われていることもある。飲食料金とは別に、インターネット利用時間に応じた代金を必要とするタイプが一般的。家庭にインターネットが普及したことから、店数は頭打ちの状況にあるが、一方では大手のポータルサイトやインターネットプロバイダーのアンテナショップ的なカフェも増えている。 [外川]

インターネットスーパー

Internet supermarket (on-line grocer)
パソコンや携帯電話などの端末からインターネットで注文を受け、食品、日用品を配達するもの。ピーポッド、ネットグローサー、テスコなど欧米企業が先鞭をつけた。日本のネットスーパーは専用の在庫や物流センターを持たず、既存店舗から商品をピックアップして近隣顧客に配達する方式が

主流であり，ハイテク御用聞き的性格が強い。新たな物流センター整備や在庫負担その他を必要としないので，その分軽装備で低コストだが，品揃えが店舗在庫の範囲内に制約されていることもあり，1回当たりの購入単価は数千円程度，会員数も1店舗あたり数千から1万数千人程度と，リアル店舗の付帯サービスレベルにとどまっている。売れ筋商品はペットボトル飲料やトイレットペーパー等，かさばる物や重量物で，利益率が低い点も課題である。　[外川]

インターネットバンキング

Internet banking

コンピュータを使ってインターネット経由で銀行などの金融機関のサービスを利用すること。インターネットバンキング，オンラインバンキングともいう。預金の残高照会，入出金照会，口座振込，振替など，ATMで対応しているサービスが利用可能なほか，複数口座の一括管理や電子メールによる相談の受付などが利用可能なものもある。窓口の維持管理にかかるコストを削減できる。Webブラウザーを使うものと，専用のソフトウェアを使うものの2種類があるが，専用のソフトを使ったほうがセキュリティを高めやすく，操作性も向上させることが容易だが，顧客がソフトウェアを新たに導入するのを負担に感じて敬遠することが多いため，Webブラウザーを使って利用できるサービスが主流である。携帯電話のインターネット接続機能を使ってネットバンキングが利用できる「モバイルバンキング」サービスも普及しつつある。
　[外川]

インターンシップ

学生が一定期間企業等のなかで研修生として働き，自分の将来に関連のある就業体験を行える制度。就業体験。社会勉強ということで，基本的には労働賃金は払われないが，企業によっては払われるところもある。学校によっては単位が認定される。最近は1年生から募集しているところも徐々に増えている。インターンシップのプログラムは企業によって実践型，体験型など多様。
　[外川]

インディーズ

indies

インデペンデント（independent）から派生した言葉で，独立した，無所属などの意味。音楽やファッションなどのアンダーグラウンド・レーベルを総称したもので，もともとは英国や東欧で生まれた先鋭的な音楽のことをさしていたが，次第に絵画や映画，演劇，ファッションなどの分野でも使われるようになった。既成のものに飽き足らず，新しい分野を切り開こうとする意欲をもった動きや，体制に抗するもの，著名企業や組織に属さずに自由に自分たちがつくりたいものを発表する人たちをさすこともある。
　[外川]

インデックスファンド

投資信託のひとつで，東証株価指数（TOPIX），日経平均株価（日経225）などの株価指数（インデックス）と連動するように運用される。各株式指標とほぼ連動するように，投信への組み入れ銘柄や数量を設計されるので，ファンドマネジャーのイニシアチブによって組み入れ銘柄を選ぶアクティブ型の投資信託と区分される。運用成績が指標に連動するわかりやすさとリスクの小ささが長所といわれる。⌒ 日経平均株価　[外川]

インバウンド

inbound
国際的旅行客（ツーリスト）に対する表現で、とくに国際的観光客の誘致などの際に使われている。インバウンドとは、日本への海外からの旅行者を意味し、ホテルなどの宿泊客の増加や観光地への海外旅行者の増加をめざす場合に利用される。現在は、秋葉原の家電街での買物や百貨店での高額品の購入など、買物目的の外国人旅行者が増加している。人口減少が始まった日本の経済活動のなかで、今後は観光旅行やビジネスで日本を訪れる人口を大幅に増加させることが重要なテーマとなり、アウトバウンドの増加による経済の活性化への貢献が期待される。 アウトバウンド

[及川]

インバータ制御

インバータとは、直流電流を交流電力に変換する装置のこと。近年、家庭用では"インバータエアコン"が一般化しているが、これは、インバータを活用してモーターの回転速度を自由に効率よく制御することで、無駄なエネルギー消費を抑制する省エネタイプのエアコンをいう。大規模商業施設や工場等には大型モーターが必要であり、これをインバータ制御することで、省エネ、省コストにつなげることができる。[協会]

インプレ

indoor playground
インドアプレイグラウンド。ゴム製の大型遊具や抗菌砂を使った砂場など、子どもが安全に、体を使って楽しめる「屋内遊技場」。複合ビルやショッピングセンターに出店する例が多い。　　　　　　　　　　　[外川]

インラインシステム

in-line system
コンピュータ本体と入出力装置が、同じ室内や同一建物内のように1カ所に集中されているシステム。コンピュータと端末装置の接続がバスライン（母線）による並列接続なので、とくに通信の技術は必要ない。一方、オンライン（on-line）は線でつながった（直結）という意味で、コンピュータと入出力装置が離れて設置される場合をいい、離れた場所にある入出力装置はデータ端末装置といわれる。またオフライン（off-line）とは、データの作成を専用の装置で行う方式をいう。　　　　　　[外川]

ウ

ヴァーティカルマーチャンダイジング

vertical merchandising
川上（製造段階）から川下（小売段階）までを垂直統合することによって、ローコスト・高品質・需要に対応した商品を企画開発すること。高効率な統合型商品企画・商品開発のしくみで、プライベートブランド（PB）開発には欠かせないシステム。

[外川]

ウィキノミックス

Wikinomics
ブラウザーを使って簡単にWebページの編集ができるシステムであるウィキ（Wiki）とエコノミクス（economics）を合成したもの。ドン・タプスコット、アンソニーD. ウイリアムズによる造語で、無数の人間がネットワークを使って共同していく経済活動を意味する。 ウィキペディア、

CGM [外川]

ウィキペディア

Wikipedia
CGM（消費者発信型メディア）の一種で不特定多数のユーザーが参画して、編集・作成していく Web 上の百科事典。⇨ ウィキノミックス，CGM [外川]

ウィンドウズ Vista

マイクロソフトが 2007 年初め、5 年ぶりに発売した OS（コンピュータの基本ソフト）。Windows2000 以来の大幅なバージョンアップであり、Vista（イタリア語で「眺望」：混乱を解消し、あふれる情報を整理し、未来を垣間見せる）という言葉の通り、信頼性とセキュリティの向上に関する変更を中心にデスクトップ検索の強化などの改良が、前バージョンの「ウィンドウズ XP」に加えられた。しかしメモリー容量が大きいこと、周辺機器との互換性について問題があるなどが指摘されており、新しくパソコンを購入する際にも「XP」搭載機を選ぶ人が少なくなかった。2009 年 8 月にはパフォーマンス面の向上が図られた後続バージョンの Windows7 が発売された。[外川]

ウィンドーショッピング

window shopping
顧客が商品を買うともなしに、ぶらぶらと自由気ままにショーウィンドーを眺めながら歩く行為で、いろいろ品定めしながら見るだけの窓（ガラス）越しの買物。その際に情報として蓄積したものを実際に買物するときに役立たせることとなる。ウィンドーショッピングをしているうちに、購買意欲が高まり、買物にそのまま直結する場合もある。 [飯村]

ウィンブルドン現象

Wimbledon effect
英サッチャー政権下のビッグバンで金融街シティは活況を取り戻したが、自国証券の多くが消滅、外資による銀行買収などが相次いだように、規制緩和、市場開放により参入した外資に対抗できず、国内企業が自国市場で衰退していく現象。テニスの全英オープンでイギリス選手が活躍できなくなったことになぞらえた。日本では商慣習などの参入障壁があったので外資の席捲がそれほどみられなかったが、最近は金融分野でのウィンブルドン現象が進み始めたともいわれる。 [外川]

ウエアハウスストア

warehouse store
倉庫のように簡素な店舗で低差益・低価格販売を特徴とするスーパーマーケット。通常のスーパーマーケットよりも広いが、取扱品目数は半分程度と少なく、サービスも簡素化されており、粗利益率は 15％程度に抑えられている。米国で発展した業態。またスーパーウエアハウスは、スーパーストアとウエアハウスストアの混合型業態で、品揃えは総合的で、とくに生鮮品については高品質低価格を訴求している点が特徴である。 [及川]

ウェザーマーチャンダイジング

weather merchandising
天候や気温などの気象情報をマーチャンダイジング（商品政策）に活かしていく手法。天候や気温の変動で売れ筋が変わるため、販売数と天候の相関関係を分析し、商品の仕入れを行う段階で調整したりしている。
[鈴木]

ウォーターマーク

watermark

もともとは13世紀のイタリアで始まったとされる,紙にほどこす透かし文様のことだが,現在では転じてWeb上の「電子すかし」をさす。著作権保護などの目的から,画像や映像などのデジタルコンテンツに識別用情報を追加し,コンテンツの認証や管理に用いる。画像や映像などの上から透かし情報を加工する「可視的な」ウォーターマーキングと,通常は気づかない手法で,デジタルデータの中に識別情報や著作権情報などを埋め込む「不可視的な」ウォーターマーキングがある。コンテンツ不正コピーなどで流用された場合に著作権を主張することができるので,多くの著作権保護技術にウォーターマークが採用されている。

[外川]

ウォームビズ

室温20℃でも快適に仕事ができるような,暖かいビジネススタイル,ファッションのこと。クールビズを成功させた環境省が秋冬向けに打ち出した。クールビズが男性を主眼としていたのに対して,ウォームビズは男女を問わず実践できるファッションであり,また冬は夏に比べて室内外の温度差が大きいために設定温度を1度下げるだけで,CO_2の削減量が4倍になり,クールビズよりも効果が大きいと期待されたが,普及はクールビスに及ばないといわれる。
⌒ クールビズ [外川]

ウランメジャー

カメコ(カナダ),アレバ(仏),ERA(豪州)など,世界のウラン鉱山の8割を開発しているとされる8社のこと。日本に供給されるウランも大半がメジャー経由であるが,カナダのシガーレイク鉱山のように日本企業が資金拠出し,その権益の一部を握るかたちも出始めている。 [外川]

売上管理

各テナントやショッピングセンター全体の商品やサービスの売上高の正確な把握と,売上金の適正な管理のこと。日次・月次の売上実績のデータをもとに,部門・客層・時間別の売上データの分析やABC分析など,問題点を抽出し,改善につなげたり,売上向上をはかる。 [藤山]

売上高利益率

企業活動によって実現した売上高に対して,獲得した利益の割合を示すもの。収益性をはかる指標としては,売上高総利益率,売上高営業利益率,売上高経常利益率,売上高純利益率がある。売上高から商品や部品・原材料などの仕入原価を差し引いた売上総利益の比率(売上総利益/売上高)。これから,営業活動に必要な販売費および一般管理費を除いたものが営業利益高で,売上との対比により売上高営業利益率となる(営業総利益/売上高)。本業の収益性をはかる指数として重要視されている。さらに,営業総利益に金融収支など営業外で発生した損益を加えたものが経常利益で,売上との対比で売上高経常利益率となる(経常利益/売上高)。営業活動によって発生する利益に加え,受取・支払利息や配当益,為替差損・差益など企業の経営状態によって変化するもので,企業の総合的収益力をあらわす。⌒ 粗利益率 [及川]

売場効率

小売業やサービス業の生産性を表す指標で,単位面積当たりの売上高や粗利益を売場面積で割った数値で表す。中小小売業や百貨店などでは,売場面積を坪単位で算定する

ことが多いので、売場効率を「坪効率」と表現する場合がある。それに対して総合スーパーや食品スーパー、ドラッグストアや専門店などの新しい業態では、1㎡当たりの売上高（粗利益）で算定するのが一般的である。業態別に比較すると、コンビニエンスストアが最も売場効率が高く、ホームセンターが最も低くなる。売場の効率性を示す指標のひとつだが、地価やテナント料、営業時間、在庫管理コストなどのデータを組み入れたものでないために、都心立地でサービス密度が高い業態の数値が高く、郊外立地でセルフサービス型の業態の数値は低くなるので、参考指標のひとつにすぎないと考えられる。地価が安い郊外の大型のワンフロア店舗であれば、イニシャルコストを削減できるだけでなく、商品搬入コストや販売管理費などを抑制でき、単位面積当たりの売上高が少なくても、大きな利益をあげることができる。　　　　　　　　[及川]

売場面積

経済産業省が5年ごとに行っている商業統計調査によると、売場面積は、事業所が商品を販売するために実際に使用している売場の延床面積（食堂・喫茶、屋外展示場、配送所、階段、連絡通路、エレベーター、エスカレーター、休憩室、洗面所、事務室、倉庫、他に貸しているテナント分は除く）をいう。⌒　SC面積、店舗面積　[協会]

売れ筋商品

selling line goods
その時々の売行きの中心となっている商品のこと。通常カテゴリー単位で売れ筋商品を分析する。売れ筋商品をきっちり販売することによって、売場効率や棚の生産性が上昇する。そのためには、売場管理や正確な発注管理、タイムリーな商品補充管理が重要な行動になる。管理がずさんになると商品の欠品が発生し、売上機会ロスとなり、顧客の信用も失いかねない。売れているものはきっちりと品揃えする習慣が小売業にとって重要な課題である。　　　　[飯村]

上乗せ規制

国が定めた法律が不十分であると考えられる場合に、都道府県が条例で、より厳しい基準を定めること。法律の規制対象範囲をより小規模なものにまで広げることを「すそ上げ規制」、法律が定める規制項目以外の規制項目を追加する場合を「横出し規制」という。大店法時代には、上乗せ規制や横出し規制的な大型小売店出店条例を定める自治体が少なくなかった。⌒　大規模小売店舗法　　　　　　　　　　　　[外川]

運転資金

working capital
商品の仕入、経費の支払い、買掛金・支払手形の決済など企業が日々の事業活動をするのに必要な資金。通常の業務で必要となる資金。「運転資本」とも呼ばれる。運転資金の概念としては、仕入から販売代金回収までのサイクルで必要とされる資金をさすが、一般に運転資金という場合、流動資産の総額をさす場合と、流動資産から流動負債を差し引いた金額をさす場合が多い。
　　　　　　　　　　　　　　　　[外川]

営業委託契約

ショッピングセンター等の営業用建物の使用について、「営業委託契約」「営業管理委託契約」という表題で契約書が作成される

ことがある。このような形式の出店契約の法的性格は，当事者の経済的実質的な契約目的，契約の内容，契約締結後の運用実態を見定めて判断される。出店者が経営主体としてその責任と負担において営業を行い，租税公課を負担し，店舗内設備を設置し，従業員を雇用し，店舗の対価を固定額で支払っているような場合は，仮に契約書の表題が「営業委託契約」となっていても，実際には「建物の賃貸借」であり，借家法の適用を免れない，という多くの判例がある。
[協会]

営業管理規則

ショッピングセンターの統一的な運営管理のために必要な営業上のルールを定めたもので，その遵守の義務は出店契約に基づく。営業管理規則はショッピングセンターの統一性を保つため，出店者の営業に一定の制限を加えるものではあるが，それは出店者共通の利益を確保するためのものであることに本来の目的がある。　　　　　　[協会]

エイジング

aging
直訳すると年を経る，熟成するという意味合いだが，新築の建物や内装等で，わざと鉄の錆び加工やくすんだ仕上げ塗装を施すことで，懐かしさや，落ち着きを演出する手法として用いられる。　　　　　　[鈴木]

エキ(駅)ナカ

従来，駅構内における商業スペースというと，立ち食いソバ屋やキヨスク(売店)などの小規模，単独店舗が主流であった。しかし，駅という施設がもつ集客力や利便性のよさに注目が集まり，1995年に阪急電鉄十三駅のホーム上に直営コンビニ「アズナス」を開店したのが最初といわれている。2000年代に入ってからは，主要鉄道各社(とくにJR東日本の大宮，品川，立川などが有名である)ともに駅ナカ事業に力を入れており，次第に増加傾向にある。主な店舗としては，コンビニ，和洋菓子・惣菜などの食料品，飲食店，書店などから各種衣料品店，理容店等まである。　[飯村]

駅ビル

station building
新宿駅，東京駅，大阪(梅田)駅等のような複数の鉄道事業者の路線が集まる駅，南海電鉄難波駅や近鉄阿倍野橋駅のようなひとつの鉄道事業者の複数路線が集まる駅，1つの事業者による1路線しか対象にしない駅については優等列車が停車する駅などにある。観光客の利用が多い駅では，駅ビル内に地元商品，土産物を取り揃えた店もある。第2次世界大戦前は，大都市圏の私鉄が都心のターミナルとなる駅に百貨店を併設させるかたちで駅ビル事業を行う程度で，旧国鉄は戦後復興の過程で民衆駅と呼ばれる駅を建設したが，公社法の改正(1969年)にともない，旧国鉄の直接出資が可能になり多くの駅ビル(現JRグループの駅ビル)が出現した。　　[飯村]

エクィティファイナンス

equity finance
企業が新株を発行することにより資金を調達すること。公募による時価発行増資，転換社債(CB)や新株引受権付社債(ワラント債：WB)の発行などがある。エクィティファイナンスの資金を出す者が株主となる。企業が倒産したときには，残余財産の分配順位は金融機関や社債などよりも下位に位置づけられるため，リスクは高くなる。
[藤山]

エグジットファイナンス

exit finance
出口融資。本業の収益力はあるが，過剰債務をかかえた企業の再生に道筋をつけるために，再生計画の完了（エグジット）に必要な資金を援助すること。再生ファンドからの資金供給を肩代わりしたり，信用力低下から新たな借入れが困難な企業に経営再建のための事業資金を提供したりする。
　　　　　　　　　　　　　　　　[外川]

エクスペリエンスマーケティング

experience marketing
商品やサービスを提供（販売）することよりも，その購入プロセスや店や施設で過ごす時間を通じて，心に残る「経験（エクスペリエンス）」を提供することに主眼をおいたマーケティング。 カスタマーエクスペリエンス　　　　　　　　　[外川]

エクスペリメンタルストア

experimental store
世界最大の小売業である米国のウォルマート・ストアーズが取り組んでいる環境対応型の未来店舗。いわゆるサステイナブルストアの実験店で，科学者，建築家，公的機関などと連携し，太陽電池や風力発電，複合型水質浄化装置などを備えるほか，汚泥をリサイクルした舗装材・壁材の利用，容器包装リサイクルシステムや省エネ機器，コジェネレーションシステムの導入，グリーンアーキテクチャー（樹木や花卉を多用した緑の建築），災害時に備えた多目的用水池などの設備や機能が導入されている。現在，テキサス州とコロラド州の2カ所で，周辺の景観に配慮したバリアフリー型を建設し，実験を進めている。　　　　　[外川]

エコアイス

温度によって氷やお湯に変化し，熱の貯蔵媒体として優れた能力がある水の特性を利用した氷蓄熱式空調システム。割安な夜間電力を利用して，蓄熱槽に夏は氷，冬は温水を熱エネルギーとして蓄え，昼間の冷暖房にその熱エネルギーを活用する空調システム。電力料金は，夜間料金（蓄熱調整契約）の適用により昼間料金の4分の1程度，また設備容量の縮小により基本料金の低減がはかられ，ランニングコストを削減できる。　　　　　　　　　　　　　　　[外川]

エコキュート

電気で空気を圧縮して高温にし，発生した熱で水を温めるヒートポンプ式の家庭用給湯システム装置。環境にやさしいという意味の「エコ」と給湯と可愛いという意味の「キュート」の合成語。東京電力がデンソーと電力中央研究所とともに開発し，それを受けて各メーカーが開発・販売を進めているもので，商品名ではなく電力会社や給湯機メーカーが「自然冷媒ヒートポンプ式電気給湯機」を総称する愛称として使用している。①コンプレッサーで大気の熱を汲み上げ，給湯の熱エネルギーをつくるヒートポンプシステムなので，使用する電気エネルギーに対して約3倍の熱エネルギーを得ることができる，②ヒートポンプシステムの冷媒として自然界に存在するCO_2（二酸化炭素）を使用するため，オゾン層破壊や温暖化ガス排出の抑制につながる，③昼間よりも割安な夜間電力を使用し，効率的なヒートポンプシステムと組み合わせることでランニングコストを低減できる，などの特徴がある。　　　　　　　　[外川]

エコタウン事業

ある産業から出るすべての廃棄物を新たに

他の分野の原料として活用し、あらゆる廃棄物をゼロにすることをめざす「ゼロ・エミッション構想」を地域の環境調和型経済社会形成のための基本構想として位置づけ、あわせて、地域振興の基軸として推進することにより、先進的な環境調和型のまちづくりを推進することを目的に、2001年度に創設された制度。それぞれの地域特性に応じ、都道府県または政令指定都市が作成したプランについて環境省と経済産業省の共同承認を受けた場合、当該プランに基づき実施される事業について、地方公共団体および民間団体に対して国が総合的・多面的な支援を行う。　　　　　　　　　[外川]

エコバッグ

eco bag
化石燃料をはじめとする資源の世界的な枯渇・希少化の流れのなかでわが国も廃棄物処理法、食品リサイクル法などを通じて廃棄されている物資の有効な活用をはかる動きを受けて流通の川下を担当する小売事業者がレジ袋を削減するためにスタンプ制度やレジ袋の有料化に取り組みつつある。そのような動きに対応するために自ら買物袋を持参する消費者が多くなってきた。エコバッグとは店舗側からレジ袋をもらわずに持参の袋を使用するその買物袋をいう。マイバッグともいう。レジ袋の使用を積極的に削減したい小売店側が用意するものと最近では消費者が自ら手づくりで作成したものとがある。現在のところ袋の材質やサイズなどに決まったものはない。　　　[協会]

エコマネー　☞　地域通貨

エコモール

eco mall
ecology（環境）と mall（散歩道、転じてショッピングセンター）を絡ませた造語。通常のショッピングセンターに比べて太陽光発電、風力発電あるいは屋上・壁面緑化など環境面に配慮したものをさす。明確な統一基準はないが、2001年国土交通省の主導のもとに（財）建築環境・省エネルギー機構内の委員会で開発が進められているCASBEE（建築物総合環境性能評価システム）などは省エネ、省資源、リサイクル性能といった環境負荷側面と屋内の快適性、景観への配慮などから建築物を評価するシステムなどが考えられてきている。[協会]

エスニック

ethnic
民族的であることや、そのような様。ファッション、インテリア、料理、音楽、その他芸術などの分野で幅広く見られる。ファッションではアフリカや中南米、中近東やインドなどヨーロッパ以外の衣服の特徴をいい、とくに土着的なイメージが強いものをさすことが多い。それに対してフォークロアとは、さまざまな民族の伝統的なスタイルや、独特の文化を表すアイテムや伝統的な織物、染物、色合いを取り入れたファッションのことをいう。　　　　　　[外川]

エディ　☞　Edy

エデュテインメント

edutainment
エデュケーション（education、教育）とエンターテインメント（entertainment、娯楽）を結びつけた造語で、ゲーム形式などで娯楽要素を織り込むことで、楽しみながら学習ができるような教育用のソフトウェアのこと。脳力開発やトリビア問題など、大人も楽しめるものが多く開発されている。
　　　　　　　　　　　　　　　　[外川]

エマージング市場

emerging markets
経済が発展段階の国の金融市場のこと。新興成長国市場。中国や東南アジア，インド，中南米，ロシア，東欧などが該当する。エマージング市場への投資は高いパフォーマンスが得られる可能性がある一方で，経済や市場のしくみが未成熟であるために，政権交代や急激なインフレ，通貨暴落などのリスクも大きい。　　　　　　　　　[外川]

エリアマーケティング

area marketing
マスマーケティングにかわる，成熟市場時代の典型的な市場細分化戦略。市場を単なる商品の売買という抽象的な空間として考えるのではなく，消費者が日常的に生活している生活空間としてとらえ直し，その生活空間（地域）の特性に対応したマーケティング活動を展開すること。地域密着型マーケティングとも呼ばれ，地域生活者の生活意識や生活習慣を把握し，それらを店舗づくりや商品の品揃え，販売促進活動などに反映させるといったキメ細かな対応が重要となる。　　　　　　　　　[飯村]

円キャリートレード

yen carry trade
円借り取引。国際的にみて低金利である円資金を借り入れて相場商品や証券など一般には金融資産を保有し，一定期間後に資産を売って，株・為替・商品・債券，金利の高い外国通貨などさまざまな金融商品で運用し，利ザヤを稼ぐ取引。長期にわたる日本の超低金利政策と，5％前後と高い海外の主要国の金利を背景に増加してきたが，サブプライムローン問題に端を発した米国の利下げなどで，取引解消の動きもみられる。　　　　　　　　　　　　　　[外川]

エンクローズドモール

enclosed mall
モールを全天候型の天蓋で覆ったタイプで，アメリカでは1970年代からモール開発の主流になった。しかし近年は，ショッピングセンター誕生当初に主流であったオープンモールへの回帰傾向が強まっている。
⇨　オープンモール　　　　　　[協会]

エンジェル税制

ベンチャー企業投資促進税制。資金調達が難しい創業間もないベンチャー企業に経営のアドバイスをしたり，資金を供給したりする個人投資家（エンジェル）の税負担を軽減し，創業を促進する制度。1997（平成9）年度の税制改正で創設された。英国やフランスなどではベンチャー企業に投資した額の2割程度を税金から控除できるので投資実績が高いのに比べて，日本のエンジェル税制はまだ不十分といわれる。[外川]

エンターテインメントセンター

小売店舗に加えて映画やスポーツその他のレジャー・娯楽系のテナントや施設を幅広く揃え，買物そのものに楽しさを加えた複合的な商業施設。多くの場合シネコン（シネマコンプレックス）が核施設として入り，さらに個性的な飲食店を充実させている。
　　　　　　　　　　　　　　[協会]

エンド陳列

ゴンドラ（商品陳列棚）の両端（エンド）に，力を入れて販売したい商品を陳列すること。ゴンドラのエンドは顧客の注目度が高いので，お買い得品などを大量に陳列することで購買意欲を喚起したり，より利益率が高い他の商品の購買につなげられることもある。ほかには，エンド陳列を活用すること

で，買物動線を長くし，衝動買いを誘うことや，買上げ品目数を増やすことも期待される。　　　　　　　　　　　　　　[外川]

エンドマーチャンダイジング

end merchandising

小売店，とくに大型店のゴンドラ（棚）のエンド（端）に，メニューや情報などのテーマをもたせ，それにそって品揃えを行うこと。従来，ゴンドラのエンドは，特売で占められることが多かったが，消費の低迷と消費者自身の生活の変化によって，単なる特売だけでは目を引かなくなり，季節商品などで旬の売場づくりにも利用するようになってきた。　　　　　　　　　　　[飯村]

オ

追い証

追加証拠金。株の信用取引において追加で請求される委託保証金のこと。株式の信用取引では証券会社にあらかじめ保証金を差し入れれば，証券会社が資金を貸し出し，元手以上の株式を購入できる。しかし，取引した株式価格が，顧客の見込みに反して含み損が発生し，その額が保証金額より大きくなる場合には，証券会社は「追い証」（追加の保証金）を請求することになる。顧客は追い証を入れたうえでその売買ポジションを継続するか，反対売買をして決済するか決断を迫られる。　　　　　　[外川]

欧州委員会

European Commission

EU（欧州連合）の政策執行機関で，条約の規定，基本条約に基づく決定がしかるべく適用されるようにはかる。具体的には法案の提出，決定事項の実施，基本条約の支持，日常の連合の運営を担うもので，1加盟国より1人ずつ任命される計27人の委員で構成される。本部はベルギーのブリュッセル。EUの機構において唯一法案を提出する権限をもち，新しい「EU法」採択にいたるあらゆる段階でその影響力を行使する。委員は任務を遂行するにあたって，出身国政府の意向に左右されることなく，EUの利益のためだけに行動することを義務づけられている。　　　　　　　　　　　　[外川]

オーガニック

organic

化学肥料や農薬に依存せずに，有機堆肥や生物などを利用して栽培する，健康で安全な農作物の栽培方法。1999（平成11）年「農林物資の規格化及び品質表示の適正化に関する法律」（JAS法）の一部が改正され，2001（平成13）年から農産物や農産物加工品に「有機」と表示するには，「有機JASマーク」を貼ることが義務づけられた。これには有機JAS規格で定められた基準を満たし，オーガニック検査員による検査を受け，認定機関から有機認定を取得しなければならない。　　　　　　　　　　[外川]

屋外広告物法

美観風致を維持し，公衆に対する危害を防止するために屋外広告物の表示場所や方法，屋外広告物を掲出する物件の設置や維持についての基準を定めた法律。都道府県はこの法律に基づいて条例を定め，屋外広告物を規制することができる。屋外広告物（OOH; out of home media）とは，常時または一定期間継続して屋外で公衆に表示される，ポスターや貼り紙，貼り札，立看板，のぼりや広告板，広告旗，広告塔，電光ニュース，鉄道の中吊り，車両広告などをさ

す。行事や催事等の案内のように，表示内容が営利を目的としていないものも含まれる。OOHは海外ではテレビや新聞と並ぶマス媒体と位置づけられているが，日本では屋外広告物法や条例により規制されていたため広告メディアとしての認知度が低かった。しかし2000年の東京都による都営バス車両広告解禁を皮切りに規制緩和が進んでおり，年間の国内市場規模は5千億円規模に達するとみられる。　　　　　　[外川]

屋上緑化

建物の屋上に人工的に植物を植えること。屋上庭園，屋上芝生広場，屋上農園などの形態がある。近年，地球温暖化が進行し平均気温が上昇している。とくに都市部では，ヒートアイランド現象などで郊外部よりも気温が高くなっている。そのため環境負担をいかに軽減していくかが課題となっている。そのひとつの対策として屋上緑化が考えられている。屋上緑化を行うことにより，建物の断熱効果，建物保護，大気浄化効果，微気象の改善，都市景観の向上が期待されている。東京都では条例を設け，1000㎡以上の敷地において建築物の新築，増改築等を行う場合，敷地や建築物上への一定基準以上の緑化を義務づけている。　　[鈴木]

汚濁負荷量

水環境に関する用語で，公共用水域（河川や港）に排出される水，地下水に浸透する工場，事業所，さらには，生活排水による水（人体などに影響を与えるカドミウムなどの汚水や廃液）を規制する際に用いられる数値。汚濁負荷量＝汚濁濃度×排水量で計算される。1970（昭和45）年施行の水質汚濁防止法では，指定された「特定地域」にある「特定事業所」からの公共用水域への排水や地下水への浸透を規制している。
[協会]

オートスロープ

auto slope

傾斜路式エスカレーター。通常のエスカレーターに比べ，段差がないのでカートごと乗れ，上下階移動がスムーズに行えるため，まとめ買い需要に対応した設備である。またベビーカーや車椅子ごと乗れるバリアフリー仕様のものも増えている。　　[鈴木]

オートモール

auto mall

複数の自動車ブランドを扱うディーラー（自動車販売業）が1カ所に集まった施設のこと。複数車種の品揃えが集客ポイントになることから米国ではポピュラーな商業施設であり，規模拡大とともにスーパーマーケットなどの小売店やゲームセンターその他の娯楽施設を組み合わせたものも増えている。一方，メーカー別の系列チャネルが一般的な日本では中古車は複数メーカー製品が併売されているが，新車に関してはほとんどがメーカー別の系列モールであり，従来の系列型ディーラー流通の域を出ない。
[協会]

オーバーストア

ある地域で小売業が成立するために必要な顧客を確保できないほど店舗数や売場面積が過剰な状態。1990年代に大規模小売店舗法（大店法）の規制緩和を背景に大型店が大量出店し，オーバーストア状態に陥る地域が急増した。オーバーストア現象は商業地価の低さなどから大型店の開発が進んだ地方においてとりわけ激しく，他業態に比して業績が好調な専門店の出店の加速化が拍車をかけている。また大型店の24時間化など営業時間面でのオーバーストア現象も顕著である。競合の激化が売上高減少をもたらし，それをカバーするための新規

出店がさらなる競合を引き起こすという悪循環から全般的に業績が悪化している。
[外川]

オフバランス

off-balance

事業運営に活用している資産・負債でありながら会計上のリスクが存在する取引を貸借対照表（バランスシート）の外に出すこと。バランスシートから資産・負債を消す（オフにする）ことで，外部からの評価（格付け）を高め，借入・金利負担を軽減し，資産利益率を向上させる効果があり，企業価値を高めることができるとされる。1970年代の米国で，貸借対照表上の負債として計上されない資金調達の方法としてオフバランス取引が注目され，非連結金融子会社を通じての取引や，証券化による債権譲渡取引などから始まり，80年代の金融自由化のなかでデリバティブ取引へと拡大した。
[外川]

オフプライスストア

off-price store

有名メーカーや一流ブランドの季節はずれ商品や売れ残り品，難あり商品，B級品などを，市価よりもかなり低い価格（オフプライス）で販売する小売業のこと。アウトレットストアと同義で使われることが多い。
☞ アウトレットストア　　　　　[及川]

オープンスカイ構想

航空自由化政策のことで，従来，国益に密接にかかわるとされ，政府間交渉で決められてきた航空便の乗り入れについて空港の発着枠や路線，便数の制約を緩和させ，航空会社の自由な意思で運行できるようにし，航空市場の競争力強化をはかること。日本では安倍内閣の経済財政諮問会議でその方向性が確認された段階だが，EUではすでに域内の自由化を達成しているほか，米国も諸外国と自由化協定を結んでいる。
[外川]

オープンソースソフトウェア

open source software

開発の過程やプログラムの内容，ソフトウェアの設計図にあたるソースコードをWebを通じて無償で公開し，誰でもそのソフトウェアの改良，再配布が行えるようにすること。また，そのようなソフトウェア。業界団体のOSI（The Open Source Initiative）が，1998年に定義した「OSD（The Open Source Definition）」では，ソフトウェアの頒布の許可，個人や集団の差別の禁止，適用分野の制限の禁止などが列挙され，これに準拠するソフトウェアライセンスには「OSI認定マーク」が付与される。
[外川]

オープンディスプレイ

open display

はだか陳列。1930年代からアメリカで普及したセルフサービスのためには，クローズドディスプレイ（ガラスケースの中の陳列）ではなく，新たにオープンディスプレイにする必要があった。現在ではほとんどの小売店がオープンディスプレイを採用し，セルフサービスもしくはセルフセレクションの形態で販売している。
[飯村]

オープン販促費

ショッピングセンターのオープン告知ならびにオープン時に実施される，ショッピングセンター全体の共同販促費。広告，宣伝，イベント等の費用が含まれる。通常の販売促進費とは別にオープン前にかかる費用である。
[鈴木]

オープン価格

メーカーが希望小売価格を設定しないこと，またはそのような製品。最初からオープン価格であるものと，最初は希望小売価格が設定されていたが，値崩れが激しいためにオープン価格になった商品とがある。メーカーの価格リーダーシップは弱まるが，ディスカウント業態の成長やバーゲンセールの増加により実勢価格が低下していることや独禁法の規制強化によって，オープン価格に転換するメーカーが増えている。公正取引委員会では標準価格よりも15％以上値引きしている店が全国で半数以上になった場合には，オープン価格にするように指導している。⌒ 希望小売価格　　　［外川］

オープンモール

open mall

店舗間を結ぶ通路部分に屋根のないタイプ。ショッピングセンターが登場した当時の主流で，現在でも小規模タイプのショッピングセンターでは一般的である。最近の米国では，大型のモールタイプでも，自然な開放感を求めてオープン構造にするものが増えている。⌒ エンクローズドモール
　　　　　　　　　　　　　　　　　　　［協会］

オーベルジュ

auberge

郊外や地方にある宿泊設備を備えたレストラン。グルメ旅行を代表する施設で発祥はフランス。歴史的には中世まで遡るが，1900年創刊のミシュランガイドが1926年からレストランの格付けを始め，自動車が普及するようになると地方にあるオーベルジュも注目されるようになった。国内では，日本初のビストロを東京に開いた勝又登が1986年に箱根で開業したのが始まりとされ，フレンチの一般化とともに，全国の観光地やリゾート地，別荘地などにも増えた。現在では日本料理や世界各地の料理を提供する多彩なスタイルが登場している。
⌒ ミシュランガイド　　　　　［外川］

オムニセンター

omni center

ショッピングセンター形態のひとつ。比較的新しいSCフォーマットで，郊外型モールとライフスタイルセンター，そしてパワーセンターが融合したショッピングセンター。日本にはまだない形態。アメリカでは入店しているテナントも百貨店からGMS，ホールセールクラブ，カテゴリーキラーなどさまざまな業態が複合されている。敷地規模も広大で，比較的小さいオムニセンターでも約100エーカー（約40万㎡）を使用している。　　　　　　　　　　　［鈴木］

オムニバス調査

omnibus survey

相乗り調査。複数の依頼者（クライアント）を募集して同一の調査票で一括して行う。調査員の人件費や調査票の郵送・回収・入力といったオペレーションコストを複数のクライアントが分担するので，大量サンプルの調査を安い費用で実施することができる。郵送法，個別面接調査法，留置調査法などのオーソドックスな手法をとるケースが多い。Web上で質問票作成が簡単にでき，ネット経由で回答を得られる手法が普及したので，多量サンプルの調査を低コストで実施することが容易になっている現在，オムニバス調査の必要性は以前よりも低下しているといわれる。しかし，Webでの調査よりも厳密で正確なサンプリングが可能であることから，根強い需要がある。
　　　　　　　　　　　　　　　　　　　［外川］

オリジネーター

originator

不動産を証券化する場合、最初に証券化の対象となる不動産を所有している者。ショッピングセンターを証券化する場合は、最初に土地・建物を所有している者のことをさす。不動産の証券化とは、不動産を保有する者（オリジネーター）が当該不動産を証券化のための器である SPC（special purpose company）等に譲渡し、SPC 等がその不動産が生み出すキャッシュフロー等を裏づけとした資金調達を行うことをいう。
↪ REIT, J-REIT　　　　　　　[鈴木]

卸売市場

野菜、果実、魚類、肉類、花卉等の生鮮食料品等の卸売のために開設される市場であって、卸売場、自動車駐車場その他の生鮮食料品等の取引および荷さばきに必要な施設を設けて継続して開場されるもの。中央卸売市場、地方卸売市場およびその他の市場がある。卸売市場には品揃え、集分荷・物流、価格形成、決済、情報受発信などの機能がある。中央卸売市場は生鮮食料品等の流通および消費上とくに重要な都市（人口 20 万人以上の市等）およびその周辺の地域における生鮮食料品等の円滑な流通を確保するための中核的拠点として、また広域にわたる生鮮食料品等の流通の改善に資するものとして、農林水産大臣の認可を受けて開設される。地方卸売市場は中央卸売市場以外の卸売市場で、その施設が政令で定める規模以上のもので、地方公共団体のほか民間の企業や協同組合も都道府県知事の許可を受けて開設することができる。
　　　　　　　　　　　　　　[外川]

音楽配信サービス

ネットを通じて音楽をダウンロード販売するサービス。専業企業やパソコンメーカーなどがサービスを提供しているほか、各レコード会社が提供している。CD を購入するよりも安い価格に設定されている。楽曲データはパソコンや携帯音楽プレイヤーで再生できる形式に符号化（エンコード）されており、著作権保護機能により暗号化される。不正コピーを防ぐために楽曲データだけでは再生できず、「鍵」をセットしたパソコンなどの機器でしか再生できないようになっている。↪ ノンパッケージ流通　　　　　　　　　　　　　[外川]

温室効果ガス

太陽からの日射量と地球から放出される赤外線をコントロールし、地球を一定温度に保つ（温室＝現在の地球の平均気温は 15 度）二酸化炭素（CO_2）、メタン、一酸化二窒素などの 6 種類のガスのことをいう。産業革命以降、活発化する人類の活動が、温室効果ガスの排出量を飛躍的に増加させたため、"地球温暖化" という課題がクローズアップされ、その対策が急務となっている。　　　　　　　　　　　　　　[協会]

温対法

1997 年に採択された京都議定書をうけてわが国の温暖化対策の枠組みとして地球温暖化対策推進法（温対法）が 1998（平成 10）年制定された。大きな特徴は、温室効果ガスを大量に排出する事業者（たとえば省エネ法の第一種、第二種エネルギー管理指定工場）は、排出する温室効果ガスの排出量を自ら算定し、国に報告することが義務づけられ、それを国が取りまとめ公表するなど温室効果ガス排出量の抑制などのしくみ、指針を提示しており、省エネルギー法とセットとなっている。↪ 省エネルギー法　　　　　　　　　　　　[協会]

オンラインストレージ

on-line storage

ファイルやデータ，写真，画像などを自分のパソコンに保存するのではなくて，Web上の外部記憶装置（ストレージ）を借りて保存すること，またはそのサービス。インターネット環境さえあれば，どこからでも情報にアクセスできるため，個人だけでなく，グループで共有することも可能である。有料，無料の両方があるが，有料サービスの場合，容量が非常に大きいものが多い。

[外川]

オンリーショップ

ひとつのブランド，メーカーや卸売業の商品だけを品揃えした専門店。和製英語。フランチャイズチェーン形式で展開されることが多い。個性や性格，主張やターゲットとする顧客像を明確にうちだせる利点がある。または，明確にアイテムを絞り込んで，それについて徹底的に品揃えをした店のこと。

[及川]

カ

外国為替証拠金取引 ☞ FX

介護保険制度

40歳以上の全国民が加入し，寝たきりや認知症などで介護が必要になったら介護保険から費用を給付するしくみ。介護を社会全体で支えようとするもので，①社会保険方式により給付と負担の関係を明確にする，②利用者の選択で保健医療サービス・福祉サービスを総合的に受けられるしくみを創設する，③介護を医療保険から切り離し，社会的入院解消の条件整備をはかるなどが骨子。2000年に施行されたが，介護費用の高騰などを背景に2006年に改正。給付費の抑制のためにヘルパーによる家事行為の利用の制限，施設での居住費や食費の自己負担化，軽度要介護者の状態悪化を防ぐための新しい予防サービスが導入された。一方で介護事業は約7兆〜8兆円の巨大ビジネスに成長。コムスンによる巨額不正請求事件なども発覚している。 [外川]

会社型投信

corporation type investment trust
投資法人を設立し，その投資法人が発行する投資口を投資家が購入する投資信託。東京証券取引所に上場されているJ-REIT（不動産投資信託），大阪証券取引所に上場されているカントリーファンド，ベンチャーファンドなどが会社型投資信託。契約型の大きな違いは，投資信託に対する議決権の行使に関する点にあり，会社型投資信託の場合，投資口の保有者（投資主）には，株式会社における株主総会にあたる投資主総会での議決権が保有する投資口に応じて与えられる。これにより投資家は投資法人の執行役員や監査役員，会計監査人の選任や解任などの一定事項について，議決権を行使することができ，投資信託＝ファンドに対して，一定の監督権限をもつことができる。 [外川]

会社更生法

経営が行き詰まった会社の更生，再建をはかるための法律。1950（昭和25）年制定。会社あるいは大株主や大口の債権者が裁判所に申請し，認可が得られれば管財人が選出され，会社の再建に乗り出すという手続きを踏む。☞ 会社整理，破産法，民事再生法 [外川]

会社整理

経営危機に瀕した会社について，裁判所の監督および援助のもとで債権者および債務者が自治的に債務を整理し，会社の再建をはかること。法的に手軽かつ公正な会社の再建を企図した手続きであり，会社整理申し立ての対象は株式会社に限定される。☞ 会社更生法，破産法，民事再生法 [外川]

会社法

商法や有限会社法などに分散していた会社関係の規定を統合した新法で，2006（平成

18)年5月1日施行。規制緩和の流れに沿ったこの法律の施行により，①M&Aが容易になるとともに，②会社組織の設計や運営の自由度が増し，③企業統治の選択肢が広がる，とみられている。　　　　［外川］

回収物流　☞　静脈物流

改正建築基準法

確認検査の厳格化，指定確認検査機関に対する監督の強化，罰則の強化等を図るため，「建築物の安全性の確保を図るための建築基準法等の一部を改正する法律」(改正建築基準法)が2007(平成19)年6月に施行された。施設建設に影響を与える主な改正点は，以下の通りである。構造計算適合性判定制度の導入により，一定の高さ以上等の建築物については，都道府県知事が指定する第三者機関の専門家により構造計算書のチェック(ピアチェック)が義務づけられる。確認申請等に関する指針による審査，検査の厳格化により，補正慣行が廃止され，確認申請時には，誤記や記載漏れ等を除き，図書の差替えや訂正が必要な場合は再申請を行うこととなる。また，着工後の計画変更は，軽微な変更を除き，確認申請の取り下げ，再申請が必要となる。構造審査や確認申請に要する期間や費用の増加が想定されるため，事業早期に，計画の精度向上が求められる。☞　建築基準法　　　　［鈴木］

改正食品リサイクル法

2007(平成19)年12月改正。改正点は以下の通りである。食品循環資源の再生利用等(発生を抑制する，再生利用する，減量する)に「熱回収する」が加わった。再生利用が経済的技術的に著しく困難であって，メタン化と同等以上の効率でエネルギーを回収できる場合は「熱回収」を選択できる。食品廃棄物等多量発生事業者(食品廃棄物等の発生凌駕年間100トン以上の食品関連事業者)が，毎年度，主務大臣に食品廃棄物等の発生量および食品循環資源の再生利用等の状況を報告することが義務づけられた。また，FC事業を展開する食品関連事業者であって，一定の要件を満たすものは，その加盟社において生じる発生量を含めて食品廃棄物等多量発生事業者であるかどうかを判定される。再生利用事業計画が主務大臣の認定を受けた場合，認定計画に従って行う食品循環資源の収集運搬については，廃棄物処理法に基づく，一般廃棄物収集運搬業の許可が不要となる。食品関連事業者の取組み状況に応じた再生利用等の実施率目標が新たに設定された。食品関連事業者は，設定された基準実施率を上回ることが求められる。☞　食品リサイクル法

［鈴木］

改正都市計画法

都市計画法の改正，「中心市街地における市街地の整備改善及び商業等の活性化の一体的推進に関する法律」(中心市街地活性化法)，大規模小売店舗立地法のいわゆるまちづくり3法制定後も，中心市街地の衰退に歯止めがかかっていない現状を踏まえ，都市計画法の開発許可制度の見直しが行われ2007(平成19)年11月施行された。改正点は以下の通りである。店舗だけでなく，映画館，アミューズメント施設，展示場等，延床面積1万m²の大規模集客施設も郊外出店の対象となった。用途地域の見直しにより，「第二種住居」「準住居」「工業」「非線引き白地地域」への出店を制限した。「準工業地域」については，原則出店可能であるが，三大都市圏と政令指定都市を除く都市では，特定用途地域を活用し，開発を抑制する措置がとられた。農地転用地域への出店を原則不許可とした。病院，福祉施設，学校等公共公益施設を開発許可制とした。

都道府県知事の判断により，市町村の枠組みを超えた広域調整が可能となった。1万㎡以上の大規模店舗が，郊外出店する際の規制が強化された。　都市計画法

[鈴木]

改正薬事法

一般医薬品の販売規制緩和のため，薬事法が改正され，2009（平成21）年6月に施行された。一般医薬品についての区分（第一類医薬品：副作用等により日常生活に支障を来たす程度の健康障害が生じるおそれのある一般医薬品のうち，とくに注意が必要なもの，第二類医薬品：副作用等により日常生活に支障を来たす程度の健康障害が生じるおそれのある一般医薬品，第三類医薬品：第一類および第二類医薬品以外の一般医薬品）を義務化し，副作用等のおそれが少ない第二類医薬品と第三類医薬品については，薬剤師ではない，登録販売者によって販売できるようになる。登録販売者は，一定の実務経験があり都道府県が実施する試験に合格することで資格を得る。ドラッグストアにおいて店舗網の拡大が容易になることや，ドラッグストア以外での店舗での販売可能性が広がることが想定される。一方，店舗販売業の許可を得るためには，薬剤師または登録販売者から店舗管理者を選任しなければならず，他店舗との兼任はできない。また，第一類医薬品や調剤などは，従来通り薬剤師のみが販売可能で，薬剤師の有無が調剤部門の設置や取扱可能な医薬品の範囲を規定することになる。

[鈴木]

海賊版

bootleg

著作権者に無断で複製された書籍や音楽・映像作品，ソフトウェアなどのこと。「海賊＝略奪者」という意味から派生して，著作権侵害者や特許権侵害者という意味をもつようになった。英語では本来酒類の密売を意味していた「bootleg（ブートレッグ）」が，転じて海賊版を意味する。

[外川]

階高

建物の一階当たりの高さ。店舗の床面から上の階の床面までの高さをさす。また天井高は床面から天井面までの高さのこと。

[鈴木]

開発行為

建築物の構築または特定工作物の建設の用に供する目的で行う土地の区画形質の変更のこと。土地の区画形質の変更とは，「切土，盛土または整地等の造成工事によって，土地に対して物理力を行使する行為，または土地の利用状況を変更する行為」のことをいう。特定工作物とは，周辺地域の環境悪化をもたらすおそれのあるコンクリートプラント，アスファルトプラント等や危険物貯蔵または処理設備などの第1種特定工作物，ゴルフコース，1ha以上の運動・レジャー施設，1ha以上の墓園などの第2種特定工作物をいう。

[外川]

開放特許

膨大な研究開発費を投資し，技術調査や研究開発活動を行い，特許庁の厳正な審査を経て，生まれる優秀な技術資産である特許のなかで，他社に開放する意思のあるものをいう。製品のライフサイクルが短縮している現代では開放特許を活用することで，研究開発にかける費用の軽減や時間の短縮が期待される。

[外川]

買回り

商品やサービスを購入するにあたって，事

前に情報を収集し，複数の店を回り，価格，品質，その他について十分に比較検討すること。 比較購買 [外川]

買回り品

shopping goods
品質や機能，デザインや価格などの面に関して，事前に情報を収集したり，複数の店舗や類似商品を十分に比較検討したうえで購入する傾向の強い商品。専門品（specialty goods）とも呼ばれる。家電製品や情報機器，ファッション性の高い衣料品などが代表例。ファッションブランドを中心に店舗をそろえる百貨店などは買回り品を中心に扱う店舗の代表。一般的に買回り品は高価格で購入頻度が低く，最寄品は低価格で購入頻度が高い。 最寄品，コモディティグッズ [外川]

回遊性

海や川に生息する動物が，成長段階や環境の変化に応じて生息場所を移動する行動をさす言葉である「回遊」から転じて，買物，飲食，ウインドーショッピングなど，店や街を自由に歩きまわること，または歩きまわれるような状態。商業施設開発や街づくりに際しては，限られた道路空間のなかで，回遊性を豊かにし，魅力・活力・賑わいを醸し出しながらも，ゆとりと潤いを実感できる空間を創出することが重要である。
[外川]

格差社会

所得格差・情報格差・教育格差・地域格差・経済格差・賃金格差・医療格差・年収格差など国民の間の格差が拡大し，固定化した社会。封建制度下の状態や，イギリスのように格差が文化的領域にまで拡大・固定化された場合には階級社会と呼ぶことが多い。現代的な意味では，日本を含む先進諸国において，1980年代以降に顕在化した経済的・社会的格差状態のことで，日本においてはバブル期以降格差が拡大し，小泉政権下での規制緩和によって競争が激化するのに対応して，さまざまな面での格差が拡大した。とくに20世紀末に中流の崩壊が話題になる頃から深刻化している。
[外川]

格付け

格付け機関によるランク付けの情報。株式市場においては債券などの元本および利息を，発行体（企業，政府，自治体など）が償還まで予定通り支払えるかどうかの見通しを，簡単な記号で評価したものやその行為をさす。格付け機関は経営陣とのミーティング，財務分析，業界分析をし，その発行体の信用度をある一定の基準に基づいて，「Aaa」「AAA」などの記号で評価する（信用格付け）。格付けは公表され，投資家が債券などへの投資を行う際の参考データとなるほか，株価にも影響を与える。株式市場以外にも，企業や組織，店や事業等のランク付けをさすこともある。たとえばミシュランによるレストランの格付け，等。
[外川]

確定拠出年金

加入者が毎月の掛金（拠出額）を決定し，その運用実績によって，将来の年金給付額が決まるという年金制度。代表的なものに米国の401Kプランがある。従来型の企業年金である確定給付年金と異なり，年金の積立金不足が発生する心配がなく，加入者が転職した場合でも，転職先に口座を移管できるなどのメリットがある。一方，加入者自身が運用リスクを負うために，将来十分な給付を得られない可能性もある。
[外川]

家計調査

単身世帯を除く全国の世帯の収入と支出についての統計調査で，総務省統計局が毎月実施している。調査対象世帯は層化三段抽出法によって全国から選ばれた約8千世帯が，6カ月間，毎日すべての収入・支出を記入する。それらのデータは500を超える収支項目に分類集計され，月報と年報として公表される。景気動向の重要項目である個人消費を把握するための重要な資料であり，需要予測，証券調査，販売計画やマーケティングに利用される。　　　　[外川]

可採年数

reserves/production ratio

ある年の確認資源可採埋蔵量を，その年の生産量で割った値。現在確認されている可採埋蔵量を前提として，現状のままの生産量で，あと何年生産が可能かを表す。可採年数は資源枯渇までの年数を直接表すものではなく，また新しく資源のある場所が発見されたり，生産量が増減したりすると可採年数は変化する。　　　　　　　[外川]

瑕疵（かし）

欠陥，キズ。法律または当事者が予想する正常な状態や品質，機能などが欠けていること。一見しただけではわからないような欠陥やキズのことを「隠れた瑕疵」という。民法や宅建業法では，「隠れた瑕疵」があった場合には，買主を保護する規定（瑕疵担保責任）が定められている。　　[外川]

貸株市場

空売りする株券を貸し借りする市場のこと。ヘッジファンドは値下がりが見込まれる銘柄があった場合には株券を調達して空売りし，下落後に買い戻して利益を確保する。手数料で運用成績を高めたい生命保険会社や信託銀行などが株券の出し手になり，証券会社などが貸株取引を仲介する。ファンド側は株券を調達する際には担保を差し入れるが，リーマン破綻で取引が当初の約束通りに実行される保証がなくなり，貸株市場に混乱が広がった。　　　　　　[外川]

貸金業規制法

正式名称「貸金業の規制等に関する法律」で，「貸金業を営む者について登録制度を実施し，その事業に対し必要な規制を行なうとともに，貸金業者の組織する団体の適正な活動を促進することにより，その業務の適正な運営を確保し，もって資金需要者等の利益の保護を図るとともに，国民経済の適切な運営に資することを目的」として1983（昭和58）年に施行。2003（平成15）年には「ヤミ金融」と呼ばれる悪質な違法業者を取り締まることを目的に大規模な改正が行われた。その後，貸金業者への規制を一段と強化するため，2006（平成18）年に再度改正され，出資法の上限金利（年29.2％）と，利息制限法の上限金利（年20～15％）との間の，いわゆる「グレーゾーン金利」をなくし，利息制限法の上限金利まで引き下げたことや，年収の3分の1を超える金額の貸付禁止などが盛り込まれた。
　グレーゾーン金利　　　　　　[外川]

カジュアル

casual

服装や様子が堅苦しくないこと。くつろいだ雰囲気であること。気楽な様子。ファッションの分野では，軽い感じの服装や，着崩した感じを意味し，アメリカン・カジュアル，ヨーロピアン・カジュアル，渋カジ（渋谷カジュアル）などのように，複合語で使われることが多い。最近では，ファストカジュアル・レストラン等のように，フ

ードサービスの分野でも使われるようになった。　　　　　　　　　　　　　　[外川]

過剰流動性

なんらかの事情により，通貨の供給が実体経済の規模を超えてしまった「カネ余り」状態で，金利の低下，投機過熱，資産デフレなどの現象がみられる。平成不況期から続く日銀の量的緩和政策によって，現在の日本は過剰流動性の状態にあるという見方が根強い。国際的にもアメリカの貿易赤字に由来したドルの過剰流動性があるといわれる。　　　　　　　　　　　　　　[外川]

可処分所得

家計の収入（総所得）から，税金や社会保険料などの義務的な支払いである「非消費支出」を差し引いたもので，実質的な所得。自由に使える手取り収入であり，個人消費の動向に大きな影響を与える。　　[外川]

カスタマイゼーション

customization
多様化する個々の顧客のニーズに，きめ細かく対応すること。また個別ニーズに合わせて商品やサービスの機能，品質などを適宜適切に調整，調節すること。個別対応。
⌒　ワンツーワン・マーケティング
　　　　　　　　　　　　　　　[外川]

カスタマーエクスペリエンス

customer experience
顧客経験価値。とくに目的をもたずに買物自体を楽しむことや，掘り出し物を見つける経験，いままで知らなかった商品を発見するという経験やゆっくりと買物を楽しむという経験など，顧客が得るさまざまな「経験」のこと。顧客が商品を購入するということは，単にお金を払って商品を買う，というだけではなく，お金を払って商品を買うという経験を得ていることだ，という考え方に基づくマーケティングの概念。
⌒　エクスペリエンスマーケティング
　　　　　　　　　　　　　　　[外川]

課徴金

価格や供給量を制限するカルテルや談合などの独禁法違反行為者に課す制裁金で，刑事罰としての罰金とは別の行政処分。2006年施行の法改正では再違反の事業者に課徴金を5割加算するルールが追加されている。また談合やカルテル等の違反行為を「自首」（自主申告）した先着1位から3位の業者に対し，それぞれ全額（公取委の立ち入り検査前に最初に申請した会社），5割（2番目に申請），3割（3番目に申請）と，課徴金を減免する制度も設けられた。　[外川]

学校選択制

公立の小中学校に就学する場合，原則として市区町村教育委員会が決めた通学学区域内の学校に限られる。これに対して保護者の意見を踏まえて，市町村教育委員会が就学校を指定すること。①当該市町村内のすべての学校のうち，希望する学校に就学を認める「自由選択制」，②当該市町村内をブロックに分け，そのブロック内の希望する学校に就学を認める「ブロック選択制」，③従来の通学区域は残したままで，隣接する区域内の希望する学校に就学を認める「隣接区域選択制」，④従来の通学区域は残したままで，特定の学校について，通学区域に関係なく，当該市町村内のどこからでも就学を認める「特認校制」，⑤従来の通学区域は残したままで，特定の地域に居住する者について，学校選択を認める「特定地域選択制」がある。内閣府の2006年調査によると，全国で約15％の小中学校が，

家庭薬

医師の処方箋がなくても購入できる一般医薬品（大衆薬）の一種。「伝統薬」とも呼ばれるように，江戸時代や明治時代に製法が完成され，それが基本的に守られながら現代にいたるものをさす。長年にわたり広く使われており，安全性が高いと判断された有効成分を活用しているので安定した需要があるものの，近年は健康食品やサプリメントなどに押されて売り上げが減少している。 ⌒ 大衆薬，OTC医薬品　　[外川]

カテゴリーキラー

category killer
ある特定の商品分野（カテゴリー）に絞って豊富に品揃えをし，低価格で大量に販売する専門量販店。玩具や家電製品，オフィス関連品などの分野で展開されている。そのカテゴリーにおいてはGMSのような総合小売業を凌駕する圧倒的な販売力があるという意味で，こう呼ばれた。　　[及川]

カテゴリーマネジメント

category management
商品を，衣料品や生鮮食品，日用雑貨などという「部門」ではなくて，消費者ニーズに応じて分類した「カテゴリー」としてとらえ，それを戦略的事業単位（SBU; strategic business unit）として考え，生産から物流，販売までの一連の流れをカテゴリーごとに管理する手法。カテゴリーごとに営業戦略を構築して実行し，適切なタイミング，品揃え，価格で顧客に対応し，より高い満足と高付加価値を提供することで収益を極大化し，業績拡大をはかろうとするもので，小売業単独ではなくて，卸やメーカーと連携して品揃えや価格設定，仕入れ，商品計画，販売促進などを行うのがポイントである。　　[藤山]

家電リサイクル法

特定家庭用機器再商品化法（2001年施行）。家庭や事業所から排出された使用済みの家電製品（エアコン，テレビ，冷蔵庫・冷凍庫，洗濯機）から，有用な部品や素材をリサイクルすることで廃棄物を減量するとともに，資源の有効利用を推進するための法律。対象となっている製品を処分する場合は，消費者がリサイクルの料金を負担し，販売店が回収し，メーカーが解体やリサイクルを受け持つことになる。　　[協会]

家電量販店

家電製品やAV（映像・音響）機器，パソコンその他情報機器などを，低価格で販売する家電総合小売業。1980年代に豊富な品揃えを武器に急成長し，メーカー系列店や百貨店，総合スーパー，総合ディスカウントストアなどのシェアを奪った。90年代半ばからはロードサイド立地の大型店やカメラディスカウンター出身のカテゴリーキラー系が最低価格保証やポイントカードなどによる低価格販売とローコストオペレーションを武器に大型店を広域展開している。最近ではターミナル駅前や都心部への出店も活発化している。⌒ カテゴリーキラー　　[及川]

カニバリゼーション

cannibalization
経営戦略上で自社内競合を起こすことをいう。新商品の開発や新規店舗を出店する場合，既存の自社商品や店舗と競合し，商圏の食い合いが起こること。過剰競合時代の日本の小売業界では，競合対策として他社

の出店が予想され，自社の既存店が大きな影響を受けると予想されるケースでは，競争防衛として自社の店舗を出店しライバル店の進出を阻止する場合があるが，結果として既存店舗の売上高は低下し，新規店舗を含めて業績が低迷する場合が出ており，商圏を食い合っていることから，カニバリゼーション（共食い）状態などと指摘される。　　　　　　　　　　　　　　　［及川］

ガバナンス

corporate governance
会社統治。企業統治。役員，従業員，株主など多様な関係者相互の利害を調整しながら，効率的で発展性のある企業経営を行うための基本的な考え方やしくみ。企業の運営や活動は，株主をはじめとして，顧客，従業員，取引先，金融機関など，多くの利害関係者（ステークホルダー）によって成り立っている。権限が集中する経営者がもたらす独断専行をいかに監視し，株主の利益を保護するか，との考え方として提唱されたもの。コンプライアンス（法令順守）体制の強化，社外取締役の起用や，監査役の権限強化などが，具体策としてとられる。
⇨　ステークホルダー　　　　　　［外川］

カフェ

café; coffee shop
焙煎や抽出法，トッピングやフレーバーに工夫をこらしたスペシャリティコーヒーを提供する店。ソフトドリンク，茶飲料，ケーキやパン，サンドイッチなどのサイドメニューにまでバラエティをもたせた店もある。グルメコーヒー発祥の地である米国シアトルでは，モノレールのターミナルに店を構えたものや百貨店によるカート式店舗が先鞭をつけ，スペシャリティコーヒーチェーンが多店舗展開し，アメリカンコーヒーのイメージを一変させた。日本では1980年代に低価格高品質型のチェーン店が従来の喫茶店を凌駕し，90年代に入って外資系カフェが参入，さらにアパレルや雑貨などのライフスタイル型専門店のなかに，店舗の一隅にカフェを設けたり，独立店として展開するものが増えるなど，コーヒーチェーンの多様化が進んだ。　［外川］

カフェテリアプラン

一律的な制度ではなくて，従業員がカフェテリアでの食事のように，メニューのなかから自由に選び，組み合わせて利用できる福利厚生制度のこと。米国で考案されたしくみで，1人当たりの利用金額の上限が設定されているので，経営側としてはコスト管理がしやすく，また従業員にとっては柔軟度が高いというメリットがある。一方，個々人によって内容が異なるので，運営管理が複雑になるという問題がある。［外川］

株価収益率

price earnings ratio; PER
株価が1株当たり純利益の何倍まで買われているかを示す投資指標で，株価を1株利益（予想値）で割って算出する。企業業績に対して株価が割安か割高かを見る代表的な指標として投資判断に活用される。PERが低いほど株価は「割安」，高いほど「割高」とされるが，PER低下は業績の悪化を先行して反映している可能性もあり，必ずしも割安感を示すとはいえない。業種や成長段階により水準が異なるため，同業他社との比較や時系列での変化を見ることが重要。　　　　　　　　　　　　　　　［外川］

株券電子化

上場会社の株主の権利を書面（株券）ではなくて電子的に証券会社など金融機関の口座で管理すること。有価証券のペーパーレ

ス化の一環。株の取引時に券面を受け渡す必要がなくなり、発行コストも削減できる。上場会社の株券は2009年1月5日に実行された。電子化以降、株主などの情報は、証券保管振替機構（ほふり）がまとめて管理するので、株を売買するには、ほふりに株券を預託する必要がある。預託されなかった株券は、上場企業が信託銀行などに開く「特別口座」で管理する。個人が自宅などで保管する、いわゆるタンス株の場合、他人名義のままでは権利が失われる可能性がある。 ほふり　　　　　　　　[外川]

株式公開　☞ IPO

株式交換

企業組織再編の一手法で、発行済株式の全部を取得する株式会社が、株式交換をする会社の株式の全部を取得し、その対価として株式交換完全子会社の株主に、株式交換完全親会社の株式その他の財産を交付する。1999（平成11）年の商法改正により施行された制度。これによって現金ではなく、株式を対価にしての100％子会社化が可能になった。親会社となる会社は100％子会社となる会社の株主から当該会社の株式を譲り受け、親会社はその対価として自社株を子会社の株主に与えることになる。ライブドアが同制度を多用して業容を拡大させ注目された。また三角合併のように、合併企業の株主に親会社の株式を交付するのも株式交換の一種とされる。 株式併合、三角合併　　　　　　　　　　　[外川]

株式併合

複数の株式を1株に統合し、発行済み株式の数を減らす方法。たとえば10株を1株に併合した場合には理論上1株の株価は10倍になる。しかし1株に満たない「端株（単位未満株）」の株主が増えるため従来は利用が厳しく制限されていたが、2001（平成13）年の商法改正など規制緩和で幅広く認められるようになった。新興企業を中心に利用が増えたが、かなりの株主が株主権を失い、端数の売却代金を渡されて締め出される結果となるような、問題ある株式併合も多発している。 単位未満株、株式交換　　　　　　　　　　[外川]

株主資本利益率

return on equity
収益性分析の一指標で、当期利益を株主資本で除して求められる。株主資本（自己資本）を使って、どれだけ効率的に当期利益が稼げているかを見る指標。高いほど資本効率が高いとみなされて、投資家から見たその会社の評価は高まる。しかし株主資本が非常に薄い場合にも、この数字は高くなってしまうので、株主資本比率など財務体質の危険度を測る指標と合わせて見ていくことが必要とされる。　　　　　　[外川]

株主代表訴訟

株主が、会社に代わって、取締役や役員という経営陣の経営責任を追及し、損害賠償を求める制度。株主が訴訟の提起を会社に請求しても、会社がこれを行わなかった場合、株主が代わって訴訟を起こすことができるというもので、経営者の不正行為や判断ミスによって、会社に損害がもたらされた場合に認められている。　　　　　[外川]

株主提案権

経営に参加する権利である共益権のひとつで、株主が株主総会の議案を提案する権利。半年前から継続して全議決権の1％以上、または300個以上の議決権をもつ株主に権利がある。株主総会の8週間以上前に取締

役会に書面で議案を提出する必要がある。取締役会が提案を拒否した場合には株主自ら株主総会で提案できる。提案した議案が法令または定款に違反する場合や,実質的に同一の議案が総株主の議決権の10分の1以上の賛成を得られなかった日から3年を経過していない場合には,提案することができない。米国では年間に数百以上の株主提案があり,日本も増加する傾向にある。
[外川]

カーボンニュートラル

carbon neutral

カーボンつまり CO_2 の排出と吸収のバランスがとれている状態,事象のことを表す。たとえば植物は光合成により成長段階で吸収する二酸化炭素量と燃焼時に排出する量がバランスがとれているために「カーボンニュートラル」であるといわれる。[協会]

空売り

short selling

証券会社から株を借りて売却し,その株が値下がりした時点で買い戻すことで利益を得る投資方法。もともとは,対象物を保有していない状態で特定期日に対象物を特定価格で手渡すと約束する対象物の「信用売り」をさしたが,現在では主に,証券の保有者から証券を借りて市場で売り,証券の返却期日前に証券を買い戻す行為をさす。株の貸借の返済期日までに証券の価格が値下がりすると証券を安値で買い戻して高値で決済することができるので,差額による利益が生まれる。通常の場合とは逆に値下がりが予想される株をねらった取引である。株価が値下がり局面のときでも利益を得られるので,最近では個人投資家にまで浸透している。
[外川]

カルチャーセンター

社会人対象に,社会教育の機会を提供する民間の教養講座。新聞社,放送局などが運営するものが規模が大きく,教室の数や種類が豊富である。科目内容は,文化史,文学,歴史などの教養や外国語,スポーツ,趣味など多岐にわたる。大学や専修学校と異なり,年齢や年限にとらわれず好きなものを短期で学べる,また時代の先端的なテーマについていち早く学べるなどが特徴。
[飯村]

ガレリア

galleria

ミラノの「ヴィットリオ・エマニエレ2世ガレリア」が有名。1887年にイタリア統一を記念してつくられた壮大な都市商業空間。鉄とガラスで架けられた屋根を持つアーケードが代表的。米国の郊外部には,「ガレリア」を模した巨大なドーム状の天井を有する,センターコートのあるリージョナル型ショッピングセンターが数多く存在する。
⌒ パサージュ [及川]

環境ISO

ISOは各国間の貿易・商取引を円滑に行うため,世界標準としての規格・基準を定める国際機関「国際標準化機構(ISO)」が環境関係の経営管理制度(環境マネジメントシステム,EMS; Environmental Management Systems)の国際標準化のために作成した規格。ISO14001のこと。企業や団体が事業活動において環境への影響を考慮してどうマネジメントするかを示すもので,環境負荷低減への取組みがイメージ向上につながることもあり,認証取得企業は増加している。環境パフォーマンスの評価に関する具体的な取決めはなく,組織は自主的にできる範囲で評価を行う。[外川]

環境影響評価

通常,環境アセスメントと呼ばれるもので,開発事業者が自ら開発(とくに大規模)の事業内容を決定するにあたって,環境にどのような影響を与えるかについての調査,予測,評価を行い,地域住民や地方公共団体の意見を聞き,事業決定をしていく制度であり,1999(平成11)年に施行された環境影響評価法によって確立した。環境アセスメントの対象事業は13種類あり,道路やダム事業以外にも一定規模の土地区画整理事業,宅地造成事業が該当する。また,国が定めた法律以外にもすべての都道府県,政令指定都市が独自に定めた環境アセスメント条例を設けている。　　　　　[協会]

環境会計

企業の環境保全活動の費用と効果を,貨幣単位,または物量単位で定量的に測定し,会計手法を用いて表すこと。企業が社会との良好な関係を保ちつつ,持続可能な発展をめざして,環境保全への取組みを効率的かつ効果的に推進していくことを目的としており,投資家や消費者に対する情報開示の方法として注目されている。環境対策費用の一部については税制優遇措置がとられ,法人税から控除される。欧米では主要企業の多くがこれに取り組んでいるが,日本でも1999年に環境庁がガイドラインを作成,小売業や消費財メーカーの分野でも大手企業を中心に導入が進んでいる。⌒ 環境経営　　　　　　　　　　　　[及川]

環境基準

わが国環境政策の根幹となる環境基本法(1993年制定)第三節に環境基準についての条文が定められている。環境省は,環境基準を「人の健康の保護及び生活環境の保全のうえで維持されることが望ましい基準として,終局的に,大気,水,土壌,騒音をどの程度に保つことを目標に施策を実施していくのかという目標を定めたもの」と位置づけている。具体的には,①大気,②騒音,③水質,④土壌,⑤ダイオキシン類について具体的な基準を定めている。
　　　　　　　　　　　　　　　　[協会]

環境基本法

環境に関する政策の基本を示す法律。1993(平成5)年制定。従来の公害対策基本法,自然環境保全法では複雑化・地球規模化する環境問題に対応できないとの認識から,生活に密着した問題から地球規模の問題にまでいたる,さまざまな環境問題への対応を意図してつくられた。①環境の恵沢の享受と継承,②環境への負荷が少ない持続的発展が可能な社会の構築,③国際的協調による地球環境の保全を基本理念とし,国,地方自治体,事業者,消費者の責務も明らかにされている。また6月5日を「環境の日」と定めている。　　　　　　[協会]

環境経営

環境保護・保全に積極的に取り組みながら,企業の持続的な発展をめざす経営。環境への対応をうまくコントロールすることが企業イメージアップや利潤,コスト削減効果,売り上げの向上や企業価値の向上につながるという考え方。環境への対応が単なる社会貢献活動ではなくて,利益向上やコスト削減となることを把握するために,「環境会計」が作成される。⌒ 環境会計
　　　　　　　　　　　　　　　　[外川]

環境報告書

企業・団体などが環境保全に関する方針,計画,実施状況,環境マネジメント,さらには環境会計などについて公表する報告書

であり，近年，IR情報等と同様，重要な経営情報として積極的に活用されるようになっている。環境報告書単独の場合とCSR（企業の社会的責任）報告書に盛り込まれる場合がある。SC業界でも，環境に対する関心の高まりとともに環境報告書を公表する企業が見られるようになっている。
[協会]

管財人

財産管理人の略で，破産や和議，公正の手続き中に財産を管理する人。破産管財人は裁判所により選任され，破産財団の管理・処分，破産債権の調査・確定，財団債権の弁済などを行う。更生管財人は，会社更生法上，更生手続きの開始決定と同時に裁判所によって選任され，会社の経営，財産の管理，更生計画の立案策定などを行い，更生計画の認可後にはそれを遂行する義務を負う。🔖 会社更生法　　　　　　　　[外川]

感性マーケティング

sensitivity marketing
マーケティングの新しい視点。合理性，機能性，原理・原則などという従来の発想から離れて，優しさ，美しさ，情緒，情感などという「感性」から，マーケットを見直そうとするものである。前者を男性的な発想とすれば，感性は女性的な発想ともいえる。消費者の選択基準が好き嫌いか，あるいは美醜といった感覚的判断を重視するようになっているので，低迷する市場に新しい切り口をもたらすものと期待されており，新たなマーケティング戦略の方法として利用されている。
[飯村]

完全失業率

労働力人口に占める完全失業者（仕事に就く意思と能力をもつが，仕事がない人）の割合。労働力人口は就業者（月末1週間に少しでも仕事をした者）と完全失業者の合計で，アルバイトやパートタイマーも労働力人口にカウントされる。🔖 労働力調査
[外川]

完全歩合賃料

賃料の徴収形態のひとつで，最低保障等の条件を設けていない歩合賃料をいう。ディベロッパーはテナントの経営内容等について売上げが伸びるよう，経営者的立場で指導する必要がある。完全歩合賃料は歩率を高く設定できる半面，ディベロッパー側のリスクが大きいが，成功すれば大きな収益が期待できるという意味で，最も進んだ賃料徴収形態であるといえる。
[協会]

鑑定評価

不動産鑑定評価。土地や建物またはそれらに関する所有権以外の権利の経済的価値を判定し，その結果を価額に表示すること。広義には，取引の当事者が，取引対象となっている不動産について主観的に値付けすることや，宅地建物取引業者が，取引の仲介等の一連の業務のなかで売買価格を設定するために価格査定したり，顧客に対して値付けに関するアドバイスを行うことも不動産評価という。法律上は，不動産鑑定士以外のものが鑑定評価を行ってはならないとされており，仲介等における価格査定や建築士の建物価格査定等は，不動産の鑑定評価からは除外される。
[外川]

カンパニー制

1つの企業を，複数の企業（カンパニー）の集合体のように組織する形態で，事業部制における各事業部の権限と独立性をより高め，疑似企業にまで発展させたもの。各カンパニーは資本金を分与され（社内資本

金制度)，損益計算（フロー）だけでなく，貸借対照表（ストック）にも責任をもつことで事業の自立・自律化と市場適応のスピードアップをはかる。日本では以前は，独禁法により持株会社の下に子会社をおくことが認められていなかったために，カンパニー制を導入する企業が多かった。しかし1997（平成9）年の独禁法改正によって，純粋持株会社が認められるようになったため，カンパニー制の多くが持株会社制に移行している。　　　　　　　　　　　　[外川]

監理ポスト

上場廃止になる可能性の出てきた銘柄を，監視しながら暫定的に売買する取引所のポスト。上場廃止のおそれがあることを市場参加者に周知させ，注意喚起するために設けられている。売買に関しては，一般銘柄と同様にでき，規制はない。また上昇廃止の基準に抵触しないことが明らかになったり，企業側の努力で状況が改善されたことが確認されれば，通常のポストに戻される。また上場廃止が決定すると整理ポストに移されて，上場廃止までの期間売買される。
　　　　　　　　　　　　　　　　　[外川]

キオスク

kiosk

スタンド式の小型の売店。日本では鉄道駅構内に多いが，海外では駅前や道端，公園などにあって，新聞や菓子などの食品，おもちゃや日用雑貨などが売られている。情報分野でキオスク端末というのはコンビニエンスストアに設置されたATM端末やチケット販売機のような小型機器をさす。またモノやサービスの販売ではなくて，情報を提供するだけの端末もある。　　[及川]

規格外野菜

大きさや色や形が悪かったり，割れたりしていて出荷規格に適さない商品。出荷規格としては全国統一の基準はないが，農業協同組合が各地の地域性や卸売市場の実態に配慮して「重量」「色」「形」などの外的な要素について，青果物ごとに基準を設けている。大手スーパーや高品質型生鮮通販事業者では重さや耕法などについての独自の基準を設けているケースもある。市場流通がメインの時代には規格外野菜はほとんど流通しなかったが，市場外流通が増えたことや，産直や通販などでは味や品質と外観とは関係ない，との考え方などから，近年，流通量が増えている。また地場産品を消費者に直接販売する「道の駅」でも作り手の「顔が見える」規格外野菜が人気になっている。　　　　　　　　　　　　　　[外川]

旗艦店　☞　フラッグシップショップ

企業年金

企業が従業員の老後の生活保障のために国民年金や厚生年金などの公的年金に上乗せして設けている年金制度。厚生年金，適格年金とも企業や従業員から集めた掛金を，将来の年金給付に備えて金融市場で運用する。受け取る年金額を決めたうえで拠出額や運用利回りの目標を設定する確定給付型と，掛金を決めて運用実績により受給額が変わる確定拠出型とがある。企業は将来支払う年金と退職金を債務処理することが義務づけられている。確定拠出型年金の場合，企業は現時点で認識できる退職給付債務に応じて年金資産の積み立てや運用をしたり，退職給付引当金を計上したりする。バブル

崩壊後は運用利回りの低迷が続いており，企業は必要な利回りとの差額の穴埋めを迫られている。　　　　　　　　　　[外川]

企業物価指数

日本銀行が毎月発表する物価指数で，「国内企業物価指数」「輸出物価指数」「輸入物価指数」から構成される。企業間で取引される財に関する物価の変動を測定するもので，企業間で取引される財に関する価格の集約を通じて，財の需給動向を把握し，景気動向や金融政策を判断するための材料を提供することを目的とするほか，企業間で値段を定める参考指標にもなっている。調査開始が1887年と日本で最も古い統計。従来は「卸売物価指数」と呼ばれていたが，生産者段階での価格調査の割合が高くなったことから2000年基準に改定される際に現名称に変更された。⤳　消費者物価指数　　　　　　　　　　　　　　[外川]

季節変動

seasonal change
年間を通じた商品の売行きの好不調の周期。季節変動は気候的要因，あるいは社会行事（お盆・お正月等）等の慣習的要因によって生じるが，変動そのものはある一定の周期で毎年くる。したがって，季節変動を考慮し繁忙期・閑散期ごとの販売計画立案が必要になる。同時にあらかじめ予測しうる変動であるから，業績平準化のために，他の面での経営努力が可能になる。季節変動を計数的にとらえたものを季節指数といい，月別平均法，連環比率法などの方法がある。　　　　　　　　　　　　　　　　　[飯村]

偽装請負

人材派遣会社から労働者派遣を行う際，形式的に派遣元や派遣労働者個人が企業から「業務を請け負った」ように見せかける雇用形態。業務請負は，業務を丸ごと請負会社に任せるかたちだが，偽装請負では契約の形式は請負なのに，実質的には派遣先の企業が労働者を指揮することになるわけで，労働環境に対する責任を免れたまま，請負契約の相手に直接命令を下すので違法とされる。製造業で行われるケースが多いが，使用者責任の所在が不明確で労働者にとって不利であり，2003年頃から問題が指摘されている。　　　　　　　　　[外川]

既存不適格建築物

建築したときには建築基準法などの法律に適合していたのに，その後の法律や条例の改正，新しい都市計画の施行などによって，結果的に違法状態になってしまった建築物。違反建築物とは区別され，そのまま使う分には問題はないが，一定規模以上の建て替えや増改築をする場合は改正後の法律に合わせなければならないので，建物面積が小さくなったり，建築自体ができなくなることもある。　　　　　　　　　　[外川]

期待収益率

expected rate of return
金融商品などの資産について，将来の運用によって獲得することが期待できる収益率のこと。期待リターンまたは要求収益率ともいう。これが高いほど投資のリターンは高いと予測される。株式の場合，PER（株価収益率），BPS（1株あたり純資産），ROE（株主持分利益率）などから予想する。　　　　　　　　　　　　　　　　　[外川]

キッザニア

Kidzania
1999年にメキシコで開業した，子どもが職業体験できるテーマパーク。仕事体験を

しながら，社会学習のできる場として注目されている。日本では2006年秋に東京都江東区豊洲のショッピングセンター内に開業した。施設内には病院，理容店，消防署，テレビ局，パン工場など約50の職業体験ができるテーマパークがある。入場すると「キッゾ」という専用通貨を受け取り，施設内で買物もできる。子どもは遊びのなかから社会のルールやマナー，経済のしくみを学んでいくことができる施設である。

[鈴木]

キーテナント

anchor store tenant

店舗等の賃貸ビルのテナント（賃借者）のなかで，その施設の中核となるような機能をもつ重要なテナント。ショッピングセンターの場合には，百貨店や総合スーパー，専門店の旗艦店等，そのショッピングセンターの商圏や客層を決定する重大な影響力をもつ大型店で，当該ショッピングセンターのなかで最大の売場面積を有するもの。核店舗，アンカーテナント（anchor shop tenant）またはアンカーストアともいう。

[及川]

機能性食品

functional foods

健康に良いとされてきた食物から抽出した物質や，規制緩和で医薬品向けから食品向けに使用可能になった素材などのことで，健康や心理状態に好ましい影響を与えるはたらきが科学的に明らかにされた食品の総称。厚生労働省が踏み込んだ健康表示を許可した「特定保健用食品」（トクホ）や，定められた摂取目安量の範囲内などの条件を満たせば，栄養機能の表示ができる「保健機能食品」のほかに，健康食品やサプリメントも含まれる。抗加齢のほか，脂肪燃焼効果などの食品が実用化されている。生活習慣病への関心の高まりや医療費負担の増加から，機能性食品の市場規模はすでに数千億円超に達しているといわれているが，セルフメディケーション（自己治療）志向の増加からみて市場規模はさらに拡大すると見込まれる。 セルフメディケーション，特定保健用食品 [外川]

希望小売価格

メーカーや輸入代理店など，小売業以外のものが，自己が供給する商品について設定した参考的な小売価格。「定価」と混同されることが多いが，希望小売価格はあくまでも参考価格であり，小売業の販売価格を拘束することは，書籍など再販（再販売価格維持）が認められたものを除き，独禁法により禁じられている。最近では家電製品や情報機器等，新製品開発が活発で価格変動が激しい商品を中心として，希望小売価格を設定しないオープン価格のものが増えている。 オープン価格，再販 [外川]

客単価

小売店舗やサービス業における，顧客1人の1回当たりの平均購入金額。小売店などの売上高は「購入客数×客単価」によって決定する。 [及川]

逆特区

特定の地域に限定して規制改革を協力に推進する「構造改革特区」に対して，逆に規制を強めること。具体的には酒類の販売をめぐって，中小零細店が多い地域での参入を制限した「酒類小売業者の経営の改善等に関する緊急措置法」がある。これは2003年9月の酒販免許自由化に際しての中小業者保護のための緊急策で，指定地域では酒販免許の新規申請が認められず，他地域からの移転も禁止された。この逆特区は

2006年9月に廃止され，その後多くのコンビニエンスストアやドラッグストアなどが新たに酒類の販売を始めた。また2004年にはタクシー激戦地で知られる仙台市のタクシー業界が台数制限などを求める「需要調整特区」を提案したが，国土交通省は問題対策協議会を設置したものの，(逆)特区での対応は認められなかった。[外川]

キャッシュ&キャリー

cash and carry
現金払い，商品持ち帰り方式，またはその方式をとる業態のこと。卸売業の場合は商品取引機能だけで，物流機能や金融機能をもたない現金問屋がこれに相当する。小売業ではディスカウントストアの一種であり，ホールセールクラブは，会員制キャッシュ&キャリーであるといえる。　　[及川]

キャッシュフロー

cash flow
企業会計上，ある期間における現金の収支のこと。黒字が計上されていても現金が不足する場合もあれば，赤字状態でも十分な資金調達ができる場合があるというように，会計上の数値は実際の現金の収支を表すものではない。そこで経営実態を正確に把握するために，実際の現金の流れをとらえるキャッシュフローの考え方が重視されるようになっている。　　　　　　[外川]

キャップ&トレード

cap and trade
温室効果ガスの排出を抑制するために実施される排出権取引における取引形態のひとつ。排出規制対象となる企業などには，政府が定めた総排出量に基づいて，排出量の上限（キャップ）が設定される。この排出枠の一部を取引（トレード）することを，キャップ&トレードという。具体的にはあらかじめ定めた排出枠を下回り，余剰分が出る企業は，排出枠を超えそうな企業や排出枠を遵守したい企業などに対して，排出権を売却することができる。　　[協会]

キャップレート

capitalization rate
不動産を証券化するときに使用され，収益を現在価値に直すための期待利回りのこと。商業施設やオフィスなどの不動産投資にはリスクがあるため，他の資産と比較してレートは高めに設定される。通常，キャップレートはリスクフリーレート（10年ものの国債の利回り）とリスクプレミアム（都心立地や地方立地などの立地の別，また商業施設・オフィス・住宅・ホテルなどの用途の違いなどによるリスク）の合計で設定される。　　　　　　　　　　　　[藤山]

キャピタルゲイン

capital gain
資本利得，資産益。広義には土地，建物，絵画，ゴルフ会員権，貴金属，株式や債券などの有価証券など保有していた資産の値段が変動することによって得られる収益のこと。配当の利益をインカムゲインというのに対しては，キャピタルゲインは株式や債券など有価証券の値上がり益のことをさす。株を空売りして値下がりしたところで買い戻したときに得た利益などもキャピタルゲインとなる。価格が下がって損をする場合はキャピタルロス（capital loss）と呼ぶ。
　　　　　　　　　　　　　　　[外川]

キャラクタービジネス

ディズニーのキャラクターやスヌーピーのように，アニメ，映画，絵本，テレビゲームなどに登場するキャラクターの知名度や

人気を商品やサービスの販売促進や企業イメージアップのために利用するビジネス。キャラクターの版権を保有するライセンサーが中心となり，ライセンシー（版権使用者）と共同でキャラクターの育成と関連商品のブランド化を進め，ロングセラーをめざす動きが活発になっている。物語性を付加しながら大型ブランド化を進め，テーマパークビジネスにまで拡大しているものもある。　　　　　　　　　　　　　　　[外川]

キャリアマトリックス

独立行政法人労働政策研究・研修機構がインターネットで公開している日本の労働者全体の9割が従事しているとみられる500余りの職業を紹介する情報データベース。働く人約50万人，約600の職業団体などから情報を収集，5年をかけて開発された。仕事の内容や平均的な賃金，労働時間だけでなく，どんな人が向いているかなど，多面的な情報を発信する「日本人の仕事の百科事典」的な情報源。　　　　　　　[外川]

キャリアラダー

将来につながるまともな仕事をどのようにつくり出していくのかという，キャリアのはしごのこと。一歩一歩登っていくことによって，徐々にまともな仕事に就けるキャリアのはしごを創出していこうとするのが「キャリアラダー創出戦略」で，低賃金労働者が教育訓練の機会を通して熟練と経験を蓄積しながら，より高度で責任をともなった賃金の高い仕事へたどっていける道筋を制度化する試み。　　　　　　　[外川]

共益費

ディベロッパーが総括して管理する共用部分や共用施設の運営管理に要する費用をいう。ディベロッパーがテナントに賃貸する店舗の使用対価として徴収する金員（賃料）や，直接テナントが自店内で使用する費用（直接費）とは区分される。具体的には，環境・衛生管理費，保安警備・サービス費，施設保全管理費等が共益費に該当する。ディベロッパーは（店舗として）テナントが使用収益するために必要な共用部分や付帯設備を良好な状態に維持管理する義務を負い，これに要する費用が共益費であり賃貸借契約にともなう必要経費である。共益費は，受益者負担の原則，公平平等の原則，実費精算の原則に基づいて負担されることが望ましいとされている。共益費の負担方法は面積割による按分負担がベースになるが，もろもろの事情を加味しているケースも多い。　　　　　　　　　　　　　[飯村]

恐慌

crisis
単なる不況ではなくて，景気後退時に株価の暴落，物価の下落，資金の貸し借りのマヒ，企業の倒産や失業などが大規模に起こる深刻な経済状況。最も最近のものは1930年代の世界大恐慌（日本では「昭和恐慌」）だが，20世紀後半以降は金融政策を中心とする経済政策が功を奏し，恐慌現象は見られなくなっている。サブプライムローン問題に端を発した2008年秋以降の景気後退を金融恐慌と呼ぶこともある。
　　　　　　　　　　　　　　　　[外川]

競合

競り合うこと，競争。同じ事業分野や製品分野で競争する他社のこと。また同じ市場や顧客をめぐって他者と競い合うことを意味する。　SC競合　　　　　　　　[協会]

業績連動報酬

performance pay system
固定報酬や成果主義型報酬制度と異なり，定量化できる業績目標に対して，従業員個人もしくは従業員個人が属する組織（会社全体，部門，部署，チームなど）が人事考課対象期間内に実際にあげた業績について評価し，それに基づいて報酬を支払う制度。支給額の算定方法など透明度が高く，株価にも反映しやすい。とくに現金報酬は短期的なインセンティブ（動機づけ）を機能させやすいとされ，株式報酬は中長期的な企業価値向上に向けたインセンティブをはたらかせるのに向いているとされる。日本企業の役員報酬は欧米企業に比べて固定報酬の割合が高く，業績に連動する賞与や株式報酬の割合が低かったが，近年増加傾向にある。従業員の給与制度で成果主義の普及が進んだことと整合性をはかることも，役員の業績連動報酬の拡大要因となっている。
[外川]

競争入札

売買・請負契約などにおいて複数の売手が買手に対してそれぞれが希望する販売価格を提示し，最も安い販売価格を提示した売手がその価格で商品を買手に販売する。買手が売手を選別するためのオークション。政府調達などで行われている。一般競争入札と指名競争入札があり，指名競争入札には発注者が指名した業者だけが参加できる。競争関係にあるべき業者が談合して事前に落札者を決める不正がしばしば発覚する。また発注者が求める条件，仕様に合致する商品を提供できることが最低条件であるため，競争入札のかたちをとりながらも，仕様決定の段階で事実上受注者が決まってしまうようなケースも少なくない。一方では受注実績を得るため採算を度外視して低価格で落札する業者も出現することがある。

⊸ 随意契約　　　　　　　　[外川]

業態

type of operation; store format
扱っている商品の種類や業種ではなくて，営業形態（どのような売り方をするのか）の違いを基準とした分類。小売業の場合には，百貨店，総合スーパー，スーパーマーケット，コンビニエンスストア，SPA，ディスカウントストア，ホームセンター，通信販売，インターネットショッピングなど。またフードサービスの場合なら，ファミリーレストラン，ファストフード，カフェなどという具合。⊸ SC業態　　[協会]

供託

民法，商法，民事訴訟法，民事執行法等の法令規定に基づいて，金銭や有価証券，不動産等の財産を供託所に寄託し，それが相手に受け取られることによって，一定の法律上の目的を達成するために設けられている制度。共済供託，担保保証供託，執行供託，保管供託，没収供託がある。　[外川]

協同組合

協同組合法のもとで，組合員の利益を追求する事業目的をもって運営される組織で，都道府県知事が認可する。組合員は出資の多寡にかかわらず，1企業1票の議決権を有する。協同組合として開発されるショッピングセンターに協同組合員以外のテナントを誘致する場合の使用面積は，組合員の使用面積の20%未満，テナント数も組合員の20%未満等々の制約がある。⊸ 協同組合型ディベロッパー　　　[協会]

協同組合型ディベロッパー

協同組合がショッピングセンターのディベ

ロッパーとなった場合をいう。とくに地元主導型ショッピングセンターの多くは協同組合がディベロッパーとなっているケースが多い。㈳日本ショッピングセンター協会の業態別分類では共同店舗管理業としてカウントされる。協同組合型ショッピングセンターの特徴は、個々の組合員企業の事業機会を確保することを目的として開発されることである。　　　　　　　　　　[協会]

共同懸賞

ショッピングセンターや商店街の事業者が、共同して景品類を提供することをいい、中元や年末等の時期に、年3回、70日間を限度として行うことができる。景品類の提供においては、取引に付随した抽選などの偶然性や特定の行為の優劣や正誤によって提供する景品類を決め、その最高額は取引価額とは無関係に30万円、景品類の総額の最高限度額は懸賞によって販売しようとする商品売上予定総額の3%とされている。
[外川]

共同宅配

joint delivery

複数の業者が同一の宅配システムを利用して宅配すること。デパート等が歳暮商品や中元商品を配達する際に従来はそれぞれ独自の宅配システムを使っていたが、次第に共同化の気運が高まり、共同宅配を実施する企業が増加してきた。その背景には交通渋滞や配達コストの高騰があり、その無駄を省き合理化してコスト低減をはかろうとするのが、共同宅配の目的である。[飯村]

共同販促

事業者が共同する販売促進活動（セールスプロモーション）で、通常はメーカーと小売業が共同で行うものをさす。また複数のメーカーと小売業で行う販促活動をさす場合もある。多くの場合は、メーカーが販促費用の全額または一部を負担する。広告の制作や実施はメーカーが担当するが、販売促進活動そのものは小売店において、その小売業の名前で行われる。メーカーにとっては、販促の実施場所を絞り込むことで、コストを節約するとともに、単独で実施するよりも大きな成果をあげることが期待される。ショッピングセンターにおいては、ショッピングセンター全体としての販売促進活動をいい、テナント会とディベロッパーが連動して実施するのが一般的である。現在ではテナント会の一任を受けて、ディベロッパーがイニシアチブをとり、ショッピングセンター全体の視点から実施する例が多く、その場合のテナント会販売促進委員会は承認の場ではなく、確認の場として位置づけられる。　SC共同販促
[外川]

共同販促費

集客増大やショッピングセンターのアイデンティティ確立のために実施する全体の告知、催事、装飾等の販売促進のための費用で、ディベロッパー、キーテナント、その他の一般テナントがそれぞれ拠出する。一般的には、テナント会が自主運営をはかるケースが多いが、近年では販促活動をテナント会任せにせず、ディベロッパー主導で実施するショッピングセンターが増えている。この場合には販促費用はディベロッパーに直接払い込まれ、ディベロッパー拠出分の費用と合わせて、ショッピングセンター全体の見地から客数増大やイメージアップのための販売促進が行われる。　[飯村]

京都議定書

1997年12月京都で開催されたことから京都議定書といわれる。正式名称は「気候変

動に関する国際連合枠組み条約の京都議定書」という。主たる内容は、温室効果ガスの削減を1990年を基準年にして2008～2012年で何％実行するかを義務づけた。ちなみにわが国の削減率は6％である。

[協会]

業務改善命令

金融庁が金融機関の経営の健全性を確保するために銀行や保険会社などの金融機関に対して行う行政処分。銀行法，金融商品取引法，保険業法などに根拠があり，法令違反やシステム障害の発生，財務内容の悪化などの際に当事者の主張を聞いたうえで，発動される。改善命令を受けた金融機関は業務改善計画を提出，その計画に基づいて経営体制の改善をはかる。なお監査法人に対する場合は「業務改善指示」といわれる。

[外川]

共有持分形式

建物や床の所有形態のひとつで，一棟の建物において独立した区画を設けず，所有者全員が持分比率によって所有する形式。再開発ビルなどで1人の権利だけでは適正な売場ができないときなど，複数の人が共有して床を所有する場合がある。またビル内立地の公平性を考慮して共有にすることもある。

[鈴木]

共用施設

facilities for common
商業施設の店舗部分等専用部分以外の駐車場・駐輪場，集会室，倉庫，従業員休憩室，廊下，階段室，電気・機械室，トイレ，ロビーなどの部分をいう。

[飯村]

共用部分

「専用部分に含まれない建物部分」で，ショッピングセンターの中では通常，通路，休憩所，エスカレーター，エレベーター，階段，トイレなど来店した客が利用し，各店舗が専有することができない部分のこと。ディベロッパーや運営管理会社はテナントから共益費を徴収し共用部分を管理している。

[鈴木]

キラーテナント

非常に人気が高く，ショッピングセンターや大型店などの中に出店することで，その商業施設全体を活気づけられる強力なテナントのこと。大型商業施設をつくる際に誘致する集客力の強い店やブランドのこと。

[及川]

キーワード広告

キーワード検索機能をもったWebサイトで，ユーザーが入力した検索語に応じて関連する内容の広告を検索結果表示画面に表示するインターネット広告サービスのこと。グーグルのアドワーズや，オーバーチュアの広告が代表例。キーワードを入力して検索する人なら，関連する情報にも関心が高いはずであり，広告がクリックされる確率（コンバージョンレート）も高くなるという理由で，注目される。広告料金はペイ・パー・クリック型が中心で，キーワードごとにオークションで購入することになるため，料金体系は多様である。

[外川]

均一価格店

「百円ショップ」や「ダラーストア」のように，商品の価格を統一して販売する低価格小売業。店舗側にとっては，商品の価格を細かく管理する必要がないことや，単価が

低いため顧客の衝動買いを誘いやすいというメリットがある一方で、商品価格が均一であるために、利益率が低くなりがちで、品揃えのバラエティが制約されるというデメリットもある。　　　　　　　　　[外川]

金庫株

企業が自社株を市場から買付け、償却などをしないまま保有する株式。2001（平成13）年の商法改正にともない、ストックオプション向けなどだけでなく、目的を定めずに株式を取得・保有できる金庫株制度が解禁になった。2003年からは取締役会決議で自社株の買付時期や取得金額を決めることができるようになり、金庫株が活用しやすくなった。市場に放出された自社の株式を購入することにより乗っ取りから会社を防衛しようとするためのものだが、一方、自社の株価が下がらないように下支えしたり、将来の株式配当を減らす効果もある。余剰資金のある企業は自社株取得により資産運用を行う。　　　　　　　　　[外川]

金銭消費貸借契約

金銭の貸し借り契約、いわゆるローンのこと。ショッピングセンターでは、従来、保証金を預かる慣例があるが、これはディベロッパーがテナントから借金をすることとみなされ、出店契約とは別に金銭消費貸借契約を交わすことが必要となる。日本ショッピングセンター協会では保証金ガイドラインを定め、今後はできるだけ保証金から敷金に移行することを勧めている。これからのディベロッパーは、自己資金力の強化に加えて、保険会社や年金基金等からの資金調達、特定目的会社（SPC）や不動産投資信託（J-REIT）活用による資金の流動化等、多様な資金調達手法を開発・活用する必要がある。　　　　　　　　　[協会]

金融コングロマリット

financial conglomerate

銀行、証券、保険、ノンバンクなど多様な業態の金融機関を事業担当子会社とし、持株会社が束ねる複合企業体。米国のシティグループやスイスのクレディ・スイス・グループが代表例。欧米では資金調達ニーズの多様化とデリバティブなど複雑な金融商品が増え、従来の枠組みでは対応しきれなくなったことを背景に1990年代からコングロマリット化が進んだ。市場のグローバル化や規制緩和が進展し、競争力強化のための情報システム投資が膨らんだことも巨大化に拍車をかけた。日本では1993年に銀行・証券会社間で子会社を使っての相互参入が認められ、1998年には金融持株会社の設立が解禁され、2000年度以降、不良債権問題が山場を越えた頃から金融コングロマリットの形成が進んだ。金融庁は2004年の「金融改革プログラム」ではコングロマリット化に対応した法整備などを検討課題に掲げ、2005年には「金融コングロマリット監督指針」を策定し、金融コングロマリットの監督・規制について検討を進めている。しかし金融コングロマリットが現代の大手金融機関にとって最適の組織形態であるとはいえず、実際に2008年夏以降のサブプライム問題に端を発した金融恐慌下では、米国のみならず世界の金融コングロマリットの多くが打撃をこうむった。
　　　　　　　　　　　　　　　　[外川]

金融サービス法

正式名称「金融商品の販売等に関する法律」。2001（平成13）年4月施行。金融取引における投資家・利用者の保護を目的とし、銀行や証券会社などの金融商品販売業者が金融商品の販売等に際し顧客に対して説明すべき事項を定め、説明をしなかったことにより顧客に損害が生じた場合の損害賠償責

任や，金融商品の販売にかかわる勧誘の適正の確保のための措置について定めている。
[外川]

金融商品取引法

金融・資本市場をとりまく環境の変化に対応し，利用者保護ルールの徹底と利用者利便性の向上，「貯蓄から投資」に向けての市場機能の確保および金融・資本市場の国際化への対応をはかることを目的とし，①投資性の強い金融商品に対する横断的な投資者保護法制（いわゆる投資サービス法制）の構築，②開示制度の拡充，③取引所の自主規制機能の強化，④不公正取引等への厳正な対応，の4つを柱として，金融資本市場の取引ルールを定めた基本法。証券取引法，投資信託法，金融先物取引法など金融関連法を一本化して，法の網をかいくぐる業者の取締りや販売・勧誘ルールの強化策を盛り込んだ。元本割れリスクのある商品全般が対象。2006（平成18）年6月成立。同年7月にインサイダー取引などの罰則を引き上げ，2007年1月にTOB（株式公開買付け）規制を改め，9月に第3弾の改正として販売・勧誘ルールを実施し全面施行となった。実態の見えにくかった投資ファンドを規制対象に含め，公正で透明な市場づくりがめざされている。
[外川]

金融持株会社

銀行や証券会社が設立する持株会社のことで，1998年に解禁された。給与格差や人事制度などを維持しながら，合併と同等の効果が期待できる。一方，証券や市場，個人向け取引などの各部門を分離して，部門ごとに収益計画や採算に応じた給与体系を導入することも可能となる。業態の垣根を超えた金融再編を促すだけでなく，部門ごとの採算管理も強化でき，経営の大幅な効率化につながるため，米国の金融機関は大半が持株会社形態をとっている。2003年発足の，みずほフィナンシャルグループ（みずほ銀行・みずほコーポレート銀行・みずほ信託銀行），2005年発足の三菱UFJフィナンシャル・グループ（三菱東京UFJ銀行・三菱UFJ信託銀行・三菱UFJ証券）が金融持株会社の典型例。
[外川]

銀聯カード

ginren card

中国の各銀行が共同で発行しているキャッシュカード。従来は各銀行が独自のカードを発行しており，それぞれ互換性のないカードのため，加盟店はカード処理のため複数の端末を用意する必要があったが，中国の中央銀行にあたる中国人民銀行の主導のもとで銀聯カードが2002年に導入され，中国統一のペイメントネットワークが構築された。各カードには銀聯（ぎんれん）のロゴマークが入っていることから，銀聯カードと呼ばれている。買物決済に利用すると，中国国内の銀行口座から利用額がすぐに引き落とされる，デビットカード同様の機能をもつ。中国では約13億枚の銀聯カードが発行されており，現金に次ぐ決済手段となっている。これは，中国において最大の紙幣は100元（1500円程度）と小額のため，高額の買物をする場合不便になることから，銀聯カードがよく利用される。日本では，最初に三井住友銀行が加盟店開拓や決済業務などのサービスを行い，現在では三菱東京UFJ銀行やゆうちょ銀行，さらにはセブン銀行のATMで銀聯カードの処理が可能となった。中国観光客が銀聯カードを利用して，日本の百貨店や家電専門店などで高額な買物をすることで話題になり，中国の富裕層を意識して，日本においても銀聯カードの取扱店が急速に増加している。
[及川]

クイックレスポンス

quick response

顧客のニーズや欲求に迅速かつ的確に応えること。1980年代以降、米国のアパレル業界で推進されてきた戦略で、メーカーと流通業が連携して、生産から販売までのサイクルを短縮化し、物流の効率化をはかるとともに在庫回転率を高める。顧客起点のマーケティングの実現と、流通コストの削減がその成果であり、現在ではアパレル分野にかぎらず、加工食品や家電製品、雑貨、事務用品その他、生活財全般に及んでいる。 [外川]

空間規制

都市のなかでの空間のあり方について基準を設け、良好なまちづくりを行うための法的な規制。施設を建築する際に、施設規模や施設形態に規制をかけ空間のあり方を規定する。都市計画法および建築基準法によって、用途地域別の建ぺい率や容積率、壁面後退距離の制限、道路との関係、北側斜線等によって建物の密度や形態規制が行われる。また、SCにおいては、全体環境を損なわないようにテナントの内装造作に対して課す一定の空間利用制限をいう。具体的には共用部分や隣接店舗から一定の範囲において店舗造作を禁止するものなどがある。 [鈴木]

クォーター法

アメリカで一般的に採用されている市場調査のための有意抽出法。個人調査を例にとれば、性・年齢・職業・地域別に、母集団に比例するように標本数を割り当てておき、調査員が条件にあった対象者を選ぶ。標本の属性分析が母集団のそれと一致することは確かだが、質問項目に対する回答まで母集団を代表しているかは保証のかぎりではない。この方法は地域内の個別情報をとりやすいところから、営業地域のエリア調査や新規出店の商圏調査に利用されていることが多い。 [飯村]

グーグル

Google

1988年設立のソフトウェア会社で、インターネット検索エンジンとWeb情報提供サービスの最大手。Webサイト上の広告を主たる収入源としており、高成長・高収益で知られる。80億以上のWebページを検索することができ、グーグルマップをはじめとする高解像度衛星写真の提供など、革新的なサービスを次々と開発している。Web2.0の旗手。⇒ Web2.0 [外川]

苦情処理

企業に対する消費者の苦情申立てを適切に処理することで、紛争が生じた場合には話し合いで解決することをいう。この苦情処理は、消費者の交渉能力の不足等が問題となるために消費者運動の主要な課題のひとつとなってきたが、1968(昭和43)年に消費者保護基本法が制定されたほか各自治体でも消費者保護条例が制定されつつあり、それに基づいた苦情処理的機関によって整備されてきている。また、民間企業においても苦情処理に積極的に取り組むところが増加してきている。 [飯村]

躯体

建物の主要部分のことであり、柱、耐力壁、スラブ、梁等の骨組みのこと。 [鈴木]

区分所有形式

建物の所有形態のひとつで，一棟の建物において構造上区分された複数の独立した区画をそれぞれ独自に所有する形式。再開発ビル等で一棟の建物の，それぞれの部分を独立した店舗として所有し，使用されることを区分所有といい，この権利を有する者を区分所有者という。　　　　　[鈴木]

クライアント

client
一般的な意味では顧客，得意先のこと。コンピュータネットワークの分野では，サーバーが提供する機能やデータを利用するコンピュータのことをさす。またサーバーソフトウェアが提供する機能やデータ利用するソフトウェアのことも意味し，Webブラウザなどがこれに該当する。　　　[外川]

クラインガルテン

Kleingarten
ドイツ語で「小さな庭」の意。市民農園。1814年ドイツ北部の都市カペルンで始まり，19世紀後半以降各地に広まった農地の賃借制度で，運動創始者であるシュレーバー博士にちなみ「シュレーバー・ガルテン」と呼ぶこともある。数十坪から100坪程度の農地を長期（30年程度）賃借し，野菜や果樹，草花が育てられる。ある程度の数のガルテンが集まり，大きな緑地帯を形成しており，都市住民の憩いの場としてだけでなく，都市部での緑地保全や子どもたちの自然教育の場としての役割も大きい。日本でも茨城，長野，宮城などの地域で活動が行われている。　　　　　　　　[外川]

グラウンドワーク

ground work
「新たな地域発展のための基盤づくり」「地域からの実践行動」の意味で，地域を構成する住民，行政，企業の3者がパートナーシップを組み，生活の最も基本的な要素である自然環境や地域社会を整備・改善していく活動。1980年代にイギリスの農村から始まった。専門性を有した民間の公益法人であり，行政，企業，住民から独立したグラウンドワークトラストが運営を行う。同種の活動にはほかにナショナルトラスト（国家遺産を対象とする）やシビックトラスト（地域遺産を対象とする）があるが，これらは歴史的遺産や美しい環境が活動の主対象であるのに対して，グラウンドワークは悪化した生活環境の復旧や改善，再生という，より日常的な活動が中心である。
　　　　　　　　　　　　　　　[外川]

クラシファイド広告

classified advertising
物品の売買，不動産の賃貸，求人などの案内広告で，数行程度の簡単な内容を分類して表示するスタイルのもの。三行広告とも呼ばれ，従来は新聞広告で最もポピュラーなものであった。リアルメディアのクラシファイド広告は，個人・企業が有料で掲載するものだったが，ネット上に無料広告サイトが登場してからは一気にネットが主流になった。クラシファイド広告は他のネット広告と比して低コストであり，単発モノや個人の広告，ニッチな内容のものでも掲載が容易などのメリットがある。ネット上では求人や不動産広告のようなビジネスベースのもの以外に，ガレージセールや探し物，尋ね人，サークルメンバー募集などさまざまな内容が，ジャンルごとに区分されて掲示されており，膨大な情報のなかから効率的に必要な情報が探し出せるようにな

っている。　　　　　　　　　　［外川］

グランドデザイン

grand design
基本設計，総括的な構想。施設やまちづくりに際しての，長期的で包括的な政策や計画のこと，またはそれを明らかにすること。
［飯村］

クリアランスセール

clearance sale
在庫一掃セール。期末や商品の入替え時期，売場改装の時期などに，通常価格よりも大幅に値引きして販売すること。通常の売場とは別の売場や店外の会場やホテル，その他特別の場所，チャネルで売られることもある。　　　　　　　　　　　　　［外川］

クリエイティブコモンズ

creative commons
音楽や映像の著作者は権利を放棄せずに，「著作者を表示すれば利用可」「表示不要，商業利用は不可」など，自由に流通ルールを定めて公開できる著作権運用ルール。米スタンフォード大のローレンス・レッシグが提唱した。ルールの制定と普及をめざして非営利団体が約40カ国で活動している。普及団体のホームページ上で条件を選ぶと，作品を収めた電子ファイルに「CC」マークと，各条件設定を表す「★」マークをネット経由で付けられるしくみ。⁀ 著作権,フェアユース　　　　　　　　　［外川］

クリック＆モルタル

click and mortar
煉瓦と漆喰の建物を意味から転じて「大企業」や「店舗」を象徴する「ブリック＆モルタル」をもじった造語で，従来型の企業や店舗が，現実の店舗（モルタル）とインターネットによるサービス（クリック）を組み合わせて事業展開することをいう。
［外川］

クリニックモール

clinic mall
診療科目が異なる複数のクリニック（診療所，医院）を同じ敷地内に配した新しいタイプの医療施設。医療モール。独立している場合と商業施設の一角に位置する場合とがある。開業医にとっては場所探しの手間がかからず，コスト負担やリスクを軽減できる。患者側にとっては，1カ所で総合的な医療サービスを受けられるというワンストップの利便性がある。薬局の共通化，受付や待合室等の非診療スペースの共用化や診察カードシステムの共通化による合理化効果も見込まれる。　　　　　　　［外川］

グリーンアーキテクチャー

green architecture
草木や花など植物を多用した環境に優しい緑豊かな建築物。サステイナブル・デザイン（sustainable design，持続可能なデザイン）の考え方に基づいた建築デザインの概念で，地球の温暖化などの環境悪化が進むなかで，環境負荷の少ないサステイナブルな植物を利用した緑の建築に関心が高まっており，具体的には施設の緑化や屋上緑化等が進められている。　　　　　　［及川］

クリーン開発メカニズム

clean development mechanism
京都議定書第12条によって創設された制度で，途上国の温暖化ガス排出削減事業への投資や技術協力した分をクレジットとして得て，自国の排出削減量に算入する手法。先進国に排出削減を義務づけた京都議定書

で設けられた排出権取引の代表例。投資側と事業実施側の両国政府や国連の承認が必要で,権利は国や企業の間で売買できる。得られた削減相当量を「認証排出削減量(CERs)」という。クリーン開発メカニズムを実施する発展途上国は,京都議定書の締結国で,DNA (Designated National Authority,指定国家機関)が設置されていなければならない。途上国側が独自に事業を進め,排出権が発行されてから先進国側に売る「ユニラテラルCDM」も増えている。
[外川]

クーリングオフ

cooling off
一定期間内であれば,訪問販売,電話勧誘販売,クレジット契約,割賦販売,保険契約などの売買契約を無条件で解約できること。冷却期間。強引なセールスや,資格商法,マルチ商法などの悪徳商法から消費者を守るためにつくられた制度であり,店舗販売や通信販売など,消費者が自ら訪れて購入する場合には,ほとんど適用されないが,通信販売業者や小売店が自主的にクーリングオフの制度を設けている場合がある。
[外川]

グリーン購入

循環型社会を実現するために製品やサービスを購入する際,環境への負荷が少ないものを選んで購入すること。2001 (平成13)年4月にグリーン購入法が施行され,国などの機関にグリーン購入を義務づけるもので地方自治体や各企業および国民にもグリーン購入を推奨している。グリーン購入は購入者側だけではなく供給側の企業等にも環境負荷の少ない製品・サービス開発を進めることにもつながることが期待されている。
[協会]

グリーン購入法

「国等による環境物品等の調達の推進等に関する法律」。循環型社会構築のためには,リサイクルへの取組みに加えて需要面からの取組みが必要である,との観点から,2000 (平成12)年5月に,循環型社会形成推進基本法の個別法のひとつとして制定された。国や自治体が率先して,環境負荷低減に資する製品やサービスの調達に取り組むとともに,それらについての適切な情報提供を促進することで,需要の転換をはかり,持続的発展が可能な社会の構築をめざす。
[協会]

グリーンコンシューマリズム

green consumerism
環境への負荷を商品選択の基準にする消費者運動の意味で,環境に負荷の少ない製品の率先購入等,消費者が環境問題に配慮して商品選択を行うこと,また,そのための情報提供活動のことをさすほか,環境問題に対する消費者運動全般についてもいう。[外川]

グリーンシート銘柄

日本証券業協会が非上場企業への資金調達を円滑化するとともに投資家の換金の場を確保するために,非上場会社等の株式売買の目的で1997年7月からスタートさせたグリーンシート制度で流通している株式銘柄のこと。金融商品取引法上の取引所金融商品市場とは異なったステータスで運営される。米国では同様の市場を「ピンクシート」と称する。非上場企業,主にベンチャー企業の資金調達や上場廃止株式の取引などに運営され,登録企業には上場基準に準じた業績・財務情報の開示が求められる。
[外川]

グリーンチェーン認定

住まいづくり，街づくりの取組み方のひとつで，緑（グリーン）の連鎖（チェーン）で街の価値を向上させことを目的に，緑の価値を指標化し，各開発事業を評価し緑化を推進，奨励しようという制度であり，千葉県流山市がつくばエクスプレス沿線を中心に進めている認定制度。7つの指標を基に開発時における緑化や環境に配慮した整備基準に合致した事業を認定する。2008年末現在で流山おおたかの森SCなど個人住宅を含めて約50の事業が認定を受けている。
[協会]

クールジャパン

日本に特有の文化や社会現象について「クール＝かっこいい」という評価。狭義では漫画，アニメ，ゲームなどのコンテンツが海外から高く評価されている現象をさすが，広義には日本ではありふれた料理，アート，建築デザインなども含まれる。メイド喫茶やコスプレといったオタクもクールジャパンとされる。経済産業省では漫画，アニメ，ゲームなどのクールジャパンのコンテンツ産業を新たな基幹産業として育成する「コンテンツグローバル戦略」を打ち出した。
[外川]

クールビズ

「クール（cool）」（格好良い・涼しい，の2つの意味）と「ビズ（biz）」（ビジネスの略）を合成した和製英語で，環境省が地球温暖化防止，省エネルギーのために提唱した「ノーネクタイ・上着なし」という夏のファッションのこと。職場のエアコン温度設定を28℃にし，夏の軽装を推進する目的で，京都議定書発効をうけ，環境省が2005年に名称を公募し，決定，推進された。
↝ ウォームビズ　　　　　　　　　[外川]

グループインタビュー

group interview
集団面接法。一度に6～7人くらいの対象者を集めて，知りたいテーマについて座談会形式で発言させる方法。定性的な調査のひとつである。これに期待される情報は，出席者の自然な表現が得られる，出席者間のディスカッションに触発されてふだんなら出てこないような発想が飛び出すことにあり，販売アイディア・販促アイディアや品揃えや売場環境・サービスに関する問題点把握に，この手法を使うことができる。司会者の技量が成功の決め手となるなど，きわめて専門性の高い調査である。[飯村]

グルメスーパーマーケット

gourmet supermarket
ワイン，チーズ，有機野菜，チョコレート，その他の高級食材や，デリカテッセン（惣菜類）などを中心に品揃えした高付加価値型のスーパーマーケット。都市型高級スーパー。米国のバヤリースやゼイバーズなどが代表例。
[外川]

クレジットカード

credit card
クレジット（credit）は「信用」「信用する」という意味で，利用者の信用力に基づいた信用を供与すること。これに基づきカード会社と利用者との間に契約が結ばれ，一定期間，一定金額の買物や食事が後払いで利用できたり，キャッシングやローン，保険その他のサービスを受けることができる。商品やサービス購入に際してクレジットカードを提示すると，いったんカード会社が加盟店への支払いを肩代わりし，後にカード会員に請求するしくみである。カード会員になると，利用実績に応じたポイント還元や旅行保険，各種チケットの優待販売な

ど，決済以外にも特典を受けられる。現在では公共料金や生命保険の支払い，インターネットショッピングの支払い手段として幅広く利用されている。　　　　　　[及川]

クレジット手数料

通常は，クレジットカードで買物した場合に，消費者ではなくて加盟店が代金に応じて一定の金額（比率）を手数料としてクレジットカード会社に支払うこと。POSシステムを導入しているショッピングセンターにおいては，各加盟店のCAT（信用照会端末）から入力された情報は，ディベロッパーが集約し，クレジットカード会社別に束ねて，送信するシステムが導入されているが，その際にディベロッパーに支払う手数料をいう。　　　　　　　　[飯村]

クレジットデリバティブ

credit derivatives

社債や貸付債権の信用リスクを定量化し，スワップやオプションのかたちにした金融商品のこと。投資家同士で個別に条件を決めて行う。社債などを保有する投資家が債務不履行（デフォルト）により社債の元本が支払われなくなるリスクを回避するために，信用リスクが小さいと判断した金融機関などに保険を支払うが，保険金額はその時々で個別に決められる。　　　　[外川]

グレーゾーン金利

利息制限法による上限金利（元本10万円以上100万円未満の場合は年18％，100万円以上の場合は年15％）と，出資法による上限金利（元本の額にかかわらず利息は年29.2％）の間の金利。法的には違法だが，みなし弁済の例外規定を根拠にして消費者金融やクレジットカード会社の多くがこの金利帯で貸付をしていた。顧客が多重債務に陥る大きな要因となっていたため，2006（平成18）年，出資法の上限金利を利息制限法の規定内に引き下げる改正貸金業規制法が成立した。それによってグレーゾーン金利の撤廃がはかられるとともに，過払い金に金利を付けて返還する流れが加速されている。また長年，この収入に頼ってきた消費者金融やクレジット会社の業績は急速に悪化した。🔗 貸金業規制法　　[外川]

クレド

credo

企業の信条や行動指針を簡潔に記したもので，「信条」を意味するラテン語。経営陣も含む従業員が守るべき指針を簡潔かつ具体的に記したもので，抽象的な経営理念ではなく具体的な行動指針。また単なるマニュアルではないので，各人は指針に基づきつつも業務や状況に応じて具体的行動を考えなければならず，そのことが自主性やモチベーションを促す。またクレドに掲げられる具体的な項目は時代や社会状況によってフレキシブルに改善される。ジョンソン＆ジョンソンや，リッツ・カールトンホテルのクレドが有名。　　　　　　[外川]

クレーム

claim

要求すること，または要求や請求の正当性を主張することで，契約違反の際の損害賠償請求の意味でも使われる。強迫的で不当な要求，ごり押し的な請求の意味で使われることもあるが，本来は自身が被った損害を説明し，損害についての責任がある相手に対して補償を要求することである。特殊なクレームのように見えても，そのなかには一般には表面化していないトラブルの芽が含まれていることがあり，企業経営にとって重要な情報源になりうるものだという認識が強くなっている。　　　　[外川]

グローサリーストア

grocery store

食品店。ドライ・グローサリー（精肉・青果・鮮魚という生鮮3品以外の食品），菓子，日用雑貨などを中心とした品揃えに，多少の生鮮品を加えた食品小売業のこと。広義には食品小売業全般をさす。　　　［協会］

クロスドッキング

cross docking

物流センターにおいて，複数の仕入先からの入庫貨物を在庫させることなく，複数の配送先に交差・振り分け出荷する手法。多くの仕入先がそれぞれの出荷先に個別配送していれば，荷受けの手間やトラックの台数も多くなり，必要なときに入荷することも難しくなるが，これらの課題を解決する手法として考え出された。円滑に遂行するためには，メーカーへの発注やその入庫予定，出荷先からの配送オーダーが正確に把握・マッチングできるシステムや，貨物の仕分け管理など高度な業務遂行機能が必要になる。　　　　　　　　　　　　　［外川］

クロスマーチャンダイジング

cross merchandising

一般に店内では，商品が品種別にグルーピング（カテゴライズ）されて陳列配置されているため，その関連商品群は別のグループとなり，目に触れにくい。そのような問題点から，消費者の生活シーンから発想して，「食事をつくる」「食事をする」「家族団欒」「飾る」「学習する」「鍛える」「楽しむ」「くつろぐ」など生活シーンで商品をくくり，購買を刺激するマーチャンダイジング手法が考え出された。　　　　　　　　　［飯村］

ケ

景観計画

景観法に基づき，自治体が景観保全を目的に策定・施行する独自規制。景観計画を策定・施行するには景観行政団体になることが必要で，都道府県，政令指定都市，中核市は自動的に景観行政団体になるが，それ以外の自治体は都道府県の同意が必要とされる。すでに全国で約300の景観行政団体が誕生している。東京都は都全体の計画の策定・施行を優先したため，特別区や市などの独自規制制定には遅れをとっている。

　　景観法・景観条例　　　　　　　　［外川］

景観法・景観条例

良好な景観の形成促進を基本理念として，2005（平成17）年6月に施行された法律。地方自治体のなかで，政令指定都市，中核市，都道府県，都道府県知事との協議同意を得られたその他市町村が景観行政団体となり，景観行政の担い手として中心的な役割を担う。景観行政団体が推進する景観条例や，地域住民が締結する景観協定が具体的な規制となり，景観法はその実現を支援する役割をもつ。都市計画に基づきより積極的に良好な景観の形成をはかる地区として指定する景観地区と，都市計画地域外でも指定可能で，届出勧告による緩やかな規制誘導を行う景観計画区域により良好な景観形成をはかる。景観地区では，建築物や工作物のデザイン，色彩を規制する景観認定制度が導入され，高さ，敷地面積等については計画地区確認で規制する。さらに，土地の形質の変更等は条例を定めて規制を行うことができ，総合規制が可能となる。景観計画区域は，景観行政団体が景観計画

を策定し，区域を設定する。建築物や工作物のデザイン，色について，条例に位置づけることで変更命令が可能となる。

[鈴木]

景気ウォッチャー調査

景気動向を早期に把握するために内閣府が行っている調査。2000年開始。月末に実施した調査が約2週間後に公表される。百貨店の販売員やタクシー運転手，スナック店主やハローワークの職員など，消費の最前線の情報に接している全国約2千人の景気ウォッチャーからの情報が集められ，景気判断の重要な資料となる。　　　　[外川]

景気変動指数

鉱工業生産指数，新規求人数，東証株価指数，家計消費支出など，重要，かつ景気に敏感な30の指標の動きを統合化して，景気動向を把握し，将来を予測するための指標。内閣府が毎月発表しているもので，50％が景気転換点の目安とされ，それを上回れば景気上昇過程，下回れば景気下降過程にあると判断される。　　　　　　　[外川]

携帯クレジット

mobilephone credit payment system
2005年に開始されたクレジットカードと同様のシステムで，非接触ICチップ搭載の決済機能付き携帯電話（おサイフケータイ）を読取端末にかざし買物代金を支払う。代金請求は通常のカードとまとめられる。また「エディ(Edy)」や乗車券・定期券としても使える「モバイルSuica」のように，専用端末で事前に入金し，電子マネーとして利用できるしくみもある。少額決済が迅速にできるためコンビニエンスストアやドラッグストアなど商品単価が低く，レジに行列ができやすい店での買物に適している

とされる。数千円以下の少額決済市場規模は60兆円ともいわれ，カード会社や携帯電話会社が積極的に参入しているが，利用単価が低く収益性が低いという問題がある。

[外川]

警備業法

警備業者や警備員の資格，教育，業務などについての条件等を定めた法律。2005年11月に改正警備業法が施行された。警備業とは，①事務所や住宅，興行場，遊園地などにおける盗難等の事故の発生を警戒し，防止する業務，②人や車両の混雑する場所またはこれらの通行に危険のある場所における負傷等の事故の発生を警戒し，防止する業務，③運搬中の現金，貴金属，美術品等にかかわる盗難等の事故の発生を警戒し，防止する業務，④人の身体に対する危害の発生を，その身辺において警戒し，防止する業務をさす。警備会社は，警備員について入社時に徹底した身辺調査を行い，入社後も厳しい社員教育を行う義務がある。また警備業への労働者派遣は，労働者派遣法で禁止されている。　　　　　　　　[外川]

景表法

「不当景品類及び不当表示防止法」（景品表示法）。過大な景品類や不当な表示によって消費者を誘引することの防止を目的とした法律で1962（昭和37）年制定。1996（平成8）年の改正で景品類の上限が，一般懸賞が5万円から10万円に，共同懸賞が20万円から30万円に，オープン懸賞が100万円から1000万円に引き上げられた。その後2006年4月にはオープン懸賞の上限規制（オープン懸賞告示）は廃止された。百貨店等の大型店は「特殊指定」で景品付販売が禁止されていたが，同改正で一般小売業と同じ取扱いになった。また2003（平成15）年5月に景品表示法が改正・公布さ

れ，優良誤認表示に対する規制強化，都道府県知事の執行力強化とともに手続規定が整備された。　　　　　　　　　　［外川］

景品

一般には，粗品，おまけ，賞品等をさすが，景品表示法上の「景品類」とは，①顧客を誘引するための手段として，②事業者が自己の供給する商品・サービスの取引に付随して提供する，③物品，金銭その他の経済上の利益をさす。景品類に該当する場合は，景品表示法（不当景品類及び不当表示防止法）に基づく景品規制が適用される。
　　　　　　　　　　　　　　　　［外川］

契約型投信

contract type investment trust
ファンドの委託者である運用会社と受託者（信託銀行）との間で締結される信託契約から生じた受益権を細分化した受益証券を，投資家が購入するという形式の投資信託。現在設定されている投資信託の主流。
　　　　　　　　　　　　　　　　［外川］

契約栽培

農家や地域農協などが，特定のメーカーや大手小売業のチェーン，外食企業などのために，契約に基づいて農産物を生産・販売すること。作付け品種や栽培面積，出荷規格などを決めて栽培を依頼し，出荷された作物の全量買取りが基本。もともとはビールメーカーやトマト製品メーカー等が食品の原材料として農作物を使用する場合が中心だったが，近年は高品質な農産物の安定供給と安全性を求めて，大手小売業や外食産業でも契約栽培する例が増えている。オーガニックや減農薬栽培などのように栽培方法を指定し，「顔が見える生産者」が栽培した野菜であるかという情報を消費者に提供することで，消費者の安全志向や健康志向に対応することができる。　［外川］

契約自由の原則

契約関係は，契約当事者の自由な意思に基づいて決定されるべきであり，国家等公権力は介在，干渉してはならないという原則。契約関係を結ぶ相手方を選択する自由，契約内容に関する自由，契約方式の自由，の3要件で構成される。強行規定と公序良俗に反しないことがその前提となる。［外川］

契約面積

ショッピングセンターにおいては，ディベロッパーとテナントが出店契約を締結する際の契約場所は，室内柱面積を含み，壁芯計算で行うのが通例である。これを専用使用面積という。　　　　　　　　　　［協会］

ケース貸し契約

売場に排他的占有はなく，独自の立場で営業できるわけではなく，出店許諾者の商号を用い，出店許諾者の一営業部門を担当する役割が与えられ，商品販売においても商品の品質・価額，使用人の適否，売場の移動・伸縮について，出店許諾者の指示監督に服する趣旨の契約である。外観上は出店許諾者の営業とみられ，主として百貨店などで行われている。　　　　　　　［協会］

下代

商品の仕入価格（卸値）のことで，仕切り価格ともいう。⇨　上代　　　　　　［外川］

ケータリング

catering service
顧客が指定する場に出向いて食事を提供す

るサービス。給食業。コンサートなどのイベントや仕事場や商業施設などに，調理設備を備えた車両で出向いたり，顧客の自宅や事務所などにある調理場で食事を用意し，配膳したり，パーティーや結婚式などで食事サービスを提供するのが一般的。航空機内で乗客に食事を提供することをさす場合もある。　　　　　　　　　　　　［外川］

限界集落

65歳以上の高齢者が人口の過半数を占め，コミュニティとしての機能を維持することが困難なまでに人口が減少した集落のこと。国土交通省の「平成18年度国土形成計画策定のための集落の状況に関する現況把握調査」によれば，今後10年以内に消滅するおそれがあると予測される集落は423集落あり，いずれ消滅するおそれがあるとみられる集落とあわせると，全体の4.2%（2643集落）で今後集落が消滅するおそれがあると予測されている。消滅のおそれがある集落の大部分は，規模が小さく高齢化が進み，地形的にも末端にある。また地形的に末端にある集落では2割以上がいずれ消滅するおそれがあるとみられ，中心部から離れた地形的末端集落ほど危機的な状況におかれている，と指摘されている。
［外川］

減価償却

depreciation
建物，車両，機械設備など，高額で長期にわたり使い続けることができる物を購入した場合，保有財産として計上し，毎年，使用に応じて価値が低下したと考えられる金額を費用として計上し，同額を資産価値から償却（除去）する会計上の処理のこと。償却方法には定額制と定率制がある。また，償却期間は資産ごとに定められた法定耐用年数による。　　　　　　　　　　　［外川］

原価法

会計用語で取得原価主義に基づく資産の評価方法。期末の棚卸資産の在高を取得原価で評価する。法人税法施行規則は，原価法として個別法，先入先出法（FIFO法），後入先出法（LIFO法），総平均法，移動平均法，単純平均法，最終仕入原価法，売価還元法を認めている。原価法のほかに棚卸資産の在高を決算日現在の時価で評価する時価法や時価と原価を比較して低い方の価格で評価する低価法がある。不動産分野では，対象不動産の再調達原価（同じ不動産を仮にもう一度調達した場合にかかる原価）を基に不動産を鑑定評価する不動産鑑定評価手法。不動産鑑定評価の手法には他に取引事例比較法と収益還元法がある。　［外川］

健康増進法

国民の健康維持と現代病予防を目的とする法律。2003（平成15）年施行。健康な生活習慣への関心と理解を深め，生涯にわたり自分自身の健康状態を自覚し，健康の増進に努めることを国民に求めるとともに，医学的証明のない健康食品の効能表示等の誇大広告を禁止している。また学校や病院，劇場，集会場，展示場，百貨店，ショッピングセンター等の商業施設，飲食店，官公庁，事務所ほか，多数の人が利用する施設を管理するものは，受動喫煙防止のために必要な措置を講ずることを義務づけている。
［外川］

検索エンジン

search engine
Web上で公開されている情報をキーワードなどを使って検索できるサイトのこと。Webページに掲載する企業の広告料金で運営されるため，検索エンジンを利用するために料金を払う必要はない。キーワード

によって検索する全文検索型エンジンと，カテゴリー別に分類されているディレクトリ型エンジンの2種類がある。最近では全文検索型でもディレクトリ型の情報提供をしているところが増え，またディレクトリ型の検索エンジンにも全文検索機能が搭載されるようになってきた。全文検索型ではGoogle や goo 等が，ディレクトリ型ではYahoo! JAPAN が代表例。　　　　[外川]

検索連動型広告　☞ アフィリエイト

懸賞

一般から応募者を集め，賞品や賞金を提供するもので，販売促進の手段。懸賞を行う企業の商品の購入に関係なく，新聞やテレビ，雑誌などのマスメディアを通じて広く応募者を募る「オープン懸賞」と，応募の条件として商品購入や入会などの商取引が必要である「クローズド懸賞」に分かれる。クローズド懸賞は，一般懸賞，共同懸賞，総付(そうづけ)懸賞の3つに分類される。懸賞方法や懸賞金額については景品表示法やその付属規則によって規制されている。
☞ 景表法　　　　　　　　　　　[外川]

懸垂幕

banner
広告コピーや標語などを大書して，建物の上から垂らす帯状の布。垂れ幕。横断幕は，標語などが書かれた横長の幕で，道路の上方に道路を横断するように掲げられたり，建物の外壁や大きな部屋の壁に掲げられるもののこと。懸垂幕と横断幕の両方をさして「バナー」ということもある。　　[外川]

減損会計

土地・建物などの事業用不動産について，収益性が低下し，投資額回収の見込みが立たなくなった帳簿価額を，一定の条件のもとで回収可能性を反映するように減額する会計処理のこと。固定資産の減損処理。「固定資産の減額に係る会計基準の適用指針」(企業会計基準委員会)に基づいて，2005年以後の事業年度から減損会計が適用されている。　　　　　　　　　[外川]

建築確認申請

建物を建築する場合に，その建築計画が建物の敷地，構造，設備，用途等の点で建築基準法等の関連法令に照らして適切であるかどうかを，工事に着手する前に都道府県または市区町村に申請して，その確認を受けること。また，1999(平成11)年の建築基準法の改正により，民間の指定確認検査機関でも建築確認ができるようになった。なお，2005年末の耐震強度偽装問題により，建築確認のあり方への見直しが必要とされている。　　　　　　　　　　　[外川]

建築基準法

「建築物の敷地，構造，設備及び用途に関する最低基準を定めた法律」。1950(昭和25)年施行後，頻繁に改正が行われている。都市計画区域等における建築物の敷地や構造，設備や用途，型式適合認定，建築協定，指定資格検定機関，建築基準適合判定資格者登録，建築審査会などについて規定し，各種手続きを定めている。国民の生命，健康，財産を保護することを目的とする法律であり，過去の事物に対しても法の遡及が行われる。たとえば既存建物が現行法令に合致しないまま使用されていても違反建築とはならないが，建築基準法で規定している建築行為を行った場合には現行法令の適用を受けることになる。☞ 改正建築基準法　　　　　　　　　　　　[外川]

建築物耐震改修促進法

「建築物の耐震改修の促進に関する法律」(1995年施行)。1981年の新耐震設計法導入以前に立てられた建築物のうち、学校、体育館、病院、劇場、観覧場、集会場、展示場、百貨店、事務所、物販店、飲食店、ホテルほか、不特定多数の人々が利用する特定建築物(3階建て以上、床面積1000㎡以上の特定の用途の建物)等の所有者に対して耐震診断をしたうえで、必要な耐震補強をする努力義務を課した法律。　[協会]

建築面積

建物の外壁や、柱の中心線で囲まれた部分の、水平投影面積(真上から光を当てたときに、地盤面に影として映る部分の面積)のこと。ただし、外壁から1m以上突き出した軒やひさしなどは、その先端から1m外壁側に後退した部分までの面積を含む。
[外川]

現場協力金

ショッピングセンターの現場工事期間において、内装設備工事を安全に工程通り行えるようにするための費用。内訳としては、内装設備工事にともなう仮設物、電気・水道の供給、建物内の入退場ならびに全体警備等の諸費用である。現場管理費ともいわれる。　[鈴木]

建ぺい率

建築物の規模(広さ)に対する規制を示す数値のひとつで、敷地面積に対する建築面積の割合。その限度は都市計画で定められている。建ぺい率(建蔽率)や容積率の限度の原則は、建築基準法で用途地域により定められているが、実際に使われる限度数値は、各地域の都市計画図に示されている。

⇨　建築面積　　　　　　　　　[外川]

原油先物取引

将来の特定期日に決済する原油の価格を決める取引で、ニューヨーク・マーカンタイル取引所のWTI(ウエスト・テキサス・インターミディエート)原油の先物取引が代表例。先物取引での価格は公開の市場(先物市場)の競りで決まる。価格変動リスクを軽減する石油会社、短期で利益を稼ぐヘッジファンドに加え、最近は商品を株や債券に次ぐ投資対象と位置づける年金基金の資金も流入するなどで投機化し、価格変動が著しくなっている。　[外川]

権利金

賃貸借契約をする場合に、貸主に対して借主が支払うもので、借地権や借家権設定のための対価や地代や家賃の前払い的性格をもつ。いずれの場合も借主が立ち退いたときに貸主が返還する必要がないもので、貸主側には所有権売却益と同様に、権利金に対して不動産譲渡税がかかる。借主が借地権を売却するときは権利金相当額が借地権価格になる。つまり、権利金は用益権設定の対価として授受される金銭であり、敷金と異なり、原則として返還を要しないものと考えられる。課税上もそのように取り扱われている。ショッピングセンターの出店契約例では、権利金の取決めはあまり見られない。　[協会]

権利調整

底地や借地の売却や交換、退去、再建築後の所有や使用などに関する諸問題点を洗い出し、問題を解決し、権利関係を調整すること。権利関係が複雑な市街地において、権利調整を行う手法としては、権利者の従前の権利に代え再開発ビルの床や敷地に置

き替える権利変換方式，または管理処分方式が用られ，関係権利者の保護がはかられている。　　　　　　　　　　　　　　　　［飯村］

コア CPI

消費者物価指数（CPI; consumer price index）から価格変動の大きい生鮮食品を除いたもの。CPI は購入頻度が高く，永続性がある商品やサービスの約 580 品目が基準年と比べてどれだけ変化したかを指数化したもの。基準年は 5 年ごとに改定される。
　　　　　　　　　　　　　　　　［外川］

コアコンピタンス

core competence
技術やノウハウ，独自の販売チャネル等，その企業がもっている独自の強みや，他者がまねすることができない中核的な能力のこと。競争優位の源泉となる経営資源である。コアコンピタンス経営は，このコアコンピタンスを活用して，競合他社と比較して優位に立ち，顧客に最適の商品やサービスを提供する活動をさす。　　　　［藤山］

公益通報者保護法

公共の利益にかかわる犯罪行為，不法な行為などを通報した従業員や公務員などが，告発したことによって不利益が生じないように保護する法律。2006（平成 18）年 4 月施行。コンプライアンス（法令順守）経営を強化するために，企業や事業者の不正行為を内部告発させるインセンティブを与えるもの。⚓ CSR，コンプライアンス
　　　　　　　　　　　　　　　　［外川］

公益法人

一般社団・財団法人法により設立された社団法人または財団法人であって，①公益に関する事業を行うこと，②営利を目的としないこと，③主務官庁の許可を得ることが必要とされる。1896（明治 29）年制定の民法では公益法人を「学術，技芸，慈善，祭祀（さいし），宗教その他の公益に関する社団又は財団」と定めており，2007 年度末現在で国所管の 7 千，都道府県所管の 1.8 万の計 2.5 万法人があった。2000 年の KSD 汚職事件をきっかけに改革論議が始まり，関連法が 2006（平成 18）年に成立，2008（平成 20）年 12 月に施行された。これによって所管官庁制を廃止し，公益性の認定基準を統一。法人の設立・運営の透明性を高め，法人が寄付を受けやすくする優遇制度が拡充された。　　　　　　　［外川］

後期高齢者

65 歳以上の人を「高齢者」というのに対し，75 歳以上の人をさす。高齢者はまだ経済的，体力的に余力があり，経済への寄与が期待できるが，75 歳を超えるとこの余力は減少する。後期高齢者の割合は 2015 年で 13％，2025 年には 18％に達すると推計されており，今後，真の高齢社会が訪れることになる。　　　　　　　　　　　　　　［鈴木］

後期高齢者医療制度

2008 年 4 月にスタートした 75 歳以上の後期高齢者を対象とする独立した医療制度。それまでは 75 歳以上のほとんどが老人保険制度による市町村運営の国民健康保険に加入していたが，保険は財政が厳しいうえに保険料格差が大きかった。新制度では約 1300 万人の 75 歳以上全員を新たな医療保険制度に移し，運営主体を都道府県とすることによって，財政安定と保険料格差の縮

小をねらった。財源は高齢者自身の保険料（1割）に加え，後期高齢者でない75歳未満が加入する保険制度からの支援金（4割），公費（5割）で構成される。保険料の年金からの天引きや，1年以上保険料を滞納した場合，窓口負担10割となる資格証明書が交付されるなど保険料の徴収が厳しくなった。また，支払い義務のなかった給与所得者の被扶養者も加入となることや，自治体によっては保険料の大幅なアップによる負担増が問題となっている。　　　　[外川]

合計特殊出生率

人口統計上の指標で，1人の女性が一生に産む子どもの数のこと。女性が出産可能な年齢を15歳から49歳までと規定し，それぞれの出生率を出し，足し合わせることで，人口構成の偏りを排除し，1人の女性が一生に産む子どもの数の平均を求める。合計特殊出生率の数値が2.08あるいは2.07を下回ると少子化が進んでいるといわれ，現在の人口を維持できないばかりか経済全般，年金等社会保障や労働市場などに深刻な影響を与える。最近一部の国で合計特殊出生率の若干の上昇がみられるが，海外でも先進諸国を中心に少子化が進んでおり，合計特殊出生率はおおむね低下傾向にある。

[外川]

交叉比率

ratio of gross margin to inventory
商品（資本）の生産性，あるいは商品（資本）の投資効率を表す指標。商品回転率と粗利益率を乗じて算定する。トレードオフの関係にある利益率と回転率のバランスを見ながら効率化をはかるために使われる。交叉比率を高めるには，①商品回転率を高める，②利益率が高い商品を販売する，③上記の両方を改善する，ことが必要とされる。　　　　　　　　　　　　　　[外川]

工事区分

ショッピングセンターを建設する際，工事内容によりA（甲）工事，B（乙）工事，C（丙）工事の3つに区分けして工事が行われるが，この区分のことをさす。通常，A（甲）工事は，ディベロッパーが費用負担し，設計・施工を行うビル本体，基幹設備工事をさす。B（乙）工事はテナントが費用負担し，設計・施工はディベロッパーが行う工事で，共通部分およびA工事の追加変更等である。C（丙）工事はテナントが費用負担し，ディベロッパーの承認を得て，設計・施工を行う店舗区画内の内装・設備工事等である。　　　　　　　　[鈴木]

公示地価

その年の1月1日時点の土地価格で，国土交通省が毎年3月頃発表する，全国の都市計画区域内で選定した約3万地点の標準地を不動産鑑定士が評価し，1㎡あたりの単価で示す。公共事業用地を取得する際の算定基準となるほか，公示地価を参考に路線価や固定資産税評価額が決められる。

[外川]

公正取引委員会

Fair Trade Commission
「経済の憲法」である独占禁止法（独禁法）を運用するために設置された行政委員会型の合議制機関で，行政組織上は内閣府の外局に位置づけられる。公正で自由な競争を守るために，独禁法の補完法である下請法や景表法の運用も担っている。委員会は委員長と4名の委員で構成されている。他からの指揮監督を受けることなく独立した事務総局が，私的独占，不当な取引制限（価格カルテル，市場分割カルテル，入札談合等）や，不公正な取引方法（不当廉売，優越的地位の濫用等）の摘発などの職務を遂

行する。　　　　　　　　　　　［外川］

公設民営

公共側で設置した施設の管理運営を民間業者に委託する手法である。学校や保育園などでの事例が一般的にみられるが、たとえば、市立保育園の場合、市の認可保育園としての位置づけは変わらないが、保育園運営に対する責任も市にある。それに対して民設民営とは、施設を貸し付けて設置・運営ともに民間業者に委託する手法である。
［飯村］

構造改革特区

従来の法規制上では事業化不可能な事業を、特別に行うことが可能になる地域のこと。構造改革特別区域法第2条に規定される。2000（平成12）年3月施行。中国の経済特区が改革開放による経済発展のきっかけとなったことにヒントを得て、規制緩和政策として採用された。国からの財政援助等はないが、計画に具体性があり法令に適合し、特区の内容が目的のために必要なものならば認定されるという自由度がある。［外川］

工程表

工事に関する日程が示された表のこと。内装工事の開始日から完了までに必要な工程を整理し、内装工事を進める際の日程的な指針となるもの。内装工事が円滑に推進されるように、建築工事工程や搬出入工程等関連する全体工程を把握し、店舗内装工事との調整を行って確定させる。SC等の施設では、複数の店舗が同時に内装工事を進めるため、店舗間の工程調整が必要となる。広義では、設計工程や各種説明会、開業準備も含めた店舗づくり全体の工程も含まれる。　　　　　　　　　　　　　［鈴木］

合同会社

limited liability company
2006（平成18）年施行の会社法で認められたもので、定款による内部自治が認められており、利益配分や議決権を出資比率に関係なく柔軟に設定できる会社。株式会社と同様に出資者は有限責任だが、決算公告の義務はない。個人事業や個人同士の共同事業を運営する際に多く使われる。　［外川］

行動ターゲティング広告

behavioral targeting advertisement
インターネット広告のひとつで、消費者のサイト訪問の頻度や閲覧ページの中身などの行動履歴を分析し、消費者を追跡してその好みに合わせた広告を、好みとは関係ないサイトを見ていてもその広告枠に配信する。「BT広告」ともいう。長期間にわたって入力した検索語や見たサイトを記録、分析して好みを把握するので、入力した語だけから関連広告を表示する検索連動型広告に比べて、好みを深く把握できる、不特定多数への配信に比べ広告効果が高まる。
［外川］

高度化資金

中小企業高度化資金貸付制度。中小企業が共同して経営体質の改善、環境変化への対応をはかるために組合等を設立してショッピングセンター等を建設する事業や、第三セクター等が地域の中小企業者を支援する事業（高度化事業）に対して、地方公共団体等が支援する資金のこと。商店街の小売商業者等が共同で老朽化店舗を建て替えるとともに、アーケードやカラー舗装、駐車場などを整備する際にこの資金を活用することが多い。　　　　　　　　　［藤山］

購買動機

purchase motive; buying motivation
顧客が商品の購入やサービスの利用を思い立つ動機。商品やサービスを購買してみようという気持ちを起こさせる要因。マーケティング戦略において、この購買動機の把握はきわめて重要な意味をもっている。小売業なら陳列商品の購買決定への影響を測定することによって店頭陳列の方向づけに役立てることができる。一般的に、購買動機は価格（経済性）、合理性、安全性、レジャー性、趣味・嗜好性、社会行事、記念日、新機能、アフターサービスなどが購買動機につながる。　　　　　　　　[飯村]

後発医薬品

generics
新薬の独占的な販売期間が終わった後に発売される同成分の医薬品。ジェネリック医薬品。効能や効果、用法なども同等であることが求められるが、多額の研究開発費が不要なため、新薬より価格が安く、先発品の7割以下で、後発薬による薬剤費の削減効果は年間約1兆1300億円といわれている。欧米では一定のシェアを占めるが、日本ではまだ普及率が低いために、政府は薬剤費抑制のため後発品の利用促進を打ち出し、2006年4月から処方箋の形式を後発品が使いやすいように変更するとともに、後発薬を処方した病院や調剤薬局には、上乗せした診療報酬が支払われることになった。
　　　　　　　　　　　　　　　　[外川]

合弁企業　☞　ジョイントベンチャー

公募増資

public offering, public subscription
企業が株式市場を通じ不特定多数の投資家を対象に新株を発行し、資金を調達すること。多数である場合とは、50名以上の者を相手方とする場合をいう。これに対し、特定少数の投資家（50名未満）、あるいは50名を上回ることになっても適格機関投資家（プロ）を相手方とし、転売を通じて適格機関投資家以外の一般の投資家に譲渡されるおそれが少ない場合を私募という。個人など幅広い層の株主を獲得でき、市場で株式の流動性向上も見込める。自己資本比率の向上により財務体質を改善する効果もある。企業は公募形式によって有償増資を行うことが多い。公募価格は、通常、時価に近い多少割安な水準に決められ、既存株主の利益を損なわないように配慮される。
☞ PIPEs　　　　　　　　　　　[外川]

小売店舗地区

地方自治体が独自の目的で指定できる特別用途地区のひとつ。従来の商業専用地区より、もっと目的がはっきりと限定されている。1998（平成10）年、都市計画法が改正され、地方自治体は特別用途地区の指定について、これまで以上に自主的な権限をもつようになった。小売店舗地区もそういう新しい地区のひとつである。　　[飯村]

高齢者雇用安定法

高年齢者の安定した雇用の確保、再就職の促進、定年退職者その他に対する就業の機会の確保等の措置を総合的に講じ、高年齢者等の職業の安定その他福祉の増進をはかるとともに、経済および社会の発展に寄与することを目的とする法律。1971（昭和46）年制定されたが、少子高齢化にともなう労働力の減少を緩和するねらいで、2006（平成18）年改正法施行。急速な高齢化の進行等に対応し、高年齢者の安定した雇用の確保等をはかるため、事業主は、①定年の引上げ、②継続雇用制度の導入、③定年

の定めの廃止，のいずれかの措置を講じなければならないこととなり，高年齢者等の再就職の促進に関する措置を充実するほか，定年退職者等に対する臨時的かつ短期的な就業等の機会の確保に関する措置の充実をはかることが求められるようになった。多くの企業は定年退職後に再雇用する継続雇用を選択しており，定年の延長や定年制の廃止を取り入れている企業は少ない。

[外川]

氷蓄熱

低料金で消費電力の少ない夜間電力を利用し氷をつくり，蓄えて，昼間の冷房に活用するものをいう。とくに昼間の電力消費が高い夏場には電力量の平準化とピークカットの手段として普及している。その結果，大口需要者の電力消費につながるとともに空調設備の小型化がはかれることで，環境対策にも有効とされている。なお，氷蓄熱と同様のシステムとして「水蓄熱」があり，50年以上の歴史があるが，コスト面で有利とはいうものの，設計面やメンテナンスが面倒という弱点がある。　　　　[協会]

子会社

subsidiary
経営において他の会社の支配を受けうる会社。旧商法では議決権が過半数の場合だけを子会社としていたが，会社法では議決権が50％以下でも実質的に支配している場合は子会社とみなし，子会社が親会社株を取得することを原則禁止している。証券取引法の定義では，特定の会社（親会社）に議決権（株式）の過半数を握られている会社をさす。連結子会社（consolidated subsidiary）は，連結財務諸表の対象となる子会社のことで，親会社が，①会社の議決権の過半数を実質的に所有している場合，②会社に対する議決権の所有割合が50％以下であっても，高い比率の議決権を有しており，株主総会において議決権の過半数を継続的に占めることができると認められる場合，③重要な財務および営業の方針決定を支配する契約等が存在する場合，をさす。

[外川]

顧客カード

customers card
大きくはクレジットカードとIDカード（個人識別カード：主にポイントカード）に分けられる。前者はキャッシュレス（決済）カードとしての色が濃い。後者は顧客を識別し，顧客の購買履歴データを獲得し，その顧客のデータを分析し，顧客との関係を強化するマーケティング上の目的で発行することが基本。クレジットカードは信用の供与であり，氏名・住所・電話番号・家族構成・年収・職業・勤務先・勤務先電話番号などの記入が必須条件になる。IDカードは氏名・電話番号・住所が基本。企業によっては性別・生年月日・eメールアドレスなど記入するように設計している。

[飯村]

顧客生涯価値

customer lifetime value
製品中心のシステムや発想から顧客を中心としたマーケティング戦略への転換の必要性がいわれるなかで生まれてきた概念で，その企業のすべての顧客が長期にわたって企業に与える生涯価値の合計をさす。顧客満足論やリレーションシップ・マーケティング，ブランド論，ブランドエクイティ論を統合する概念であり，顧客が生み出す価値は，企業の物的資産や技術情報，知的資産などよりも，確実かつ信頼できる将来収益の源泉であるとの認識が前提にある。

[外川]

顧客セントリック

顧客をビジネスの中核に据え，店舗やカタログ，Webなどのマルチ販売チャネルを活用することで顧客満足度を高め，収益性を向上させようとの考え方。顧客中心主義。
[外川]

顧客データサービス

data service of customers
カード発行顧客の基本属性データ，購買データを保管しておくコンピュータソフトウェアをいう。顧客1人ずつ顧客番号・カード番号・氏名・住所・電話番号・郵便番号・生年月日・性別等の基本属性をデータベース化する。さらにその顧客の購入年月日・購入店舗・購入売場・購入商品分類・購入商品名・購入数量・購入金額・販売担当者等の取引データをコンピュータのデータベースにし，これらのデータを分析し，顧客をグループ化，あるいは個人を抽出して顧客に営業活動を行うためのツール（道具）が顧客データベースである。 [飯村]

顧客満足 ☞ CS

国際会計基準

International Financial Reporting Standards
会計基準のグローバルスタンダード（国際標準）のこと。IFRS（アイファース）。狭義には国際会計基準審議会（International Accounting Standards Board; IASB）によって設定される会計基準の総称。透明度を高めるため時価主義を重視している。国際財務報告基準を自国の会計基準として採用している国および国際財務報告基準への収斂をめざしている国は，2008年現在，100カ国以上に及ぶ。金融庁は「我が国における国際会計基準の取扱いについて（中間報告）（案）」を公表し，国際会計基準適用へのロードマップ案を示した。2009年度に任意適用を開始し，最短では2015年にもIFRSが強制適用となるとみられている。
[外川]

国勢調査

調査時点に日本に居住しているすべての人（外国人を含む）を対象として，人口，世帯に関して，男女，年齢，国籍，就業状態，仕事の種類，世帯員の数などを調べる統計調査（センサス）で5年ごとに実施される。国の統計調査としては最も基本的かつ大規模なもの。 [外川]

国内総生産 ☞ GDP

国民総生産 ☞ GNP

コジェネレーションシステム

cogeneration system
省エネルギー・省資源を実現しながらランニングコストを低減し，地球環境保護に貢献するシステム。内燃力発電や汽力発電の排熱を利用して動力・温熱・冷熱を取り出し，総合エネルギー効率を高めるトータルなエネルギーシステム。京都議定書の発効にともない関心が高まり，小売業や工場などで導入が始まっている。 [協会]

個人型確定拠出年金

2001（平成13）年施行の確定拠出年金法に基づく確定拠出年金のうち，個人が掛金を拠出し，運用リスクも負うもの。従業員以外を対象とした制度を含めて日本版401kと呼ぶ。自営業者や企業年金を導入しない

企業の従業員が加入できる。税制上の優遇措置が大きく、転職した際には前勤務先の資産残高を持ち運べ、個人勘定が設定されるので、運用成績が明確にわかるなどのメリットがある反面、運用リスクはすべて個人が負う。企業側は運用リスクを負わなくてすむが、従業員に適切な投資教育を十分に行う義務を負っている。⇨ 変額年金保険　　　　　　　　　　　　　　　[外川]

個人情報保護法

個人情報の保護、個人の権利保全を目的に、5000人以上の個人情報を取り扱う事業者に対して守るべきルールを定めた法律。2005（平成17）年施行。個人情報の利用目的は特定のものに制限すること、情報収集にあたっては利用目的を本人に明示し、適正に取得すること、個人データは正確に維持すること、安全管理のための措置を行うこと、本人の同意を得ずに第三者に提供しないこと、本人の求めに応じて情報開示し、訂正、利用停止すること、などが定められている。　　　　　　　　　　　　　　　　[外川]

コストパフォーマンス

cost performance
一般的に投資金額（支払い金額）に対する効用、または価値。商品の購入に際し、価格と価値のバランスをよく考えるようになった消費者の購入態度のこと。消費者が商品選択をする際の価値尺度として、「まあまあの価格で、良質の商品を」という考えが強くなっている。このような、価格と品質とのバランス感覚を重視して、じっくり商品を見て必要度を点検するようになった最近の消費者の購入態度を示したものである。　　　　　　　　　　　　　　[飯村]

コーチング

coaching
指導者が、部下や生徒などが本来もっている能力や可能性を引き出しつつ、彼らが必要とする知識や技能を教育すること、またはそのプロセスのこと。話し合いの過程でコーチされる側が自主的に目標を設定し、達成へ向けて積極的に取り組めるように指導することが重要である。⇨ ファシリテーション、メンター　　　　　　　　[協会]

固定客

fixed customers
いつも購入している商品（たとえば野菜、肉、魚等食料品）、ある特定のブランド（たとえばフェラガモ、ピンクハウス、化粧品等）であれば決まって購入する店をもっている顧客がいる。その顧客を固定客と定義している。販売計画、プロモーション計画、売上予測を立てるうえで、あるいは売上を安定させるのに最も大切な客である。固定客が離反するようになると店の危険信号である。クリーンネス、鮮度、品揃え、価格、品質、的確な商品情報、接客、アフターサービスが固定客維持の重要な鍵になる。
　　　　　　　　　　　　　　　　[飯村]

ご当地検定

地域の歴史、風土、自然、文化や観光、産業などについての知識に関する検定制度のことで、各地の商工会議所や観光協会等が実施している。トリビア的知識も含めて、地域に関するさまざまな知識を幅広く獲得するという検定を通じて地域を知り、地域の魅力を再確認してもらうことが主眼とされるが、地域観光ビジネスの振興、地域ブランド（地域団体商標）の販売促進や、観光に携わる人材を育成するという効果もある。2003年スタートの東京シティガイド

検定を皮切りに，2004年の京都検定（京都・観光文化検定）でブームが盛り上がりをみせた。現在，全国に20の検定制度があり，近年中にさらに約10カ所のスタートが予定されている。かつて1980年代に，「一村一品運動」（地域が農畜産物を中心とした特産品を全国に拡販していく活動）がブームとなったが，それに似た広がりをもちつつある。　　　　　　　　　　[外川]

ご当地ファンド

地場産業や地域の企業を応援し，地域社会進攻に貢献することを目的とし，投資対象を特定の県や地域に限定した投資信託のこと。地域特化型ファンドともいう。当該地域を拠点とする地方銀行が販売することが多い。特定の県，地域に本社を置く企業だけでなく，その県や地域に進出している企業を投資対象に含める場合もある。投資対象が地理的に限定されているため集中投資によるリスクを負うことになり，その地域の経済的あるいは政治的要因の影響を強く受ける可能性がある。☞ コミュニティクレジット　　　　　　　　　　[外川]

コブランドクレジットカード

co-branded credit card
銀行が，共同ブランド加盟企業（co-brander）の顧客に対して発行するアフィニティ・クレジットカード（企業・団体提携カード）。共同ブランド加盟企業には，航空会社や自動車メーカー，保険会社，小売業や電話会社など，認知度の高いブランドをもつ大企業が多い。☞ デュアルカード　　[外川]

コーホート分析

cohort analysis
コーホートとは，人口学の用語で，出生・結婚などの人生の節目にあたる出来事を同時期に経験した集団のこと。出生コーホート（生まれた時期が同じ）に従って対象者を分類し，「戦中・戦後世代」「団塊世代」「ベビーブーマー」のような区分でその世代特有の生活行動，意識，消費動向などを探る分析方法。時代の変化，年齢の変化に加えて，集団そのものがもつ特性（コーホート効果）を加味して変化の要因を探ることで，ターゲットの再設定や商品の需要予測，新製品開発などのマーケティング施策を展開できるとされる。　　　　[外川]

コーポレートアイデンティティ

☞ CI

コーポレートガバナンス

corporate governance
企業統治。会社とは誰のために，何のために存在するのかについての基本的な考え方。企業は株主だけでなく，顧客や従業員，取引先，金融機関，地域社会など，多くのステークホルダー（利害関係者）の参画によって成り立っているというのが基本概念で，それを踏まえて，相互の利害関係を円滑に調整しながら，経営の方向性を定めることを意味する。　　　　　　　　　　[外川]

コマーシャルペーパー

commercial paper; CP
優良な事業会社が，短期資金調達のために発行する短期・無担保，割引方式（金利分を額面から割り引いて販売する）の約束手形。証券取引法上の有価証券に該当する。金融機関，証券会社などが発行を引き受け，販売先は機関投資家に限定される。CPと略称されることが多い。　　　　　[外川]

コミュニティクレジット

「地域の自立的な発展」を目的に，日本政策投資銀行が開発している地域企業等のための新たな金融手法。地域社会においてつながりのある企業やお互いに信頼関係にある企業が，相互協力を目的に（信託に）資金を拠出しお互いに連携することで，構成企業個々の信用よりも高い信用を得て，金融機関からの資金調達を円滑化するとともに，地域の資金を地域に環流させることをめざしている。⇔ ご当地ファンド

[外川]

コミュニティセンター

community center
地域社会の中心施設が集積するところ。計画化されたコミュニティセンターは，その地域の行政，市民サービス，公共施設，ビジネスセンター，医療施設，カルチャーセンターさらに商業集積までを含めた一大複合施設である。行政や民間が合同でプロジェクトチームを組み，計画的に開発・運営するものであり，地域の活性化に貢献する事業として期待されている。ショッピングセンターの場合は，内部に各種サービスを取り込むことでコミュニティセンターの役割を果たそうとしている。　　　　　[飯村]

コミュニティビジネス

community business
地域コミュニティのさまざまな問題の解決に向けて，住民が自らのアイディアと地域資源を活用して行う事業活動。介護，福祉，育児，家事支援，教育，環境，農林水産，情報など，多様な分野で展開され，その成果や利益は地域コミュニティに還元される。①営利と非営利の両面をもっていること，②ボランティアと企業サービスの中間的な役割を担っていること，が特徴である。地域の文化の継承や創造，生活者のネットワークを生かした環境問題への取組み，リサイクル活動，地域通貨との連動なども課題である。　　　　　　　　　　　　[外川]

コミュニティペーパー

community paper
フリーペーパー（無代の新聞・雑誌）のひとつで，新聞系の4種（一般紙販売店系，一般紙販売局系，一般紙広告局系，一般紙編集局系）と，個人・プロダクション・独立系，テレビ資本系，地元資本独立系，大企業資本系の4種，計8つに分けることができる。一般紙の販売店系のものが最も多く，販売局自らが読者サービスで出している一般紙販売局系がそれに次ぐ。ショッピングセンターにおいては，地域情報等を併載した販促媒体をコミュニティペーパーとして発行している。⇔ フリーペーパー

[外川]

コモディティグッズ

commodity goods
品質や用途についてよく知られており，実物を確かめなくても購入されるような日常必需的な商品のこと。⇔ 最寄品，買回り品　　　　　　　　　　　　　　[外川]

娯楽レクリエーション地区

興業場その他の娯楽施設，スポーツまたはレクリエーション施設など娯楽レクリエーション地区は，特別用途地区のひとつ。興業場その他の娯楽施設，スポーツまたはレクリエーション施設などにかかわる利便の増進，またはこれらの施設などにかかわる環境の保護をはかるため指定された地区。たとえば，家屋や商店などが建て込んでいるような場所には，屋外のスポーツ施設などはつくりにくい。このような場所選定の

問題だけでなく，すべての点から娯楽レクリエーション施設の建築をしやすくし，また，娯楽・スポーツなどの障害となる業種の進出を規制する地区。　　　　　[飯村]

コラボレーションブランド

異なる企業，業種が連携して意外性に富んだ新しいブランドを生み出すこと，またそのようなブランド開発の手法。ラグジュアリーブランドのルィ・ヴィトンが日本の伝統工芸の輪島塗の小物入れを開発する，クリスタルアクセサリーのスワロフスキーが家電のフィリップスと連携してUSBメモリーを販売するなど。H&Mではステラ・マッカートニーやコム・デ・ギャルソンなどファッション分野のデザイナーとのコラボだけでなく，歌手のマドンナをコンセプトメーカーとしたブランドを売り出すなど，コラボレーションブランドづくりには非常に積極的。　　　　　　　　　　　[外川]

コールセンター

call center
顧客からの問合せや受注窓口となる大規模な電話応対センターのこと。消費財メーカーや通信販売業者が設けている。コンピュータと電話の連動，顧客データベースの整備などによって，単なる受注や苦情対応機能にとどまらず，CRM (customer relationship management)の中枢的機関として，戦略的に位置づけられるようになっている。システム構築や運営費用負担が大きいため，コールセンター業務を請け負う専門業者に委託する例が多い。　　　[外川]

ゴールデンライン

golden line
目線を動かすことなく視界に入る高さのライン。ゴールデンゾーンともいう。目線の高さが基準なので，当然，客の身長により，ゴールデンラインも異なってくる。スーパー等は，陳列ゴンドラ自体が高いので，商品が女性向けか，男性向けかでゴールデンラインの高低を意識する必要があるが，コンビニの場合は陳列ゴンドラの背は低いので中島ゴンドラでは最上段，ウォークインでは上から2～3段目という感じで，ゴールデンラインを一律に考える傾向が強い。子ども向けの商品（玩具等）はぐっと低くなる。　　　　　　　　　　　　　[飯村]

コレクティブハウジング

collective housing
集合住宅に各自の住戸とは別に居間や食堂，図書室，多目的サロン，洗濯室やゲストルームなどの共有空間をつくり，住人がプライバシーを保ちながらも食事の用意などの生活の一部を共有するコミュニティ型の暮らし方。共働き世帯や片親世帯の家事の軽減，留守家庭児童（カギっ子）の解消，兄弟の少ない子どもの社会教育の場の提供，高齢者の緊急時の対応や安否確認，孤独感の解消などのメリットがあり，スウェーデンでは公営住宅として供給されている。日本では阪神大震災で住宅を失った高齢者らへの災害復興住宅にこの考え方が取り入れられたが，都市部での土地確保の困難や人間関係の煩わしさを嫌う社会的風潮もあってそれほど普及していない。　　　　[外川]

コンサバティブ

conservative
略してコンサバともいわれ「保守的」「控えめな」という意味ももち，最新の流行やトレンドに左右されないベーシックなファッションスタイルをさすのが一般的。対照的な言葉にファッショナブルやトレンディなどがある。最近のコンサバは控えめな保守的さのなかにエレガントな雰囲気をまとっ

たお嬢様風も兼ね備えたオシャレなファッションが主流。　　　　　　　　　　[飯村]

コンサルティングセールス

consulting sales
顧客の買物目的や購入資金など，客の立場で相談に応じながら進める販売活動。豊富な商品知識と，顧客目的を的確に把握する能力が強く求められ，対面販売を重視する専門店が得意とする販売方法である。顧客の信頼を得られるかが販売の成否の分かれ目となる。　　　　　　　　　　　　[飯村]

コンシェルジュ

concierge
サービス業のひとつで，もともとはフランス語で，「大きな建物や重要な建物の門番」を意味した。現在ではホテルや百貨店などの総合お世話係，よろず相談承り業をさす。またホテルや大型店にかぎらず，種々の施設で同様の役割を担う人のことをさすこともある。　　　　　　　　　　　　[外川]

コンシューマリズム

consumerism
消費者の権利を強くする運動，または消費者主権主義，消費者中心主義。広義には，消費者自身が良質で安全な製品やサービスを選択しようとする思想や運動のことを意味するが，特定の分野や製品，サービスに関して，消費者利益を保護する目的で，企業のマーケティングや販売促進活動をコントロールしようとする運動を意味することもある。近年は，地球環境まで含めた幅広い見地から，安全，安心について考えることが重要だとの認識が深まっており，企業側に対しても，個別の消費者対策にとどまらず，長期的な視点からの幅広く柔軟な対応を求められるようになっている。[外川]

コンセプト

concept
基本的な考え方や原則的な概念。ストアコンセプト，商品コンセプト，SCコンセプトというように，組み合わせて使われることが多い。いずれにしても，コンセプトによって，次の具体的な行動や方向が決定づけられるのであるから，明快なものでなければならない。　　　　　　　　　　　[飯村]

コンセプトショップ

独自の主張やメッセージ，個性や感性といったものをひとつのコンセプトにまとめ，それに沿った商品を品揃えした店舗。取扱商品の種類によって分類される既存の業種型小売店とは異なり，複数の商品群にまたがる品揃えを展開する点が特徴。また独自のコンセプトを追究するために，プライベートブランドをはじめとしてオリジナルな商品を開発する場合もある。　　　[及川]

コンテンツビジネス

contents business
映画やアニメ，ゲーム，アイドルキャラクターなど娯楽性の高い情報財，またそれらを生産したり，流通させるビジネスのこと。市場規模は十数兆円を超え，21世紀の基幹産業といわれるが，制作の多くは，市場のリーダーシップを握る映画配給会社やテレビ局などの下請けの中小企業によるものであり，著作権は映画配給会社やテレビ局などの大企業に帰属するものがほとんどである。物的資源に乏しく，経営基盤が弱体な中小規模のコンテンツビジネスを支えるために，コンテンツファンドと呼ばれる資金調達（証券化）のしくみが整備されつつある。　　　　　　　　　　　　[外川]

コンテンポラリー商品

contemporary goods
現代的な商品，今風の商品，時代を代表する先端的な商品やブランドのこと。［外川］

ゴンドラセールス

gondora sales
ゴンドラ（移動可能な陳列用具）を利用して，特別なプロモーションをするセールス。商品を陳列したゴンドラに販売員をつけて試食・試飲をさせたり，見本を配ったりといった販売促進や，特別に目立つPOPを使って商品への注目度を高めたりする。新製品の発売時など，商品の知名度が低い時期にその知名度を積極的に高めたいときによく活用される方法である。［飯村］

コンパクトシティ

compact city
高齢化社会，人口減少社会の到来を機に，まちづくりの視点を人口増加にともない郊外部に拡大する都市政策から，商店街や大型店，行政機能や病院などの公共施設や多様な都市機能をコンパクトに都心部に集中することにより，地域環境にやさしく，効率的な都市経営を行い，持続可能な都市の形成をめざすことをいう。モータリゼーションの進展と郊外部の開発の増加にともない，都市の中心市街地における人口減少や都市機能の郊外移転が進み，中心市街地の人口が減少し，商店街や業務地域も空き店舗が増加するなど中心市街地の衰退化が進んでいる。中心市街地の衰退は単に商店街関係者の経営悪化の問題にとどまらず，都市の文化や歴史の喪失，都市のイメージの悪化，都心居住の環境悪化など多くの弊害をもたらすとともに，郊外部に対するインフラ投資など地域行政に対する負担増加といった課題を発生させている。このため，地域行政の持続的推進と，都市環境を改善するために都市機能をコンパクトな中心市街地に誘導することによって地域全体の活性化をめざすものとして「コンパクトシティ構想」が掲げられるようになった。
 まちづくり3法　　　　　　［及川］

コンビニEC

convenience store electronic commerce
コンビニエンスストアの店頭で決済や商品の受け渡しなどを行う電子商取引，ネットショッピング。Web上で購入した商品の受取りや決済をコンビニエンスストアの既存流通網を利用して行うことで，低コスト化，効率化がはかられる。店内に専用端末を配置することで，コンビニエンスストアでは扱いが難しかったチケット類の購入を可能にするなど，コンビニエンスストアの取扱商品拡大も促している。高度な情報システムを構築したコンビニエンスストアが生活に浸透している日本で発達したもので，欧米では同様のケースは見られない。

［外川］

コンビニエンスストア

convenience store
30坪（100㎡）前後の食品を中心とする日常必需品約3000品目を販売する小型高密度の店舗で，立地（住宅やオフィスに近接），長時間営業（24時間年中無休）という「便利さ（コンビニエンス性）」を特徴とする。1970年代半ば以降，主としてフランチャイズ方式で店舗数を伸ばした。大手総合スーパー系チェーンのほかに食品卸系，食品メーカー系，その他のチェーンがある。発祥の地は米国だが，日本のコンビニエンスストアは，POSを核とする最先端の情報システム，ベンダー（取引先）の集約化・組織化，高度な物流システムの構築などに

よって，世界屈指の効率性を誇る。加工食品や日用雑貨に加えて惣菜や弁当など中食の充実，各種公共料金の収納代行サービスなども含めた品揃えの拡大により高成長を続けてきたが，1990年代以降は外食産業やスーパーなど他業態との競争も深刻化している。各種情報サービスやチケット，旅行商品，音楽ソフトなどを販売するマルチメディア端末の設置，銀行ATMの導入，郵政公社との連携など拠点数の多さを生かした事業が推進されているほか，最近では生鮮コンビニの展開が注目を集めている。

[及川]

コンビニエンスセンター

convenience center

米国のICSC（国際SC協会）では，従来からの規模別のタイプ分類を変更して，新たにコンビニエンスストアを核テナントとする「コンビニエンスセンター」をSCとして位置づけた。この結果，6万3254のSCが新たに加わることになり，全米で，2009年7月総計10万3451のSCが存在することになった。コンビニエンスセンターは総賃貸面積約2787㎡以下，商圏規模1.6km以下，核テナントのコンビニエンスストアに加え，クリーニング店やドラッグストアやファストフード店などで構成されている。コンビニエンスセンターの平均総賃貸面積は1SC当たり1750㎡と小規模であるが，米国の総SC数の61.1%を占めることになる。

[及川]

コンビニフィットネス

トレーニングウェアに着替える必要がなく，気軽に身体を動かすことのできるフィットネスジム。数分間の時間で手軽に利用することができ，一般的なウォーキングマシンのほか，振動するプレートのうえに立って乗っているだけで脂肪を落とすものなどさまざまなものがある。また，仲間同士でおしゃべりをしながらフィットネスを行う施設もあり，会社帰りやちょっとした空き時間などを利用して誰でも立ち寄ることができる。 ⇒ サーキットトレーニング

[鈴木]

コンビネーションストア

combination store

業態の異なる店が，同一の敷地内や同じ建物の中に配置されている複合的な店舗。コンボともいう。米国で多く見られる。食品スーパーとドラッグストアの組合せが一般的だが，組合せ方の種類は問わない。品揃えの幅広さと，専門性の高さを同時に追求するのが特徴で，ワンストップショッピング機能の強化をめざした業態である。

[及川]

コンプライアンス

compliance

法律や社会的な倫理，規範を守って行動すること。法令順守（遵守）。相次ぐ不祥事をきっかけとして重視されるようになった。単に「違法行為，不法行為をしない」というレベルにとどまらず，将来的なリスクを未然に防ぐ行動までも含んでいわれることが多い。社内規範の確立，業務マニュアルの整備と並んで，日常的な業務を通じての従業員や経営者の倫理観の醸成が不可欠である。 ⇒ 公益通報者保護法，CSR

[外川]

再開発組合

既存の土地・建物を新しい建物等に置き換えることでまちづくりを行い，都市機能をより望ましいものに再生しようとする再開発事業の推進母体となる組織体。再開発組合にとって重要なのは，地元商業者が，その街区の繁栄を子々孫々まで遺そうとする気概をもち，その意欲を共通の基盤とすることである。　　　　　　　　　　　[協会]

催告期間

相手方に対して一定の行為をなすように請求する場合の，定められた期限のこと。義務者に対する義務の履行の催告と，権利者に対する権利の行使の催告に大別される。
[外川]

在庫評価益

期首の割安な在庫を販売することで発生する利益。会計上の売上原価は，期首の在庫額と期中の仕入額の合計から期末の在庫額を差し引いて計算するが，仕入価格が急騰する場合は，期首の安い在庫を含めると売上原価の上昇は仕入価格の上昇よりも緩やかになる。この差が在庫評価益である。
[外川]

裁定取引　☞　アービトラージ

最低保証付歩合賃料

最低限の固定賃料を設定し，売上に対して一定割合（数%）の歩合賃料を徴収すること。売上が賃料に影響するため，厳密な売上管理を行う必要があり，ディベロッパー側の営業戦略が重要となる。単体で機能するショッピングセンターで多く用いられている。　　　　　　　　　　　　　　[協会]

再販

再販売価格維持行為。メーカーが卸・小売業の販売価格（再販売価格）をあらかじめ決定し，指示し従わせること。所有権が移転した後の商品の自由な価格設定権を拘束し，価格競争を妨げるものとして，書籍，雑誌，新聞，レコード盤，音楽用テープ，音楽用CDの著作物6品目を除いて独占禁止法で禁止されている。定価販売させる確定再販と一定範囲内の価格で販売させる値幅再販とがある。☞　希望小売価格
[外川]

裁判外紛争解決　☞　ADR

サイン計画

案内板や標識等の「サイン」を，どこに，どのように設置したらよいのかをまとめた計画。ショッピングセンターのような不特定多数の訪れる大規模施設では，どこに何があるのかがわかりにくいため，適切な案内板や誘導看板を設置し，目的地までスム

ーズに行けるような工夫が不可欠である。
[鈴木]

サーキットトレーニング

circuit training
筋力トレーニングと有酸素運動を30秒ごとに繰り返し，30分程度と短時間で一通りの運動が完了するトレーニング法。機器を円状に配置し，利用者は移動しながら運動するのでこの名がある。鉄道駅の周辺や住宅近接立地にコンビニエンスストア程度の規模（100㎡前後）で出店するのが一般的で，コンビニフィットネスと呼ばれることもある。通常のスポーツジムでは併設されているシャワーやプールなどを設けないので投資額を抑えられるというメリットもある。 コンビニフィットネス　[外川]

サーキュレーション

circulation
出版・情報関連では，新聞，雑誌等の出版物の総発行部数やネット情報の受信者数，広告媒体への情報の伝達の度合をさしていう。広告主がどの媒体に広告を出すか選定する際に，各媒体の「接触見込み数」を比較することになるが，その際にサーキュレーションデータは指標として重要になる。サーキュレーションは雑誌，新聞では発行部数，またテレビやラジオでは視聴率や一定地域内の普及率から算出され，野外広告では歩行者数，交通広告では広告掲載期間中に乗車する客数から算出される。[飯村]

サステイナビリティ・レポート

Sustainability Report
環境，社会的側面から地球規模的持続可能な発展への企業貢献度をまとめた報告書。企業のCSR活動（企業の社会的責任）をとりまとめた報告書ともいえる。持続可能性報告書（持続可能性レポート）とも称され，環境報告書と概念的には近いレポートであるが，各企業により構成が異なる。トップマネジメントのコミットメント，経営方針・理念に加えてステークホルダーである顧客，株主，従業員，地域貢献および環境といわゆるCSR対象領域すべてを記述している企業と環境，社会貢献面に絞って記述している企業がある。　　　　　[協会]

サステナイブルデベロップメント

sustainable development
持続可能な発展。「環境」と「開発」を，互いに反するものではなく共存しうるものとしてとらえ，環境保全を考慮した節度ある開発が可能であり重要であるという理念。1980年に国際自然保護連合（IUCN），国連環境計画（UNEP）などがとりまとめた「世界保全戦略」で提起され，その後，国連地球サミットでは中心的な考え方として，「環境と開発に関するリオ宣言」や「アジェンダ21」に具体化されるなど，今日の地球環境問題に関する世界的な取組みに大きな影響を与えている。日本の環境基本法（1993年制定）における循環型社会の考え方の基礎となっている。　　　　　[外川]

サードパーティロジスティックス

third-party logistics; 3PL
荷主に対して物流サービスの向上および業務の効率化を提案することにより，その企業の物流関連業務を全面的に請け負う業務。顧客各社は，従来，自社で手がけてきた輸送や在庫管理などを総合物流企業等に一括して委託。倉庫やトラックなどをもたなくてすむためコスト削減が可能になる。外部の物流業者に対しては「荷主の物流部門」として，中立的・客観的な第三者（サードパーティ）の立場から提案を行うので，過去からのしがらみにとらわれずに自由に物

流業者を選択できるし、荷主側の要望を一括して代理交渉することが可能になる。欧米では製造業を中心に導入が進んでおり、日本でも流通や日用品メーカーの一部にみられる。　　　　　　　　　　　［外川］

サードプレイス

third place
人々が日常生活を送る場所で、ファーストプレイスが家、セカンドプレイスが会社・学校であり、家でも会社・学校でもない第三の場所をさす。飲食店やショッピングセンター、小売店等がこれにあたり、くつろぎの場、社交の場としての機能を有する。現代の慌しい日常生活にはこのような、ほっとできる場所が必要となっている。
　　　　　　　　　　　　　　　［鈴木］

サバーバナイゼーション

suburbanization
単なる郊外化ではなくて、企業や商業施設、人口の郊外移転にともなって都心部の人口が減少の一途をたどり、失業者、貧困家庭の率が高まり、廃墟のようなビルや住宅が数多く残るなど、都市環境が悪化したこと。アメリカの伝統的大都市では都市環境の悪化が大きな問題となり、1970年代後半以降には、大企業の都心誘致やウォーターフロント開発、アミューズメント型ショッピングセンターの開発など、さまざまな都市再活性化策がとられている。　　　　［外川］

サービサー

servicer
債権管理回収業に関する特別措置法（サービサー法、1999年施行）に基づき、法務大臣の許可を得た債権回収専門業者のこと。最低資本金5億円で業務に従事する取締役1名以上に弁護士が含まれていることや暴力団等の関与がないことが条件とされる。債権者から委託を受けて債権回収を代行する業務と、債権者から債権を買い取って回収する業務がある。銀行系、ノンバンク系、投資ファンド系、政府・独立系のサービサーに分けられる。整理回収機構（RCC）もサービサーのひとつである。　　［藤山］

サービス産業動向調査

GDP、就業者ベースでともに7割以上を占め、重要性が増しているサービス産業全体の動向を明らかにするとともに、GDPの四半期統計をはじめとする各種経済指標の精度と迅速性の向上と機動的な政策立案に資するとともに、民間企業の経営戦略策定の際に活用されることを目的として2008年に創設された統計調査。情報通信業や運輸業、不動産業、宿泊、生活関連サービス業その他、全国の各種サービス産業の事業所から抽出された約3.9万を対象に事業内容、経営組織、売上高、従業者数などについて毎月、調査される。☞　特定サービス産業実態調査　　　　　　　［外川］

サービスマーク

servicemark
役務商標。商標（ある商品やサービスを、同種の商品、サービスから識別させるために用いられる固有の名称や図形）のなかで、サービスを表示するものをいう。☞　商標、商号　　　　　　　　　　　　　　　［外川］

サービスマーチャンダイザー

☞　ラックジョバー

サブキーテナント

知名度よりもむしろ、その業態の特性が、相当の集客力を維持しているテナントのこ

とで，ショッピングセンター内の顧客回遊の均等化をはかる目的で配置された店舗をいう。売場は一般のテナントに比較して大きいが，キーテナント（アンカーテナント）ほどではない。∽ キーテナント，アンカーテナント　　　　　　　　［協会］

サブプライムローン

subprime loan

アメリカの金融機関が信用力の低い個人向けに貸し出す住宅ローン。信用力のある優良顧客向けはプライムローンと呼ばれるのに対し，基準に満たない人はサブ（下の）プライムローンとなる。サブプライムローンは最初の数年間，金利が低く抑えられるため，低所得者層でも借りやすいしくみとなっている。2003年以降，住宅ブームで価格が上昇していたため，金利が上昇する時点で，値上がりした住宅を担保にローンの切替えをしたり，プライムローンに借り替えるなどで対応できていた。しかし2006年に住宅価格の上昇が止まったため，ローンの切替えができず返済に行き詰るケースが続出し信用不安が生じた。サブプライムローンは債権として証券化され，金融商品として全世界に販売されていたため，これに投資していた金融機関やヘッジファンドが損失を被り世界的な株価下落を招いた。　　　　　　　　　　　　　　［鈴木］

サブリース契約

不動産会社（サブリース会社）が建物所有者から建物を賃借し，そのスペースに入居者を募集し，それらスペースを管理・運営し，あらかじめ取り決めた建物の賃料を所有者に支払うリース契約のこと。通常，家賃の85～90％程度を建物所有者に支払い，10～15％の範囲内で経費と利益とを捻出する。また，入居者が支払う「敷金」「保証金」は，サブリース会社で預かり金扱いにして運用することができる。なお，サブリース契約は賃貸借契約であり，借地借家法に基づく賃料増減額請求権の行使ができるとの判例も出ている。∽ 借地借家法，権利金　　　　　　　　　　　　［協会］

サーマルリサイクル

直訳するとサーマル（熱）の回収という意味だが和製英語で，欧米ではサーマルリカバリーという。具体的には廃棄物を焼却するときに発生する熱エネルギーを回収・再利用することで，代表的なものに清掃工場の排熱利用で温水などの熱源や冷房のエネルギーとして利用されている。とくに廃プラスチックはその性格上，リサイクルされることなく埋め立てられるかサーマルリサイクルされる。純石油製品のプラスチックは熱エネルギーが高い。　　　［協会］

サムライ債

yen-denominated foreign bond;
　samurai bond

海外企業，外国政府や国際金融機関等が日本国内において円建てで発行する債券。同じ格付けの国内債に比べて利回りが高いことが多い。1970年にアジア開発銀行が60億円の債券を発行したのが初のサムライ債。日本では近年金利の低い状態が続いており，海外の発行体にとっては，低金利で資金調達をすることができるのが魅力となっている。またサブプライムローン問題による市場混乱で米欧市場で資金の出し手が減ったことを背景に，資金が潤沢で金利が低い日本で資金を調達する手段として発行が増えている。通常の外国債券とは違い，円建てで発行されるため投資家にとっては為替の変動リスクがないのも特徴で，日本国内の個人投資家も預金金利の低下を背景に資産運用の手段として注目している。　［外川］

3PL

☞ サードパーティロジスティクス

3R

reduce, reuse, recycle
リデュース＝廃棄物の発生抑制，リユース＝再利用，リサイクル＝再資源化，の頭文字から名づけられたゴミの減量，環境問題を考えるうえでのキーワード。これまではゴミを"いかに適正に処理するか"という観点に重点がおかれていたが，これからはゴミの排出を最小限におさえ，有限な資源の有効利用をいかに促進するかをSC関係者として実践することが求められている。関係する法律としては，容器包装リサイクル法，家電リサイクル法，食品リサイクル法，建設リサイクル法などがある。[協会]

三角合併

triangular merger
子会社が他の会社を吸収合併する場合に，存続会社の株式ではなく親会社の株式を対価として交付することによって行う合併。株式交換に類似。2006（平成18）年の会社法で定められ，2007年解禁された。これによって外国企業の在日子会社と日本法人との合併が容易になった。[外川]

産業再生機構

預金保険機構や農林中央金庫出資で，企業再生のための株式会社として2003年に設立された組織。不良債権処理が進まない状況下で，企業再生ファンドよりも高く買い取ることで金融機関の不良債権処理を進め，破綻企業の経営再建を促すために設立された機構。経営破綻企業を速やかに再生し，国内の金融機能の回復や産業の競争力強化に寄与することを目的に，期間限定で債権買取りを行う。取得した債権は買取り決定後3年以内に処分されるので，機構の存続期間は原則5年程度である。[外川]

産業廃棄物

1970（昭和45）年制定の廃棄物処理法では産業廃棄物として20種類の廃棄物を指定している。ここでいう産業とは，製造業や建設業などのほか，オフィス，商店等の商業活動や，水道，学校等の公共事業も含まれる。また，爆発の危険があるもの，医療機器など感染性のあるもの，アスベストなどの有害廃棄物などは，特別管理産業廃棄物として指定されており，その処理には特別な管理責任者が必要となる。産業廃棄物を排出する事業者は，自らの責任で適正に処理しなければならないが，通常は収集運搬，処理を専業とする都道府県などから許可を受けた産業廃棄物処理業者に委託する。
☞ 一般廃棄物 [協会]

サンク（ン）ガーデン

sunken garden
道路や地盤面から一段低い面につくられた庭のこと。立体的な景観を楽しんだり，地下室に自然光を採り入れたりするためにつくられる。地下室の壁に沿った小さな掘割はドライエリアと呼ばれ採光や換気に役立つが，サンクガーデンはその掘割がもっと大きくなったものと考えればよい。庭と呼べるほどの規模ではなくても地階に飲食店が何店も入ったビル地下街への入口あたりには，階段に続いて一定の広さのスペースがあるのをよく見かけるが，そのような部分のこともサンクガーデンと呼ぶ。[飯村]

シェア

market share

(市場)占拠率，または占有率。市場における競争的地位を表す指標で，その企業の商品の売上高が，その商品分野全体の売上高に占める比率や，一定の商圏内の全消費支出に占める自店の売上のことをさす。総売上高以外にも総販売数量に対する各企業の販売数量で表す場合もある。市場集中の程度を示す指標として，また商品や店舗の競争上の位置(ポジショニング)を示す指標として重要な意味をもっている。そのため，企業がマーケティング戦略を立てる際には目標として設定される場合も多く，このシェア(マーケットシェア)の獲得を巡り，企業間の競争が行われているともいえる。
☞ ポジショニング　　　　　[飯村]

ジェネリック医薬品　☞ 後発医薬品

ジェネリックブランド

generics brand

ノーブランド，プライベートブランドの一種で，特定のブランドを冠することなく，その商品の種類や機能，成分，特徴だけを明記したもの。低価格訴求商品であり，装飾性を排除し，包装等も簡素であるため，ホワイト・ブランドと呼ばれることもある。また新薬の特許が切れた後に国の承認を得て発売される後発医薬品を，ジェネリック医薬品と呼ぶ。☞ プライベートブランド　　　　　[外川]

ジェネレーションY

generation-Y

米国で1946～64年に生まれた子どもたちをいう。1967年創業のポロ・ラルフローレンなどのライフスタイル提案型のデザイナーズブランドは，彼らの消費パワーに支えられて成長した。☞ ベビーブーマー，団塊の世代　　　　　[外川]

市街化区域

都市計画法，および関連法令の規定を受けるべき土地として指定される「都市計画区域」のなかで，すでに市街地を形成している区域か，おおむね10年以内に優先的かつ計画的に市街化をはかるべき区域のこと。市街化区域内には，住居専用地域，商業地域，工業地域などの地域地区(用途地域)が定められることが多い。都市計画法では，都道府県は都市計画区域ごとに無秩序な市街化を防止し，計画的な市街化をはかる必要があるときには，都市計画に「市街化区域」と「市街化調整区域」との区分を定めることができるとされている。☞ 市街化調整区域，都市計画法　　　　　[外川]

市街化調整区域

都市計画法，および関連法令の規定を受けるべき土地として指定される「都市計画区域」の中で，市街化を抑制すべき区域のこと。山林地帯や農地などが中心で，人口や産業の都市への急激な集中による，無秩序・無計画な発展を防止する役割をもつ。市街化調整区域では原則として開発は認められない。また区画形質の変更をともなわない建築行為であっても都道府県知事の許可が必要とされる。☞ 市街化区域，都市計画法　　　　　[外川]

市街地再開発事業

一般的に、環境の悪化した既成市街地に対し、なんらかの計画的な手立てを講じてその環境改善をはかることをいう。市街地再開発事業には、権利変換方式による第一種事業と、用地買収管理処分方式による第二種事業とがある。　　　　　　　　[飯村]

時価会計

market price (market value) accounting
株式や債券、不動産などの資産を、取得価額ではなくて決算時点の市場価格(時価)で計上する方法。日本では従来、資産を取得価額で計上してきたため含み損益が発生し、帳簿上で財務実態を把握しにくかった。欧米では時価会計が原則であるために、国際化が進展するなかで時価会計への移行が必要とされ、2001年に国際会計基準によって、運用目的の有価証券やデリバティブなどの金融資産に関しては時価会計が適用されることになった。取得価額と時価の差額は、評価損益として計上される。[外川]

時価総額

market capitalization
企業の株価に発行済み株式数をかけて算定された、想定上のその会社の株式の総金額。市場における企業価値を表す指標で、企業規模の国際比較などに用いられることが多い。2007年には外国企業の株式交換による三角合併が解禁されてから、買収防衛の観点から時価総額拡大策が企業の重要なテーマになっている。なお取引所に上場する全銘柄の時価総額の合計は、その市場全体の規模を表す。⚭　三角合併　　[外川]

敷金

不動産の賃貸に際して、賃料その他賃貸借契約上の債務を担保するために、賃借人が賃貸人に交付する停止条件付き返還債務をともなう金銭のこと。権利金と違い、賃借人に債務不履行がないかぎり、賃貸借契約終了時に返還される。ショッピングセンターの場合は、テナントの賃料その他賃貸借契約に付随して発生する付帯債務の支払いを担保とする目的で、ディベロッパーに預けられる金銭をいう。テナントが賃借建物(区画)をディベロッパーに返還する際には、賃料その他テナントの金銭債務に不履行がないことを条件として返還義務が生じ、不履行があれば、その金額相当分については返還義務が生じないものとされている。
⚭　権利金　　　　　　　　[飯村]

敷地面積

ショッピングセンターの場合には、ショッピングセンターの建物、施設が立地する土地面積をいう。建築基準法施行令でいう敷地の水平投影面積に相当する。潜在力、アクセス、視認性、サイズ、コスト等の諸条件を考慮したベストな立地と敷地面積の確保が、ショッピングセンター成功の要件である。　　　　　　　　　　　[協会]

事業委託方式

豊富なノウハウをもつディベロッパーが、土地の有効利用方法の企画、事業資金の調達、建物の設計・施工・監理、テナントリーシング、管理運営等を受託する方式で、土地と建物の両方について土地所有者に所有権を残したまま、受託者が建物を借り受けて事業収益を保証する共同事業方式。
　　　　　　　　　　　　　　[飯村]

事業所内保育所

企業等の事業所内に設けられた保育所で、通常はそこの従業員の子どもを預かる。日

本全国に4000カ所弱あるとみられるが、過半数は看護師等の子どもを預かる医療機関内の保育施設で、一般の企業が運営する保育所は減少傾向が続いており、1500カ所弱といわれる。働く女性の増加、人材確保の観点からも開設が期待されているが、ほとんどが大企業によるものである。運営コスト負担や事故リスクへの対応、保育士の確保や保育所の立地の問題などが障壁になっており、資金力の弱い中小企業の開設は進んでいない。　　　　　　　　　[外川]

事業用定期借地権

主として店舗や事務所、遊技場など、事業のために使用される建物の利用を目的とし、かつ、存続期間を10年以上20年以下とする借地権のこと。原則として契約終了時に更地返還する。土地利用上の用途は事業用に限られ、居住用建物の賃貸事業は含まれない。　　　　　　　　　　　　　　[外川]

資産流動化

土地・建物を保有する会社が、資産を分離し、その資産の裏づけとして資金調達を行うこと。元来、流動性、流通性のなかった土地・建物を証券化手法などで流動性を与え、資金調達手段の多様化、資金調達の低コスト化、資産のオフバランス化、リスクの移転等のメリットをもたらす。資産の流動化に関する法律（資産流動化法）も制度化されており、特定目的会社または特定目的信託を用いて資産の流動化がしやすくなっている。　　　　　　　　　　　　　　[鈴木]

自治体健全化法

北海道夕張市のような財政破たんを未然に防ぐため、「早期健全化」と「財政再生」の2段階で自治体の財政悪化をチェックするしくみを規定したもので2007年度決算から導入された。連結決算の考えで、①自治体本体の赤字の重さを示す実質赤字比率、②本体から病院や下水道事業など全会計の赤字を測る連結実質赤字比率、③一部事務組合などを含み年間の借金返済の重みを示す実質公債費比率、④借金残高から自治体が出資し設立した会社の将来の負債まで点検する将来負担比率、の4つの指標で赤字や借金の重さを見る。4指標のうち1つでも一定基準を超えると、外部監査のほか財政健全化計画の策定を義務づけて改善努力を促す。将来負担比率を除く3指標がさらに悪化して1つでも基準を超えると破たんとみなし、一部起債を制限するなど国の関与を強める。　　　　　　　　　　[外川]

市場化テスト

国や地方自治体が独占的に手がけてきた公共サービスの一部について競争原理を導入し、サービス提供の主体を官・民いずれにするかを決めるための官民競争入札制度のこと。官の独占に風穴をあけ、利用料金の低下やサービス水準の向上を促すもので、規制緩和策の一環として、小泉内閣が導入を決めた。市場化テストのモデル事業としては、2006年から民間企業だけの入札による社会保険庁関連事業、ハローワーク（公共職業安定所）関連事業などがある。
　　　　　　　　　　　　　　　[外川]

市場占拠率　☞　シェア

市場調査

market research

マーケットリサーチあるいはマーケティングリサーチともいわれ、市場の動向を的確に把握し、商品開発や流通戦略など企業のマーケティング戦略立案の資料とするための調査。その方法は、調査目的によって異

なるが，消費者に対するアンケート調査は市場調査の代表的な方法のひとつである。　　　　　　　　　　　　　　　　［飯村］

次世代 DVD

従来の5〜10倍の記憶容量をもち，高精細・高画質のハイビジョン映像が記録できる光ディスクを利用した DVD (digital versatile disc) の新規格の総称。ソニーやパナソニックなどが推進する「ブルーレイ (Blue-ray)」方式と東芝などが推進する「HDD DVD」方式とが映画会社やパソコン会社を囲い込むなど，激しい規格争いを演じたが，ブルーレイが HDD を凌いでデファクトスタンダードとなった。　［外川］

次世代携帯

高速無線通信技術に対応した携帯電話で，現在の「第3世代携帯電話」の通信方式を発展させたもの。2010年以降に商用化予定。ドコモの「FOMA (フォーマ)」などの進化型「3.9世代携帯電話」とも呼ばれ，光ファイバー通信回線並みの最大100メガビット以上の高速通信が可能となる。外出先や移動中でもパソコン並みの高速インターネット接続を楽しんだり，大容量の動画コンテンツを視聴したりできる。KDDIはLTE（ロング・ターム・エボリューション）という規格を採用の意向で，ドコモ，ソフトバンク，イー・モバイルと規格が統一される。　　　　　　　　　　　　　　　　［外川］

次世代高速無線通信

通信速度が毎秒20メガビット以上と ADSL並みで現行の携帯電話網を使ったデータ通信の5倍以上の無線通信。携帯電話など無線でブロードバンド（高速大容量）通信を実現する技術。移動しながら高速通信が可能で，テレビ画像並みの動画像も円滑に送受信できる。光ファイバー網に比べて低コストで通信インフラが整備でき，地域で家庭などが超高速インターネットを利用できるようにする通信技術としても注目されている。KDDIグループはアメリカのインテル社が世界的に提唱するモバイル WiMAX という高速移動に強い技術を使用し，時速100km超で移動する特急列車や自動車内でも途切れずにネット接続できる。またウィルコムは新しいPHS技術を使う計画である。　　　　　　　　　　　　　［外川］

執行役員

corporate officer

取締役とは別に，取締役会の下で業務の執行に専念する役員のこと。商法上の規定はなく，株主に対する責任も負わない。取締役は本来，株主の利益を守るために経営全般を監督する立場にあるが，日本企業の多くでは，社員が昇進して社内取締役になる場合がほとんどであり，また'取締役○○部長'のように，業務執行を兼ねている場合が多い。さらに取締役の数が多いために取締役会での意思決定に多大な時間を要するという問題点をかかえている。そこで業務執行については専任者である執行役員が管理することで，取締役や取締役会が本来の機能を取り戻そうとのねらいで生まれたのが執行役員である。　　　　　　　　［外川］

実質賃料

賃料の種類の別を問わず，貸主に支払われる賃料の算定期間に対応するすべての経済的対価をさす言葉。純賃料（月額賃料）に，預託される保証金・敷金の借り入れ金利等を含めた賃料。　　　　　　　　　　　［外川］

指定管理者制度

従来，地方公共団体や外郭団体に限定して

いた公の施設の管理・運営を，株式会社をはじめとした営利企業・財団法人・NPO法人・市民グループなど法人その他の団体に包括的に代行させることができる（行政処分であり委託ではない）制度である。

[飯村]

指定野菜

消費量が多い，あるいは多くなることが予想される重要な野菜として，野菜生産出荷安定法で定められたもの。大根，にんじん，はくさい，キャベツ，ほうれん草，ねぎ，レタス，きゅうり，ナス，トマト，ピーマン，ジャガイモ，サトイモ，タマネギの14種類が指定されている。作付面積，出荷地，共同出荷割合などに関して一定の要件を満たすことが求められる。本来，野菜農家の経営に及ぼす影響を緩和し，次期作の確保をはかる制度であり，条件を満たした野菜指定産地から出荷された指定野菜については，著しい価格下落の場合には生産者補給金交付によって補填がされる。

[外川]

自動車分担率

大店立地法において必要駐車台数を算出する際に用いられる指標のひとつで，来店する客数のうち自動車で来店する比率。その店舗が位置する都市の人口規模，用途地区および最寄駅からの距離で比率は変わってくる。

[鈴木]

自動車リサイクル

2005（平成17）年施行の自動車リサイクル法に基づく制度で，自動車メーカーに廃車後の自動車のリサイクルを義務づけ，必要な費用は自動車保有者から徴収するもの。①樹脂やゴムなどの破損屑，②エアバッグ類，③エアコンに使うフロン類，の3品目が対象で，再資源化や最終処分に必要なリサイクル料金は，自動車保有者が新車購入時，車検時，廃車時のいずれかに払う。

[外川]

シナジー効果

synergy (effects)

相乗効果のこと。もともとは複数の薬を投与したとき，2つ以上の有効成分が重なり合うことで単独で投薬したとき以上の効果を発揮すること，あるいは逆に副作用が生じることを意味した。経営においては製品や事業など複数の要素が作用したとき，個別に得られる以上の成果をもたらすこと。

[外川]

シニアファイナンス

複数の資金調達手段を使用する場合の優先順位を表現する言葉で，社債や融資など，他の債権より優先的に弁済される，相対的にリスクの低いファイナンスのこと。とくに借入れに絞って，シニアローンと呼ぶこともある。

[外川]

ジニ係数

Gini's coefficient

イタリアの統計学者C.ジニが考案した指数で，所得や資産の分布の不平等度，格差がどの程度あるかを0（ゼロ）から1までの値で示す。全世帯の所得が完全に同じであればゼロで，一部の限られた世帯が極端に大きな所得を占めるようになると1に近づき，所得格差が大きいということを表している。

[外川]

老舗

伝統や格式・信用のある由緒正しい古い店のこと。「老」は，長い経験を積んだこと

を表し,「舗」は店を意味する。業種の別を問わず単に伝統を守るだけでなく絶えざる革新なくしては老舗として存続できない。
[外川]

シネコン

cinema complex
シネマコンプレックス。複数のスクリーンをもつ複合大規模映画館。従来の配給系列を超え幅広い作品を上映する。6スクリーン以下の小型のものをミニプレックス,18スクリーン超の大規模なものをメガプレックスと呼ぶ。ゆったりした座席と優れた音響設備,大型で見やすい画面など鑑賞環境に優れる。1960年代後半のアメリカで大きな映画館を仕切り,複数の映画を上映し一度に多くの観客を集めようとしたことが始まり。ショッピングセンターに併設されることが多く,日本では1993年に第1号がオープンし,1990年代前半の大店法規制緩和下で開発された大規模ショッピングセンターが差別化のために導入したものが多いが,最近では都心施設内への出店も増えている。現在,国内総スクリーン数の過半がシネコンである。 [外川]

私募ファンド

「特定」または「少数」の投資家が資金を募り運用するファンド。広く投資家を募集する公募ファンドに対する言葉。特定の投資家とは適格機関専門家と呼ばれる専門的知識をもつ投資家のことをさす。また少数とは,2名以上50名未満をさす。一般投資家保護のための規制が多い公募ファンドとは異なり専門家を対象とするのが通常なので,運用の制限が少ないのが特徴であり,デリバティブなどで運用されることも多い。
[外川]

島陳列

island display
平台などの陳列器具を利用して,商品を積み上げて通路にアイランド(島)状に陳列すること。量感を前面に出す手法で,各種催事やキャンペーンなどで使われることが多いが,通路幅を狭め,顧客の動線を妨げるため,レイアウトにあらかじめ組み込まれている場合以外には避けるべきとされる。
[外川]

社会人基礎力

コミュニケーション能力など「人との接触の中で仕事をする能力」のこと。経済産業省はその重要性にもかかわらず,若者のそうした能力の低下が指摘されていることから,定義や育成,評価,活用のあり方を探る「社会人基礎力に関する研究会」を開き,中間報告を発表している。それによれば,「社会人基礎力」の内容は,①前に踏み出す力(アクション),②考え抜く力(シンキング),③チームで働く力(チームワーク)によって構成される。企業に対しては,社会人基礎力をベースに採用から人材育成までを一貫した方針で取り組み,採用段階でも若者と十分なコミュニケーションをとるよう提案。就職活動が早期化し,企業と学生との接触機会や期間が縮小していることから,紹介予定派遣制度などにより接触の機会や期間を増やして,ミスマッチを少なくすることも促している。また大学に対しても,正課の授業で社会人基礎力の観点から取組みを行うことや,インターンシップやプロジェクト型授業など産学連携の促進を求めている。 [外川]

社会的責任投資

socially responsible investment
「社会的な責任に対する意識が高く,実際

に社会に貢献するという観点による企業活動を熱心に行っているかどうか」という基準で投資を行うこと。従来の財務分析による投資基準に加え，社会・倫理・環境といった点などにおいて社会的責任を果たしているかどうかを投資基準にし，投資行動をとること。社会的な責任に対する意識が薄い企業は，不正行為を行うなどして，結局は投資家にとって大きなダメージを与える会社である可能性も高く，逆に，社会的な責任に対する意識が強い会社は，長期的，持続的に業績を高めていける会社である可能性が高いという考えに基づいている。

[外川]

借地借家法

土地の賃借権の存続期間や効力，建物の賃貸借の契約更新や効力等に関して定めた法律。1921（大正10）年に制定された借地法，借家法を廃止して，土地活用を活発化させるための定期借地権制度を盛り込み，新しい法律として1991（平成3）年に制定された。また，1999（平成11）年には定期借家制度を導入した改正が行われ，2000年に施行された。 ⟳ 定期借家契約　　　　　　[外川]

ジャスト・イン・タイム

just-in-time; JIT

必要なものを，必要なときに，必要なだけ生産（供給）するという考え方，またはそのためのしくみで，在庫を圧縮し，短納期，多品種少量生産，コストダウンの実現をめざすもの。この思想を実現するためのしくみとしてトヨタの「かんばん方式」が発案された。トヨタ生産方式の原点といえる。JIT（ジット）とも呼ばれる。この考え方は，生産過程だけでなく物流分野などにも幅広く取り入れられている。

[外川]

シャッター商店街

多くの店舗が閉店し，シャッターが閉まったままの状態である商店街のこと。駅前などの中心市街地商店街はかつては地域経済の中心的役割を担っていたが，モータリゼーションや人口の郊外化によって，空洞化するものが増えてきた。シャッター商店街の増加は，地域経済や文化の中心性の喪失につながることから，「中心市街地における市街地の整備改善及び商業等の活性化の一体的推進に関する法律」（中心市街地活性化法，1998年）施行以来，市街地活性化に向けた市町村の取組みへの支援策が打ち出されている。

[外川]

収益還元法

欧米で主流になっている不動産鑑定評価の手法のひとつ。不動産の運用によって得られると期待される収益＝賃料を基に価格を評価する方法。日本でも1991（平成3）年と2002（平成14）年に不動産鑑定評価基準が改正され積極的活用が明示された。年間の賃料（厳密には賃料から諸経費を控除した純収益）を還元利回りで割ることで収益価格を出す。還元利回りは，物件の種類や条件によって変わる。一般的住宅では5〜7%，事業用は8〜10%が目安。　　[飯村]

収益賃料

企業の総収益から対象不動産が一定期間に生み出すと期待される減価償却後の純収益を求め，これに必要経費等を加算して求めた賃料のこと。店舗においては売上高から売上原価，販売費，家賃を除く一般管理費等を控除して，賃料として計上可能な適正額を求める。これは借手側の採算性を重視した賃料である。

[外川]

従業員満足 ☞ ES

種類株

classified stock
議決権はないが，配当などを優先，または増額して受け取れる優先株式，その反対の劣後株式，後に普通株式に転換できる転換予約権付き株式など，議決権や利益配当などの権利内容が普通株式とは異なる株式。1株だけで合併や取締役の選任などの重要事項を拒否できる黄金株などもある。会社法では，財産分配や議決権など権利の異なる種類株を複数発行することが可能になり，従来より譲渡制限も設けやすくなっている。基本的には株式市場では流通しておらず，増資時に条件に応じた種類株を引き受け会社などに対して割り当てるケースが多い。
☞ 普通株　　　　　　　　　　　[外川]

循環型社会

企業活動や家庭生活など社会全般の活動のなかで消費される資源，エネルギーが減耗されることなくリデュース，リユース，リサイクル活動を通じて再利用される社会のこと。主として天然資源を人間が有効に活用される社会を意味している。☞ 3R
[協会]

ジョイントベンチャー

joint venture; JV
合弁企業，合弁会社。共同事業体。もともとは，ひとつの国のある資本が，外国の資本と共同出資で設立・運営する企業のことであったが，現在では建設などの分野で複数の企業がひとつのプロジェクトを共同受注し，技術や人材，設備などを提供しあうために組むしくみのことをいうようになった。　　　　　　　　　　　　　　[飯村]

省エネトップランナー

「エネルギーの使用の合理化に関する法律」（1979年制定，省エネ法）では機器の省エネルギー基準設定の考え方を示している。「エネルギー消費が多い自動車，電気・ガス機器等のうち指定された特定機器の省エネルギー基準を，各々の機器において，エネルギー消費効率が現在商品化されている製品のうち最も優れている機器の性能以上にする（トップランナー）」という方式。1998（平成10）年6月の省エネ法改正によって導入された。　　　　　　　　[協会]

省エネルギー

持続的成長を続けながら環境保全を達成し，さらにはエネルギーの需給バランスを維持して安定供給を確保すること。省エネルギー自体はオイルショック時に注目された経済課題であるが，京都議定書が発効されるなど，近年では，生活自体の改革をはかるとともに，省エネルギー技術の開発や普及が肝要であるとの認識が高まっている。
[及川]

省エネルギー法

温対法とセットになっている法律で正式名称は「エネルギーの使用の合理化に関する法律」（1979年制定）。事業活動を行う者に対して省エネルギーにつながる措置を具体的に定めている。とくに，近年増加している民生用（事務所など）部門の温室効果ガスの削減をはかるための施策が重要視されている。2008（平成20）年の法改正では住宅・建築物分野の対策が強化された。
☞ 温対法　　　　　　　　　　　[協会]

少額短期保険会社

保険業のうち，一定の事業規模の範囲内に

おいて，契約者が1000人超で，保険金額が少額，保険期間1年（第二分野については2年）以内の保険の引受けのみを行う業者。「無認可共済」を登録させ，法規制するねらいで金融庁が設けたもので，2006（平成18）年4月から金融庁への登録が義務づけられた。生保・損保兼営が可とされ，既存共済業者以外でも条件を満たせば登録できる。保険金額の上限は入院80万円，死亡600万円，損害保険1000万円（複数契約合算して5000万円）まで。　　　　　[外川]

消化仕入契約

小売店と納入業者との合意で売値を設定して販売し，その代金は小売店側に入金し，販売した商品の範囲で納入業者から仕入勘定をおこし，一定期間後に仕入代金を請求させて支払うという販売方式が消化仕入契約で，主として百貨店において行われている。納入業者の従業員が販売業務を行うことが多いが，売場での監督権は小売店側（百貨店側）にある。なおこのような契約形態は，売場に対する独立の使用権限を有しないものとして建物の賃貸借には当たらず，借地借家法の適用もないものとされている。　　　　　　　　　　　　　[協会]

商業センサス　☞　商業統計

商業ディベロッパー

ディベロッパー事業のうち商業施設を開発・建設して所有し，運営管理する事業者をいう。近年は，開発・建設，所有，運営管理などのディベロッパー機能の分離にともない商業ディベロッパー機能の分離も進行している。☞　ディベロッパー，SCディベロッパー　　　　　　　[藤山]

商業統計

商業活動の実態を明らかにすることを目的に，経済産業省所管で，全国の卸，小売業のすべての事業所対象で実施される統計調査。1952年に調査開始，現在は5年ごとに本調査，本調査の2年後に簡易調査が実施されている。調査結果は，「産業編：総括表」「産業編：都道府県表」「産業編：市町村表」「品目編」「業態別統計編：小売業」「流通経路別統計編：卸売業」「立地環境特性別統計編：小売業」として刊行される。
[外川]

商圏

trading area
小売業や飲食業などが潜在的に対象とする顧客がいる地域，地理的な範囲。それは商品やサービスを提供する商業者，商店街等とそれを入手して生活を営む消費者の双方から形成される。「商圏」は主として前者側に立ったもので，後者の場合は「生活圏」と呼ばれる。商圏は距離だけでなく，交通手段別の所要時間や業態や取扱商品との関連などを考慮して設定される。最も来店頻度が高い顧客が住む地域を1次商圏，次いで来店頻度に応じて2次，3次商圏と区分することもある。通常，1次商圏は潜在需要の20～30％以上を吸引しうる範囲を，2次商圏は10％以上，3次商圏は5％以上を吸引しうる範囲をいう。最寄品（日常必需品，低次財）を主とする場合は，商圏は小さく，買回り品（高級品，専門品，高次財）を主とする場合は，商圏は広い。
[飯村]

証券化

securitization
債権や不動産などの資産を，証券にして売り出すこと。多額の設備投資を必要とするプロジェクトを手がける場合の資金調達の

手段とされることが多く、事業によって将来的に生み出されるであろうキャッシュフローを配当などにあてる。マンションやホテルの建設などだけでなく、映画などのコンテンツ制作などにかかる費用の一部が証券化される場合もある。　　　　　　[外川]

商号

商業者がその営業活動において自己を表示する名称のことで、商標が商品やサービスを他の同種商品、サービスと区別するために用いるのに対して、商号は商人本人を表示するものであるという違いがある。商標は図形や記号でもよいが、商号は文字でなければならない。商号は商法や不正競争防止法等により保護され、商号使用権（商号を他人に妨げられずに利用する権利）と、商号専用権（他人が自己の商号を不正使用した場合に差し止め及び損害賠償を請求する権利）を有する。また商号は1つの営業について、1つしかもつことができない。さらに会社の場合には、商号の中に会社の種類を明記する必要があり、会社については商号登記が必要とされる。　　[外川]

少子高齢化

出生率が低下し、子どもの数が減るのと同時に、平均寿命が延びて、人口全体に占める子どもの割合が低下し、高齢者（65歳以上）の比率が高まること。先進諸国に共通する現象だが、日本ではとくに急速に進展している。労働力減少により経済成長力が低下するとともに、年金制度での現役世代の負担が増大し、消費力が減退する、教育関連産業その他子どもを対象とする産業の市場規模が縮小するなどの問題があげられている。　　　　　　　　　　　[外川]

上代

商品の標準小売価格のこと。⇨　下代
　　　　　　　　　　　　　　[外川]

使用貸借契約

賃料を払わずに無償で借りて使用すること、またはその契約のこと。使用貸借の権利関係から生じる利用権を「使用権」または「使用借権」という。特別な関係を前提とする場合が多く、借主を保護する借地借家法は適用されない。また正当事由のあるなしにかかわらず、契約期間が終了したら貸主に明け渡さなければならない、契約の定めがない場合には貸主はいつでも返還を請求できるなど、貸主に賃料を払って借りている契約である賃貸借契約に比して、借主の権利に大きな違いがある。⇨　借地借家契約、賃貸借契約、正当事由　　　　　[協会]

商店街

商店が連なる通りや街の一角。駅や神社仏閣、公共施設などを中心として発達してきたものが多い。地域の中心市街地にあり、さまざまな種類の商店やサービス業が集積しているが、その多くは中小商店であり、それらが日常生活を支え、また地域コミュニティの中心的役割を担ってきた。現在、全国に1.3万強の商店街があるが（全国商店街振興組合連合会調査）、産業構造の変化、人口の郊外化やモータリゼーションの進展、大型小売業の郊外出店、経営者の高齢化や後継者難、品揃えの魅力低下などによって、衰退する商店街が多くなっている。⇨　シャッター商店街、商圏、中小小売商業振興法　　　　　　　　　[及川]

衝動買い

impulsive buy

来店前まではその商品購入の意思決定をしていないにもかかわらず,思いつきなどで衝動的に購入してしまう買物行動。商品を購入するにあたり,事前にブランドや価格など十分な計画を立てたうえで商品購入の意思決定をしているのを計画購入という。売手側からみれば,衝動買いを促進させることが売上高の増加に結びつくため,店頭陳列を工夫し,店頭での商品情報の充実などによって,衝動買いを促進するよう工夫している。　　　　　　　　　　　　[飯村]

消費期限

use-by date

加工食品にはすべて,日本農林規格(JAS)法と食品衛生法に基づき,賞味期限,消費期限のいずれかの期限表示が義務づけられている。いずれの期限も開封前の期限を表示している。消費期限は,定められた方法により保存した場合において,腐敗,変敗その他の品質の劣化にともない安全性を欠くこととなるおそれがないと認められる期限を示す年月日をいう。弁当や生菓子,調理パンなど短期間(おおむね5日以内)で傷みやすい食品に付けられている。消費期限は腐敗や劣化により安定性を欠くおそれのない期間をさすため,表示期限を過ぎた場合,食べない方が望ましい。⤿　賞味期限,JAS法　　　　　　　　　[外川]

消費者契約法

企業と消費者には情報の質,量や交渉力の格差があることを踏まえて,事業者の一定の行為によって消費者が誤認,または困惑した場合には,契約の申込みまたはその承諾の意思表示を取り消すことができるとともに,事業者の損害賠償の責任を免除する条項やその他消費者の利益を不当に害するような条項を無効とすることで,消費者の利益を保護するという法律。2001(平成13)年施行。⤿　クーリングオフ　[協会]

消費者物価指数

consumer's price index

消費者が日常的に購入する商品やサービスの小売価格の平均的な変動を表す指数で,総務省統計局が毎月発表している。購入頻度が高く,永続性のある商品とサービスのうちから約580品目を選び,毎月中旬,調査される。⤿　企業物価指数　　　　[外川]

商標

trademark; servicemark

自社の製品,商品やサービスを,他社のそれらと区別するために表示する名称やマーク,しるし,図形などのこと。商品の商標をトレードマーク,サービスの商標をサービスマークと呼び,区分することもある。広い意味ではブランドと同義である。使用者の信用やイメージを維持し,消費者の利益を保護することを目的とする商標法で保護されている。⤿　商号,サービスマーク　　　　　　　　　　　　　[外川]

商標法(改正商標法)

商標法は,商標を使用する者に独占的な使用権(商標権)を与えることにより,業務上の信用の維持をはかって産業の発達に寄与するとともに,需要者の利益を保護する目的で各国で設けられる法律。2006(平成18)年の改正では①小売業,卸売業について使用される商標の保護を開始(第2条),②商標の使用の定義の拡大(第2条),③団体商標の主体拡大(第7条)がされた。とくに③の団体商標の主体拡大によって,地域名と商品名を組み合わせた「地域ブラ

ンド」商標（地域団体商標）が登録しやすくなった。⌒ 地域ブランド　　　　［外川］

消防法

火災を予防し，警戒および鎮圧し，国民の生命，身体および財産を火災から保護するとともに，火災または地震等の災害による被害を軽減し，社会の安定と公共の福祉の増進を目的として制定された。2001年の新宿歌舞伎町ビル火災を機に，2003（平成15）年に改正。火災時の人命危害を少なくするため，火災の早期発見と警報を目的として自動火災報知機の設置や避難器具による避難経路の確保などともに，建物の防火管理充実のための制度が確立された。

［外川］

賞味期限

best-before

食品を美味しく食べられる期限の目安で，定められた方法により保存した場合において，期待されるすべての品質の保持が十分に可能であると認められる期限を示す年月日をいう。ただし，当該期限を超えた場合であっても，これらの品質が保持されていることがあるものとする。スナック菓子や缶詰，乳製品など比較的劣化の遅い商品は賞味期限をつける。賞味期限は期待される品質の保持が十分に可能な期限で，期限後も品質が保持されていることもあり，すぐに食べられなくなるわけではない。賞味期限はかつて品質保持期限とも記されていた。
⌒ 消費期限，JAS法　　　　［外川］

静脈物流

製品が消費・使用された後に発生する空容器や廃棄物（返品も含む），不良品などの回収や処理にともなう物流活動。生産者から流通業者，消費者へとモノが流れる調達物流や販売物流を動脈物流と呼ぶのに対する用語で，回収物流ともいう。環境保全型経済社会システムにおいては，容器包装リサイクル法，家電リサイクル法，食品リサイクル法，産業廃棄物処理法などの適正な遂行のためにも，低公害車の導入やモーダルシフト，容器包装のリサイクルなど環境負荷を低減するグリーンロジスティックスへの取組みと並んで，静脈物流（リバースロジスティックス）の確立が必要である。
⌒ 家電リサイクル法，容器包装リサイクル法，産業廃棄物　　　　［外川］

食育

食に関する知識や情報を修得し，健全な食生活を実践できる人間を育てること。言葉自体は明治時代以降，体育や知育と並ぶものとして用いられてきたが，最近になって，飽食化のなかで栄養の偏りや不規則な食事，生活習慣病の増加などに加え，食文化の疲弊が深刻化するのにともない重要視されるようになった。2005（平成17）年には食育基本法が施行された。　　　　［外川］

職能給

個々の従業員の職務遂行能力に応じて支払う賃金。実際に発揮された能力に加えて，将来の潜在能力も含んで評価する場合が一般的。実際の職務に応じてあらかじめ決められた賃金を支払う「職務給」と比べて，一人ひとりの状況に応じて職務内容を変更してさまざまな仕事を経験させやすい利点がある。一方では客観的な能力の評価が難しいという問題もある。　　　　［外川］

食品衛生法

飲食にともなう衛生上の危害発生を防止し，公衆衛生の向上，増進をはかることを目的とする法律で，1947（昭和22）年に制定。

食品添加物や，食品に含まれる有害物質，食品の容器や器具などについての規格・表示・検査の基準を定めていたが，BSE問題や食品の偽装表示など，食品の安全にかかわる事件が相次ぐなかで2003（平成15）年に食品安全基本法が制定されたのにともなって，全面見直しされた。2003（平成15）年の改正では，規格・基準の見直し，監視・検査体制の強化，食中毒などの事故への対応強化，罰則強化などとともに，ポジティブリスト制の導入による残留農薬規制の強化，輸入食品の監視体制の強化，「総合衛生管理製造過程」としてHACCPの承認制度の導入などが盛り込まれた。⌒ HACCP

[外川]

食品表示規制

食品の安全・安心を確保するための表示で，品質表示の適正化を目的とする「農林物資の規格化及び品質表示の適正化に関する法律」（JAS法）によるもの，食品の安全性の確保を目的とする食品衛生法によるもの，公正な競争の確保や不当な表示を禁止することを目的とする「不当景品類及び不当表示防止法」（景表法）によるもの，適正な計量の確保を目的とする計量法によるもの，国民の栄養改善の観点からの栄養改善法によるものなど，目的に応じ種々の法令や，国からの通達によるもの（ガイドライン等），都道府県の条例によるもの，業界の自主基準によるものなどがある。⌒ 消費期限，賞味期限，JAS法，景表法　　　　[外川]

食品リサイクル法

「食品循環資源の再生利用等の促進に関する法律」。年間2000万トン以上の食品廃棄物の8割が一般廃棄物（家庭や事業所から出る廃棄物で産業廃棄物に指定されていないもの）で，その0.3％程度しかリサイクルされていないという状況を受けて2001（平成13）年に施行された。食品の材料くずや売れ残った食品，食べ残しなどの「食品廃棄物」を減らし，リサイクルを進めるために，食品廃棄物を年間100トン以上出す食品メーカーや流通業者，外食産業などに対しては，食品廃棄物の減量・リサイクルとして，2006年度までに食品廃棄物の20％以上の削減，肥料や飼料として再生利用が義務づけられた。⌒ 改正食品リサイクル法

[外川]

ショッピングセンター

shopping center; SC
SCは，時代や業界を取り巻く環境の変化などによって"SC自体"が多様化し，その捉え方も変化してきている。当協会では設立後の1974年にSCの理解を深めるため定義（iii頁参照）を定めたが，その後1993年に，SCの将来展望も踏まえ，改定した。イメージとしては，単体の施設ではなく，複数の店舗の集合体で，1つの単位として管理・運営された施設を指す。具体的な業態としては，百貨店やGMS，SMなどを核とした大型商業施設やシネコン・ホテル・公共施設などを併設した複合施設，ファッションビル，駅ビルや地下街などをいう。またディベロッパーということばも，本来の不動産開発という意味よりむしろ，SCを管理・運営する立場を指す場合のほうが現状では多い。　　　　　　[協会]

ショップモビリティ

shop-mobility
高齢者や障害者が日常の買物や，その他の目的で外出をするときの支援システムで，英国で始められた。買物の際の移動を支援するために，電動スクーターや車いす等の貸出を行う事業をさす。英国のショップモビリティは，その多くがチャリティ団体や

自治体，またはその合同で営まれている。日本では，買物に限定しない，街全体へと広がるシステムとしてイメージできるよう「タウンモビリティ」という名称が用いられており，全国各地の商店街等で運営されているが，利用者はまだそれほど多くはない。 バリアフリー，ユニバーサルデザイン，ハートビル法　　　　　　　[及川]

ジョブカフェ

若年層を対象とした雇用関連サービス提供施設で，全国の都道府県43カ所に設置されている。厚生労働相，文部科学相，経済産業相により策定された「若者自立・挑戦プラン」に基づいて，若年層対象の雇用関連サービスをワンストップで提供する。学生職業センター，学生職業相談室等が併設され，職業紹介事業や若年層の職業意識形成支援等が行われている。 ハローワーク　　　　　　　　　　　　　　[外川]

ジョブローテーション

job rotation
業務上の必要性から行われる人事異動。配置転換ではなく，人材育成を目的とした「定期的で計画的な」人事異動のこと。長期的な人材能力育成を前提に，幅広い仕事を経験させることが目的。また，同じ職務に長年携わることにともなうマンネリや弊害を防ぐ効果もある。年功序列，終身雇用という日本的雇用慣行のもとで，伝統的に行われてきた制度である。　　　　　[外川]

シリコンサイクル

silicon cycle
半導体業界で好況と不況を周期的に繰り返す景気循環のこと。技術革新による新世代製品の出現により需要が供給を上回ると半導体の価格は上がる。しかし各企業はコスト競争力で優勢な立場をとるため，設備投資競争を行い，生産能力を高めて新世代製品を大量に生産する。そのため需要が一服し供給過剰な状態となれば半導体の価格は下がる。かつては米大統領選などと歩調を合わせて好不況を繰り返すといわれたように，過去40年にわたり，ほぼ4年周期で需給のアンバランスによる景気循環を繰り返している。　　　　　　　　　　[外川]

シルバーマーケット

market for senior
高齢者（一般的には65歳以上）を対象としたマーケットやビジネスを意味する和製英語。いまや日本の高齢化率は20％を超えているが，平均的に健康で年金その他可処分所得も比較的多く，ビジネスの規模は大きいとみられている。とくに団塊の世代のリタイア以降には，衣食住，健康関連，レジャー，教養娯楽から医療・介護まで，多様な分野でのシルバー市場の発展が始まっている。 団塊の世代　　　　　　[外川]

シロガネーゼ

東京都港区白金および白金台に居住する専業主婦あるいは近隣エリアに居住し白金および白金台でショッピングや食事を楽しむ女性たちのこと。高所得で自由な時間をもち，ハイセンスな生活をしているセレブたち。高級ブランド品を利用するものの，モノトーンを基調としたコンサバファッションが基本で，派手ではない印象の服や小物を好むとされる。女性誌『VERY』が「ミラネーゼ（ミラノっ子）」や「ミリオネーゼ（お金持ち）」をもじって1988年頃につくった言葉。年齢層は限定されないものの，おおむね30歳代から40歳代の，いわゆるアラサーやアラフォー世代が想定されているが，アラサーやアラフォーが働く独身女性を想定しているのに対して，シロガネー

ゼは専業，有職の別を問わず主婦またはその予備軍（嫁入り前の良家の子女）である，という違いがある。⤴ アラフォー，アラサー　　　　　　　　　　　　［外川］

白物（白物家電）

white goods
家電製品分野の用語で，冷蔵庫や洗濯機，エアコン，掃除機，炊飯器のように日常的な家事を合理化し，生活を快適にするためのもののことをさす。清潔感をあらわす白色の製品が多かったことからこう呼ぶようになった。ほとんどの白物は飽和状態にあり，また機能面でも成熟化しているために，買替え需要しか望めない分野だと考えられてきたが，2000年以降，ドラム式洗濯・乾燥機やサイクロン式掃除機，自動掃除機能付きエアコン等，高付加価値化・高機能化が進み，またデザイン面での改良が進んだことから，国内市場（出荷金額）は2兆円前後と安定的に推移している。高品質と値ごろな価格から，日本製品は海外市場でも中核的な位置を占めている。⤴ 色物
　　　　　　　　　　　　　　　　　［外川］

新株予約権

当該株式会社に新株を発行させる，または会社の自己株式を移転させる権利のこと。あらかじめ決めた価格で株式を取得できる。従来の転換社債権，新株引受権，ストックオプションの総称で，2002（平成14）年施行の商法改正で導入された。敵対的な買収に対抗する策として使われれば，買収される会社が買収する側の株式買占めに合わせて新株を大量発行し総株数を増やすことで，買収側の持株比率が下がって「株式を希薄化」し，買収意欲をそぐ効果がある。
⤴ 買収防衛策　　　　　　　　　［外川］

シングルマーケット

single market
ファミリー市場に代わって，急速に拡大している単身生活者を対象としたマーケット。その背景となっているものは女性の初婚年齢の高齢化，離婚の増大，サラリーマンの単身赴任の増加，高齢化にともなう配偶者の喪失等である。今後，この傾向は一層強まり，全世帯の4分の1以上が，単身世帯になると予測されている。シングルライフをめざした商品やサービスの開発が重要となっている。　　　　　　　　　　　［飯村］

人材紹介

厚生労働省の許可を受けて，正社員として転職を斡旋する事業。1件の成約につき，紹介した人材が新職場で得る年収の3～4割が紹介会社の手数料収入となるのが一般的で，大半が派遣労働者の給与となる人材派遣業に比べ利益率が高いのが特徴。
⤴ 人材派遣　　　　　　　　　　［外川］

人材派遣

企業等の求人に応じ，1～3カ月の限定期間で人材を派遣するビジネス。派遣社員は派遣会社が雇用し，仕事の命令は派遣先企業から受ける。事務職が主力だが，技術者などの派遣や，一定期間後に派遣先と合意すれば正社員になれる「紹介予定派遣」もある。一方，「業務請負」の場合は，一定人員がまとまって情報システムや工場作業を代行し，現場では顧客企業からの指示を受けない。⤴ 人材紹介　　　　　［外川］

人材バンク

国家公務員の民間企業や大学などへの再就職を斡旋する機関で総務省が所管する。50歳以上で本省勤務の課長級以上の職員を対

象に，企業などから求人登録を受け付け，希望者に斡旋する。「官僚の天下り」に対する批判に対応して発足した制度だが，職員が少ないうえ，求人開拓が不十分で，求人企業等に適切な人材情報が行き渡らず，ほとんど機能していないのが実情。[外川]

シンジケート

syndicate

企業連合，または債券や株式発行の際にその募集や販売を引き受ける組合，もしくは銀行団。語源的にはフランス語 syndicat（サンディカ）は，組合または労働組合という意味で多く使われたが，現在の「シンジケート」は，カルテルや商業組合という事業関連の組織のことをさす。またそれらのほかに犯罪組織やヨットレースのアメリカズ・カップで同レースに参加するチームを意味することもある。シンジケートローンでは，借入人の大口の資金調達ニーズに対し，複数の金融機関が協調してシンジケートを組織し，同一の条件・契約書に基づき融資する。代表金融機関がアレンジャーとして借入人との窓口となり，各金融機関を募り，条件設定・交渉，契約書を作成し，融資実行後は，代表の銀行がエージェントとして，契約条件の履行管理や元利払事務，取引にかかる事務管理，各参加銀行との調整を行う。⚭ 投資事業組合　　　[外川]

信書

特定の個人などにあてて意思を伝える文書のことで，郵便法および信書便法では「特定の受取人に対し，差出人の意思を表示し，又は事実を通知する文書」と定義されている。手紙やハガキのような「一般信書便」は，全国どこにでも同じ値段で届けること，現在は約10万本のポストを設ける義務がある。1個の重さが4kgを超えるものや，配達量が1000円以上だったりする場合は「特定信書便」に分類され，参入規制が異なる。一般信書便の取扱いは日本郵政公社（現・日本郵政）に限られてきたが，2003年に許可制度により民間業者の参入が可能となった。しかし全国津々浦々にポスト等を整備し，均一料金で3日以内に配達する等，条件が非常に厳しく，厳密には民間参入はかなっていない。　　　[外川]

身体障害者補助犬法

身体障害者補助犬（盲導犬，介助犬，聴導犬）の育成と，これを使う身体障害者が各種施設等を円滑に利用し，自立と積極的な社会参加ができるように，施設整備などを促進するための法律。2002（平成14）年施行。⚭ バリアフリー，ハートビル法
[協会]

信託財産

投資信託の資産全体をさす言葉で，委託者から受託者へ引き渡される財産のこと。委託者から託された資産を受託者の名義として，委託者が定めた一定の目的に従って運用を行う。資産運用の権利は受託者にあるが，そこから収益を受ける権利は委託者（投資家）にある。信託できる財産の種類については，とくに制限はなく，金銭，有価証券，金銭債権，動産，不動産，知的財産など財産権一般を受託することができる。収益を享受する権利を受益権，受益権を証明する書類を受益証券という。　　　[外川]

新富裕層

ITベンチャー企業の経営者や，外資系金融会社社員，プロ投資家など一代で財産をなした富裕層のこと。従来型の富裕層と比べ，地道な貯蓄を嫌い，ハイリスク・ハイリターンな投資を好むといわれている。消費の面では，タワーマンション，高級スポ

ーツカー，高級ブランドスーツ，超高級ブランド品などへの志向が強い。ポピュリッチやミリオネーゼともいわれる。　[外川]

随意契約

入札によらず，選択した相手方と随意に契約を結ぶこと。国や地方公共団体などが任意で決定した相手と契約を締結することや締結した契約のこと。国や地方自治体の契約は入札が原則だが，特殊な事業や商品については，入札不能などを理由に随意契約を結ぶ例が多い。随意契約には早期の契約締結や小規模事業者の参入のチャンスなどのメリットもあるが，公平性や透明性が確保できず，不正・汚職の温床となりやすい。また天下り先の企業や特殊法人などへの随意契約も問題となっている。☞　競争入札　[外川]

スイカ　☞　Suica

スィーツ

sweets
甘い菓子のことで，主としてケーキやアイスクリーム，チョコレートなど洋菓子についていわれる。海外，とくにイギリスなどではキャンディなどの子ども向けの安価な駄菓子のことをさすが，日本ではどちらかといえば高級品，おしゃれなお菓子というイメージが強い。1990年代に，それまでの「甘いもの」「デザート」に代わる言葉として女性誌で使われ，店や作り方についての特集記事が組まれるようになってから普及した。転じて，(「スィーツ」の特集記事を載せるような)女性ファッション誌の情報におどらされる女性を揶揄する言葉としても使われることがある。　[外川]

スキニージーンズ

皮膚のように体に張りつく細身のジーンズ。従来のスリムジーンズよりも細く，よりタイトなデザインで，ふくらはぎから足首のラインの細さが特徴。普通のジーンズのような綿素材ではなくて，ストレッチ製のあるポリウレタンやポリエステル等の混紡デニムが使用される。1990年代ではヘルムート・ラングのデザインが有名だが，21世紀にディオール・オム(男性用)がブームに火をつけたといわれる。その後多くのブランドで開発が進み，日本では2006年秋頃から流行している。また2008年にはユニクロがヒートテック素材利用のスキニージーンズを発売し，ブームが加速された。　[外川]

スキミング

skimming
カード犯罪のひとつで，クレジットカードやキャッシュカードの磁気情報を不正に読み出して情報を複製し，不正に使用すること。盗難と違ってカードそのものは無事であるために，犯罪が発覚しにくい。またクレジットカードの場合，被害金額が非常に大きくなるために，業界団体と経済産業省ではスキミング撲滅のためのクレジットカードのIC化を推進している。☞　クレジットカード　[外川]

スクラップ&ビルド

scrap and build
効率の落ちた設備を廃棄あるいは閉鎖(スクラップ)し，効率のよい設備に置き換え，新設する(ビルド)こと。小売業やフード

サービスの場合は，老朽化したり，陳腐化したりした店舗を閉鎖し，新しい店舗をつくることをいう。競争が激しいチェーンストアでは，成長を持続するための適切なスクラップ＆ビルド戦略構築が不可欠である。
[飯村]

スタグフレーション

stagflation
景気停滞を意味するスタグネーション（stagnation）とインフレーション（inflation）を合わせた語で，通常はトレードオフ関係にある不況と持続的な物価高が同時進行する状態を表す。産業が低迷し，失業率も高水準に達するという深刻な状況で，1970年代の石油危機時をはじめとして，サブプライムローン問題に端を発した米国の現況などが典型的。　　　　　　[外川]

ステークホルダー

stake holder
株主，従業員，テナント，取引先企業や地域住民など，その企業にかかわりのある，あらゆる利害関係者のことをいう。[外川]

ステルスブロガー

stealth blogger
中立的な一個人を装って，自分のホームページやブログで特定企業やブランド，商品の宣伝をする覆面ブロガー，またはそのような行為のこと。社員，アルバイト，ボランティアなどが中立的な一消費者を装って，周囲に宣伝と気づかれないように商品を宣伝したり，都合のよい情報を発信するステルスマーケティングの一種で，最近はブログだけでなく動画共有サイトへのビデオ投稿なども増えている。直接的に商品やサービスを購入させるわけではなく，ブランドや商品をさりげなくアピールするものがほとんどだが，訪問者数が多いブログの場合には影響力は非常に大きく，問題も指摘されている。米国ではウォルマートやドクターペッパーがステルスブロガーを使ったプロモーションを仕掛けたことについて，猛烈な批判を浴びた。↝　バイラルマーケティング　　　　　　　　　　　[外川]

ストアコンパリゾン

store comparison
競合する店を品揃えや価格，売場のレイアウト，接客サービスや販売促進等，さまざまな角度から比較考察し，自社や自店の経営に役立てること。競合店比較調査。ライバルと比較したうえで差別化をはかるのが目的であり，PDCA（plan〈仮説〉⇒ do〈実行〉⇒ check〈検証〉⇒ action〈改善〉）サイクルのひとつとして位置づけることが重要であるとされる。↝　PDCAサイクル
[外川]

ストアロイヤリティ

store royalty
特定の店舗や企業に対する顧客の信頼感や愛顧心，親近感。顧客がその店舗のサービスや品揃えに共感して，継続的に利用すること。ロイヤリティの高い顧客（ファン）が増加することで，売上の確保が期待される。　　　　　　　　　　　　　　[及川]

ストックオプション

stock option
自社株を，ある一定期間中にあらかじめ決められた価格（権利行使価格）で買える権利を会社の役員や従業員に与える制度。会社の株価の上昇が自分の利益に直結するため，仕事に対する意欲を喚起する効果がある。インセンティブ（動機づけ）のひとつとされる。↝　インセンティブ　　[外川]

ストリップセンター

strip center
店舗が道路に沿って一列に連続して（strip状に）並んだ米国のショッピングセンター形態。多くはネイバーフッド・ショッピングセンター（NSC）に相当し、通常は店舗の正面に駐車場を配している。近年は大規模なタイプも登場している。 ∽ NSC
[協会]

ストリートファニチャー

street furniture
ベンチ、電話ボックス、外燈、水飲み、くず箱、標識、プラントボックス等、道路、主として歩道上に設置される屋外装置物の総称。広義には地下鉄出入口、警察派出所、安全地帯、植樹帯などの施設も含まれる。歩行者専用道路、遊歩道、モール等、歩行形ネットワークの整備の重要性が取り上げられ、デザイン的にもひとつの方向性をもたせて設置されるケースが多い。商店街等でもゲート施設や店舗の看板、案内表示板等に統一性をもたせて一貫したストリートファニチャーを設置するところが増えている。
[外川]

スーパースーパーマーケット

売場面積2000～3000㎡程度の大型スーパーマーケット。一般的なスーパーマーケットよりも品揃えの幅が広く、日用雑貨や衣料品、惣菜なども豊富である。売れ筋商品以外のものも並べることができるので、品揃えにバラエティがあり、差別化がはかれる。GMSや総合スーパー、スーパーセンターのような総合小売業と異なり、あくまでも食品を中心とした業態である。
∽ スーパーマーケット、GMS [外川]

スーパーセンター

supercenter
米国のウォルマートが開発した総合品揃えの超大型店で、非食品小売業であるディスカウントストアに食品小売業であるスーパーマーケットを組み合わせたもの。売場面積1万～2万㎡で、生鮮食品、加工食品、家具、家電、家庭用品、日用雑貨、衣料品、宝飾品、玩具、スポーツ用品、園芸用品、医薬品など多様な商品を低価格販売する。薬局や眼鏡部門を設けている店も多い。低い販売管理費率によるローコストオペレーションが特徴のひとつで、低価格業態だが収益性は高い。日本では1990年代半ば以降、ホームセンターや地方スーパー、大手の総合スーパーなどがスーパーセンターを展開し始めている。∽ ディスカウントストア、スーパーマーケット、ハイパーマーケット
[及川]

スーパー銭湯

サウナや露天風呂、ジャグジーやジェットバス、薬草湯など多種多様な温浴設備のほかに、エステティックやマッサージ、リラクゼーションルームなどの美容、娯楽施設や飲食サービスを備えたレジャー施設的な大型の浴場。中京、関西が発祥の地といわれるが、現在では郊外を中心として全国的にみられる。深夜営業の施設も多く、手軽に温泉気分が味わえ、低料金で長時間過ごせる施設として人気を集めている。[外川]

スーパーバイザー

supervisor
フランチャイズチェーンなどの店長やマネジャーに対する経営指導担当者。複数の店舗を統括してきめ細かな指導を行う。コンビニエンスストアのフランチャイズチェーンなどでは、加盟店オーナーに対して、ス

ーパーバイザーが品揃えから商品発注，店員教育，顧客サービスなどの営業活動から，コストコントロールなどの経営管理まで指導し，加盟店の業績をあげ，チェーン全体の収益向上をはかる。⇨ フランチャイズチェーン　　　　　　　　　　[及川]

スーパーマーケット

supermarket
生鮮食品をはじめとする食品を品揃えの中心としたセルフサービス方式の小売店。1930年代に米国で生まれ，当時の映画業界が大作を表現するときに使った「スーパー」から転用された。商業統計（経済産業省）では，「食料品スーパー」として区分されるが，その定義は，①食品販売額が全体の70％以上，②売場面積250㎡以上，③売場の過半にセルフサービス方式を採用しているもの。多くがチェーン展開されているが，物流システム化や鮮度管理上の事情から，全国規模で展開されているものはなく，日本では，ほとんどがローカルチェーンかリージョナルチェーンである。⇨ セルフサービス販売，チェーンストア，GMS
　　　　　　　　　　　　　　　　　[協会]

スパム

spam
迷惑電子メールの総称で，不特定多数に向けて一方的に送付される広告メールなどをさす。スパムメール，ジャンクメールともいう。ロボット型検索エンジンの上位表示を目的とし，ページの中に文字を隠したり，隠されたリンクをもつページなどは，「検索エンジンスパム」と呼ばれる。語源は豚肉の缶詰の商標であるが，英国のテレビコメディー番組の「Monty Python's Flying Circus（空飛ぶモンティ・パイソン）」のなかで，レストランに入った夫婦が注文しようとすると「スパム，スパム，スパム」と連呼され，渋々「スパム」を注文するというコントから，大量に送られる迷惑メールをさすようになった。　　　　　[外川]

スペシャリティセンター

specialty shopping center
百貨店やGMSなどの大型店舗を含まずに，個性的な専門店と特徴的な環境演出で集積の魅力をアピールするタイプのショッピングセンター。米国では観光地に立地した非日常的な商業集積が一般的であるが，日本ではファッションビルなどの専門店ビルをスペシャリティセンターと呼ぶこともある。
　　　　　　　　　　　　　　　　　[協会]

スマートシェルフ

smart shelf
無線ICタグを装備した商品の陳列棚や，そのような商品管理の情報システムのこと。一つ一つの商品に付けられたICタグの情報を瞬時に読み取ることで，店頭在庫管理や販売情報管理ができる次世代型商品管理情報システムの核機能のひとつである。適正在庫を下回った場合には自動補充システムに連動する。商品が実際に購入されなければデータが発生しないPOSシステムと異なり，顧客が商品を手に取っただけでも，そのデータが把握されるので，より効果的な品揃えや陳列方法につながることが期待されている。しかし，現状ではICタグや読取装置などのコストが大きいという課題がある。　　　　　　　　　　　　[外川]

スマートフォン

通話やメールだけでなく，パソコン向けのサイトの閲覧や，ワープロや表計算などパソコン並みの情報処理が可能な多機能携帯電話機。タッチパネル（画面を指でなぞって操作する）やパソコンと同じ配列のキー

ボードを搭載する機種が多い。日本ではタッチパネル方式の普及が遅れていたが、ソフトバンクモバイルが発売した米アップル製の「iPhone（アイフォーン）3G」（2008年7月発売）をきっかけに日本でも認知度が高まった。個人向けよりも法人需要に可能性があるとみられている。⇨ iPhone
［外川］

スローフード

slow foods
効率性や利便性を追求したファストフードに対して、地域の食材や料理を大切にし、地域の食糧生産者を守り、「食」の重要性を学ぶこと（食育）や、地域の食文化を継承することをめざすNPO運動で、イタリアのブラという村から始まり、世界中に波及した。日本にも支部がある。①消滅のおそれがある伝統的な食材や料理、質のよい食品、ワインを守る、②良質の食材を提供する小規模な小生産者を守る、③子どもたちを含め消費者へ味の教育を進める、というものだが、ファストフードビジネスや画一化した大規模食品産業への単なる反対運動ではなくて、「食」の本来の意味を問い直し、地域独自の食文化や食習慣を見直し、食事の場での人々の語らいや調理の醍醐味を再発見、再評価するという積極的な意味がある。日本では食のグローバル化のなかで衰退が危惧される日本独自の食文化や伝統食材、調理方法を再構築しようという意識が強い。⇨ ファストフード、マクロビオティック
［及川］

スローライフ

slow life
バブル経済期が「早さ、効率性、合理性」を重視した社会であったのに対し、ゆっくり、ゆったり、心ゆたかに人生を楽しもうというライフスタイルのひとつの考え方。イタリアで始まった「スローフード」から派生した言葉であり、まちづくりにおいてはニューアーバニズムとも関連してくる。
［鈴木］

セ

生活者

consumer
消費者と同義に使われる場合が多いが、最初に生活者という言葉を使ったのは博報堂生活総合研究所（同社の『生活新聞』1981年刊ではじめて「生活者」が使われた）であったが、当時は「生活者」はあるべき姿（＝理念型）であっても現実そのものではなく、受動的な「消費者」としてとらえたほうが、マーケティングの立場からは、理解しやすかった。現在は「生活者とは生活の質を向上させようという意思のもとに、さまざまな商品・サービスの利用を主体的に判断する人々である」（（財）機械振興協会経済研究所「生活密着型機器のアフターセールスに関する調査研究」）ととらえられている。
［飯村］

生活提案

主として小売業が需要創造を意図して、どのようにしたら生活シーン（生活の場）が快適になるかを提言する行動。物不足時代の必需品単品販売中心の発想を転換し、より快適なライフスタイルを提案するためのマーケティング戦略、マーチャンダイジング戦略を展開する新たな発想形態が求められている。
［飯村］

生活保護基準

生活に現に困窮している国民に，困窮の程度に応じ必要な保護を行い，最低限度の生活を保障するとともに，自立の助長をはかることを目的としている生活保護の基準で，憲法で保障する最低限度の暮らしができる「最低生活費」の水準。厚生労働省の告示で定められる。食費，被服費，光熱費などの日常生活をまかなう生活扶助が基本である。3人世帯の場合，このほか，必要に応じて医療，住宅，教育などの扶助が加わる。生活保護費は不況の深刻化，失業率の上昇を背景に2007年以降拡大基調にある。

[外川]

生協法

正式名称は，消費生活協同組合法。消費生活協同組合(生協)とは，一定の地域や職域による人と人との自由な結合体で，協同互助の精神に基づいて組合員の生活の文化的，経済的改善をはかることを目的とする非営利の組織体と定義される。1948(昭和23)年制定されたが，経済社会環境の変化にともない，2007(平成19)年に大幅改正された。改正生協法は，消費者の暮らしの変化や生協の今日的到達点，社会的要請を踏まえ，組織運営面では，理事会等の機関の権限・責任を明確化し内部ガバナンスを強化しつつ，外部チェック・組合員の訴権等が整備された。また事業面では県域規制や員外利用規制等について法制定当初からの厳しい規制を緩和するとともに，医療・福祉事業を法文上明記し，共済事業では契約者保護のため経営の健全性や透明性等の確保がはかられている。さらに，貸金業法改正にあわせた措置等も導入された。

[外川]

生産受託会社

manufacturing service

製品の組立て等を請け負う生産専門の会社で，とくに電子機器分野ではEMS(エレクトロニクス・マニュファクチャリング・サービス)の名称で生産の主役を担うようになった。最近では設計から製造までを請け負うものも登場している。委託するメーカーは研究開発などに専念し，設備投資負担を圧縮できるとともに，需要変動にともなう設備過剰のリスクを減らせる。パソコンや携帯電話機などでEMSの活用が多かったが，薄型テレビなどにも広がっている。
⤷ OEM

[外川]

成熟市場

maturity market

市場の特性は，多くの消費財が高い普及率を示す。衣料品などは「タンスがいっぱい」といわれるように多くの消費者は有り余るほどに保有しているため，成長期の市場のように強い購入意欲を示さない，需要は買替えか買増しが中心である。1980年代に入って，わが国の市場は，成熟市場となった。

[飯村]

生鮮コンビニ

コンビニエンスストアとほぼ同規模(100㎡前後)の小型店で，生鮮食品や加工食品，生活雑貨を均一価格で販売する業態。コンビニエンスストア市場が飽和化し，低価格志向が根強いなかで大手のチェーンが，百円ショップや生鮮カテゴリーキラー(ディスカウント食品スーパー)などへの対抗策として打ち出した。品揃えの中心は購買頻度が高い青果で，主婦や高齢者などの新たな顧客開拓をめざしている。⤷ コンビニエンスストア，百円ショップ

[及川]

正当事由

合理的な理由や要件，道理に合っていること。建物の賃貸借契約における正当事由とは，契約期間満了前に，貸主が借主にその契約を破棄したいと要望するときに，その理由としてあげられる事情のことで，それが正当事由と認められた場合に，貸主の要望が法的に認められることになる。
⌒ 借地借家法　　　　　　　　　　[外川]

製販同盟

包括的提携や戦略提携のひとつで，大手小売業チェーンと製造業者間の協業関係のこと。米国のウォルマートが主要取引先との間に構築した取引関係をさし，日本では1980年代末頃から見られるようになった。マーケットが成熟化し，売上が伸び悩むなかで，流通システム全体を効率化し，製販双方に利益をもたらすようなwin-win関係を構築することが目的で，提携の範囲は，商品の共同開発や受発注システム，ロジスティックスの共有などから，新事業の共同開発まで幅広い。⌒　CPFR　　　[外川]

整理回収機構

公的資金を投入された破綻金融機関や住宅金融専門会社の不良債権の買取りや回収を主業務とする株式会社。略称はRCC。整理回収銀行と住宅金融債権管理機構が合併して1999年に設立された。預金保険機構が全額出資している。　　　　　　[外川]

政令指定都市

地方自治法第252条の19（大都市に関する特例）にある「政令で指定する人口50万以上の市」のこと。大都市における行政運営を円滑，効率的に行うためにつくられた制度で，政令指定都市になると都道府県とほぼ同一の財政上の権限をもち，多くの事務が委譲される。人口上の条件は50万人以上だが，都市機能，行財政能力などの面において既存の指定都市と同等の実態を有するとみられる市が指定されることから，おおむね人口80万～100万人以上の都市が指定を受ける。また政令指定都市になるための基準は都市規模であり，都道府県庁所在地であるかどうかは問わない。2010年4月現在の政令指定都市は，札幌，仙台，さいたま，千葉，川崎，横浜，相模原，新潟，静岡，浜松，名古屋，京都，大阪，堺，神戸，岡山，広島，北九州，福岡の19市。
[協会]

セカンドライフ

Second Life
米国のリンデンラボ社が2003年に始めたWebサービスで，利用者は自分の分身（アバター）を使って，買物や観光，商売，交際その他の活動を繰り広げるというロールプレイイングゲーム（RPG）の一種。従来のオンラインゲームとの一番の違いは，商品購入やその他の取引において現実通貨（ドル）に換金可能な「リンデンドル」と呼ばれる仮想通貨が使われていること。マーケティングツールとしても注目され，日本でも広告代理店，自動車会社や公的機関も参加した。一時期には米国を中心に数百万人を越える登録者を集め，なかには不動産売買やアイディア販売，その他のビジネスで100万ドル以上を稼いだ利用者も出たといわれるが，金融バブルがはじけてからは沈静化している。　　　　　　　　[外川]

セカンドライン

secondary line
デザイナーズブランドの普及版を意味するもので，デザイナーズブランドは高級品として特定の顧客に限定されていたが，市場

を拡大することをめざして、デザインの感性やテイストを生かしながら、ソフトなデザインや購入しやすい価格帯に設定した新ブランドを構築している。最近では、都心のファッション専門店向けのナショナルブランドメーカーが、成長する郊外マーケットへの対応として、デザインやテイストをソフトにして、価格帯もリーズナブルなブランドショップを郊外型SCや地方の駅ビルなどに出店するケースが多い。「ディフュージョンライン」ともいわれているが、従来、出店していた百貨店や都心の専門店街などに配慮して差別化をはかるためにセカンドブランド、セカンドラインを展開する場合もある。　　　　　　　　　　[及川]

積算賃料

賃貸借開始の時点における投下資本に期待利回りを乗じて得た額に、さらに賃貸借を継続するために通常必要とされる諸経費を加算して賃料を求める方法で、求められたものを積算賃料という。なお、ここでいう諸経費とは、「減価償却費」「維持管理費」「公租公課」「損害保険料」「空室による損失相当額（補填費）」などで、貸主側の採算性を基礎とするもの。　　　　　　　[外川]

石油代替エネルギー法

内外の経済的社会的環境に応じたエネルギーの安定的かつ適切な供給の確保に資するため、石油の代わりにエネルギー源となる天然ガスや石炭、水力や風力、太陽光などの石油代替エネルギーの開発や導入を促すための法律。2度の石油危機を受けて1980（昭和55）年に制定。国は代替エネルギーの供給目標を策定・公表しなければならない。またエネルギーの供給事業者などは石油代替エネルギーの開発や導入を促進するために努力しなければならないが、義務はない。　　　　　　　　　　　　　[外川]

セグメンテーション

segmentation
市場細分化。ターゲットマーケティングの最初のプロセスであり、自社の事業や製品が対象とする市場を、なんらかの明確な基準によって細かく区分することを意味する。また、共通のニーズをもち、類似の購買行動をとる顧客の集団に市場を分割し、それに応じたマーケティングをすること。細分化の基準には、地理的（ジオグラフィックな）変数、人口動態的（デモグラフィックな）変数のほかに、心理的変数や行動パターン変数などがある。⇨　ターゲットマーケティング　　　　　　　　　　[外川]

世代特性

special quality of generation
生まれ育った時代の違い（時代性）と、年齢の違い（年代性）によってみられる特性。販売面では、世代によって消費態度や生活意識が大きく異なっていることに着目し、市場細分化の方法として、市場の量的、質的な把握のために利用されることが多い。わが国の市場で最も注目されている世代は、1947（昭和22）年から49年生まれの世代（いわゆる団塊の世代）とその子どもたち（団塊ジュニア）である。　　　　[飯村]

設計説明会

ディベロッパーが主催し、内装監理室から出店する店舗のオーナーと設計者に対して、店舗設計上の留意点を説明する会合。ディベロッパーから承認された店舗内装設計指針書に基づき説明を行い、説明内容は、大きく設計上の規約と、デザイン規制に分かれる。設計上の規約は、法規上の設計規制項目、当該施設の建築設備の状況による設計規制項目、工事区分、内装監理業務の組織と推進手法、工程表、現場協力金等諸費

用の内容説明，等が含まれる。デザイン規制は，施設コンセプト，共用環境の考え方，サイン・ファサード・高さ制限等に基づく規制が含まれる。　　　　　　　　[鈴木]

セーフガード

safeguard

ある品目の輸入が増加することで，国内産業に重大な影響（損害）が与えられるおそれがある場合に，緊急輸入制限を行う権利のこと，またはその緊急輸入制限。GATT（関税貿易一般協定）の特例条項で，WTO（世界貿易機関）協定でも認められている。
[外川]

セーフティネット

safety net

経済的弱者や企業を救済するための社会保障政策や経済政策のことで，サーカスの空中芸などで落下した際に怪我を防ぐために張られた転落防止ネット（安全網）から転じた言葉。具体的には，生活保護制度，雇用保険，中小企業庁のセーフティネット保証制度があげられる。また金融業の分野では金融機関の破綻時に投資家や預金者を保護するための手段や施策の意味で使われる。
[外川]

セールスコンテスト

sales contest

販売店やその従業員の販売意欲を刺激するために，一定期間に一定条件のもとで販売に関する競争をさせて優秀者を表彰するような活動をいう。この目的は，営業所や販売店の競争意識を刺激することによって販売量の増大をねらうことにあるが，そのほかにコンテストを通じて，販売技術，陳列技術，POP広告技術などを修得させる効果もある。　　　　　　　　　　　[飯村]

セルフサービス

self service

流通革命がもたらした経営手法の一概念。1916年，テネシー州メンフィスに開店した食料品店「ピグリー・ウィグリー」が第1号といわれている。商品陳列を顧客が商品に自由に手を伸ばすことができるように開放陳列（オープンディスプレイ）にし，商品と顧客が直接対面し，販売員がその間に介在しない非対面販売方式をいう。スーパーマーケット，スーパーストアの発達とともに普及してきた販売方法である。
[飯村]

セルフサービス・ディスカウントストア

self service discount department store; SSDDS

セルフサービス方式を採用した安売り百貨店のこと。昭和30年代の後半にこの方式がわが国の小売業界に紹介され，大量販売を可能にする流通革命論を大きく前進させた。SSDDSは，業態をさしているのではなく，新しい販売システムを意味しているのであり，このシステムをベースに，スーパーマーケット，ディスカウントストアなどが発展してきた。フランスやアメリカではハイパーマーケットという呼び方でこの種の業態が展開している。　　　[飯村]

セルフサービス販売

self-service

商品説明や接客を行うための販売員を置かない販売方法。顧客自身が売場の商品を手に取って選択し，備え付けのカゴやカートでレジまで運んで精算する。スーパーマーケットやGMS，ホームセンターなどの最寄品小売業が典型例で，パソコンや家電製品，ファッション製品など詳しい説明が必要な商品や専門度の高い商品，いわゆる買

回り品には適さない販売手法である。販売員を多く置かずにすむことや、売場を有効活用できることなどによって、販売コストを削減できる。販売員による接客をわずらわしいと思う顧客にとっては自由に商品を選択できるというメリットもある。ただし販売員を置かない代わりに、品質や価格、使用方法、有効期限といった商品の情報を顧客に対して十分に提供する手段を講じる必要がある。∽ スーパーマーケット,最寄品, 買回り品　　　　　　　　[外川]

セルフメディケーション

self-medication
自己治療。個人が健康や医療に関する情報・知識を駆使して、健康管理や軽い病気、ケガの手当てなどを自らの判断で行うこと。最近では毎日の食事で不足する栄養素をサプリメントで採ることや、ハーブやアロマテラピーで心身を癒す、休養のために積極的に睡眠をとるなども含んでとらえるようになっている。　　　　　　　　　[外川]

セルフレジ

未来型小売店舗（フューチャーストア）の情報システム化の一環で、商品に付いたバーコードやICタグを顧客自身がスキャナーにかざして情報を読み取らせ、精算するしくみ。欧米では21世紀初頭から導入が進んでいるが、日本ではまだ実験段階。間違いや不正を防止するために、会計の前と後のレジ袋の重さを自動計算したりして、会計漏れなどがあると客に知らせる。決済は現金でもクレジットカードや電子マネーでも可能だが、単なる精算の自動化にとどまらず、マーケティング情報を収集したり、経営をより効率化するためには電子マネーやクレジットカードが望ましいとされる。また不正行為がないように店員の目視や監視カメラでのチェックのほか、モニター端末で会計作業をリアルタイムで集中管理するなどの設備も必要とされる。　　[外川]

セールリースバック

sale and lease back
オリジネーター（原資産保有者）が、既存のアセット（機械、設備その他資産）をSPC（特定目的会社）に売却し、SPCとオリジネーターとの間で、そのアセットにかかわる賃貸借契約を締結することで、オリジネーターが自社利用を継続し、SPCに賃借料を支払うというリース方式、資産流動化手法。∽ 特定目的会社　　　　[外川]

セレクトショップ

メーカーの系列とは関係なく、小売店独自のポリシー、感性やショップコンセプトのもとに精選された複数種のブランドを品揃え・販売する専門店。オーナーの思い入れやこだわりを前面に出して差別化、個性化を演出している点が特徴で、衣料品をはじめとして家具、雑貨などの分野で展開されている。最近では海外からの直接買付け商品も含めて、独自商品の比率が高まっている。∽ コンセプトショップ　　　[外川]

セレブ

celebrity
セレブリティを略したもので、海外の著名人や俳優、スーパーモデルなどのことを意味する。最近では意味解釈が拡大し、お金持ちになることやブランド品を身に着けることを、「セレブになる」などと表現するようにもなっている。　　　　　　　[外川]

ゼロエミッション

zero-emission
資源循環型社会を確立するための考え方。

一般には廃棄物ゼロと理解されている。もともとは1994年に国連大学が資源循環型の社会システムをめざして提案した構想。自然界の食物連鎖を手本とし、産業から排出されるすべての廃棄物や副産物が、他の産業の資源として活用され、全体として廃棄物を生み出さない社会のしくみをさす。企業や自治体などは焼却や単純埋め立てによって処分する産業廃棄物をゼロにするために、廃棄物を徹底的に分別し、原料や燃料として再利用をはかる。　　　　［及川］

占拠率　☞　シェア

センターコート

center courtyard

ショッピングセンター等の商業集積や、その他大きな建物の中庭または中央の広場のこと。テニスではレシービングラインの中央部分のこと、あるいは英国ウィンブルドンにあるテニスコートで、全英テニス選手権決勝戦のときにだけ使われる芝のコートのことをさす。　　　　　　　　［飯村］

セントラルキッチン

central kitchen

チェーン展開をしている飲食店、レストラン、コーヒーショップなどが各店舗には調理機能をもたず、1カ所で集中的に調理すること。またはその設備をさす。調理に関連する食材の仕入、調理品の配送も受け持っており、各チェーン店は配達された調理済み食品を電子レンジで温め、盛り付けるだけなので、接客に集中できる。セントラルキッチンにより多店舗でも均質な味を維持し、低廉な価格で提供できるようになった。　　　　　　　　　　　　　　［飯村］

専門大店

専門性の高い大型店の意味で、総合小売業離れに対応して百貨店が打ち出した専門性の高い業態のこと。特定の分野に絞り込んだ商品や専門性の高い売場、ショップを揃えたもの。なんでも揃う万人向けの百貨店から、顧客も商品もセグメントされた専門ショップが複数並んだ専門大店へと移行することで、価値観の多様化した消費者のニーズを汲み上げようとする。あらゆる分野の商品を取り揃えた従来型の百貨店よりも販売管理コストがかからず、店舗の特徴を打ち出しやすいことから、郊外等への新規出店の場合だけでなく、既存店舗をリニューアルして専門大店化するところもある。または、従来の専門店の規模では、多様化する消費者ニーズ、ウォンツに応えられなくなったため、店舗面積を拡大し、品揃えを広く、深くした専門店。あるいは、あるカテゴリーに商品を絞り込み、大量販売し競争力を高め、単独で営業可能な専門店。大型家電店、大型紳士服店、大型玩具店などが代表的。☞　百貨店　　　［及川］

専門店

specialty store

業種分野の違いを問わず、絞り込まれた品種やその関連商品のみを扱い、その商品については品揃えが豊富で、幅広い需要にも応じられる専門度の高い小売業。単に取扱商品が限定されているだけではなく、独自の商品開発力があり、店づくりにも個性を発揮する業態で、サービスや情報発信にも力を入れている。　　　　　　　　　［及川］

そうちんた 139

騒音規制法

工場や事業場における事業活動や，建設工事にともなって発生する騒音について規制するとともに，自動車騒音の許容範囲を定め，生活環境の保全と国民の健康保護に資することを目的とした法律。騒音を防止することで住民の生活環境を保全する必要があると認められる地域を，都道府県知事が指定し，指定地域内での騒音が規制対象となる。大店立地法の騒音の評価基準としても利用されている。　　　　　　　　［協会］

相互会社

保険業法に基づき設立された契約者を「社員」とする社団法人で，「社員」は配当を受けたり経営に参加したりできる。非営利で保険料を払う契約者同士が支え合うことを基本理念とする。現在は生命保険協会に加盟する 41 社のうち，日本生命保険など大手を中心に 6 社だけが相互会社の形態をとる。そのうちのひとつである第一生命保険は 2010 年 4 月，株式会社となる。［外川］

造作物買取請求権

賃貸借契約が終了したときに，借主が貸主に対して，建具，畳などの造作物を時価で買い取らせることができる権利のこと。買取りの対象となるのは，借主が貸主の合意を得て，建物に対して付加した造作物か，入居時に貸主から買い受けた造作物。商業ビルで，テナントが内部を改装したものが造作物買取請求権をもつかどうかは，一律に判断できない面がある。なお借地借家法では，当事者間の特約により造作物買取請求権を排除することができる。　［外川］

総資本利益率　☞　ROA

創造都市

creative cities

芸術家やクリエイターたちの力を借りて都市と市民の活力を引き出そうとする都市や，そのようなまちづくりのこと。英国の C. ランドリー著『創造都市』(2000 年) がブームの端緒となり，注目されるようになった。短絡的に文化とビジネスを結びつけるものではなく，衰退した都市を文化芸術で再生するのが趣旨である。日本よりもはやく製造業が衰退し，経済の中心が IT やコンテンツビジネスのような知的産業へと移行した欧州の諸都市は 1990 年代以降，文化創造都市政策を打ち出し，成功モデルを生んだ。1997 年グッゲンハイム美術館誘致を機に，現代美術による産業創出に成功したスペインのビルバオや，廃業した工場を創作・発表の場に転換するなど街中に創造スペースを設けたフランスのナントが先進例。英国では 1998 年に広告，建築，美術・骨董品市場，デザインなどの 13 分野を創造的産業群に指定，振興に力を入れている。上海，台北，シンガポールなどのアジアでも関心が高まっている。バブル崩壊後の不況や都心空洞化に悩む日本でも，「創造都市」が再生の切り札として注目を集めている。
　　　　　　　　　　　　　　　　［外川］

総賃貸面積

gross leasable area; GLA

ショッピングセンターのディベロッパーがテナントに対して賃貸することが可能な総面積のこと。米国では GLA (gross leasable area) という。賃貸面積外のゆったりした通路や休憩スペース，トイレ，吹き抜

け等の快適空間はショッピングセンターの魅力を構成する大切な要素であり，これらの面積の創出はショッピングセンター開発における戦略的課題となる。　　　[協会]

総付景品

購入者や来店者全員に提供する，申し込みまたは入店の先着順に提供するなど，一般消費者に対して懸賞の方法によらないで提供される景品類のこと。ベタ付景品ともいう。景表法により，総付（そうづき）景品の限度額は取引価額が1000円未満の景品類の最高額は100円，取引価額が1000円以上の場合は取引価額の10％が限度とされている。商品の販売，使用またはサービスの提供に必要な物品等，見本その他宣伝用物品，自店および自他共通で使用できる割引券や金額証，開店披露や創業記念などで提供される物品などは，景品の提供としての規制の対象とはならない。⤴ 景表法　　　[外川]

ソーシャルマーケティング

social marketing
企業の利益追求を中心とする一般的なマーケティングである「マネジリアルマーケティング」に対して，社会とのかかわり方を重視するマーケティングのこと。1960年代後半から70年代前半にかけて，消費者に買わせるための強引な販売やプロモーション，目標達成だけのためのマーケティングへの反省として起こってきたマーケティングの考え方。現在ではマネジリアルマーケティングでも，製品やサービスの安全性やアフターサービスの充実，さらに消費者の意見の反映，環境保全などへの配慮が重視されるようになっているが，ソーシャルマーケティングでは，消費者の利益，安全性，環境保全，社会的な利益がより強調され，消費者と企業との間に相互の利益を築くことが重視される。　　　[外川]

ゾーニング

zoning
都市計画や農業振興計画等の地域計画においては，用途ごとに区分して地域または地区の指定を行い，地域ごとに建設できる施設の用途を規制すること。または店舗，ショッピングセンター，展示会場，病院その他の大規模な建物の平面計画において機能や用途に応じて配置（レイアウト）を設定すること。小売業の分野では，特定売場で商品群ごとのゾーン（配置領域）を区分けすること。最も顧客の目にとまりやすく，手にとって見やすい高さにある領域をゴールデンゾーンと呼ぶが，そこにどのような商品をどのように配置するかによって，売上や利益，イメージが異なってくる。ゾーニング形式にはバーチカル（垂直）陳列とホリゾンタル（水平）陳列がある。　　　[飯村]

ゾーニング条例

地方自治体が定める，土地の用途制限や特別用途地区の制定，各種協定の遵守，開発許可手続きの公開，広域調整，総合計画等についての規定。アメリカでは郡や市町村レベルで，土地利用や公共施設整備等についての長期的な総合計画である「ジェネラルプラン」を定め，それを実現するための規制手法として土地の用途制限や特別の用途について規定する「ゾーニング条例」を採用しているところが多い。またゾーニングの目的が，公共の福祉の維持・増進に寄与する場合には，それが経済規制にあたるものであっても憲法に違反しないという考え方が有力で，多くの自治体ではゾーンごとに，開発可能な用途や物理的条件をリストアップしている。　　　[外川]

ソムリエ

sommelier(ère)
レストランで客の要望に応えてワインを選ぶ手助けをするワイン専門の給仕人。語源はフランス語。　　　　　　　　［外川］

大規模小売店舗法

「大規模小売店舗における小売業の事業活動の調整に関する法律」(大店法)。消費者の利益の保護に配慮しつつ、大規模小売店舗の事業活動を調整することにより、周辺の中小小売業者の事業活動の機会を適正に保護し、小売業の正常な発展をはかることを目的としたもので、1973 (昭和 48) 年施行。大型店出店に際しては大規模小売店舗審議会により出店規模や営業時間・日数等について審査 (いわゆる「出店調整」) が行われた。法の趣旨は、地域小売商業者を単に保護するためのものではなく、「機会の保護」を目的とし、地域の小売商業者の自助努力を前提としたものだったが、実際には大型店出店を抑制したため内外から批判が多く、1994 年に規制緩和措置に関する改正省令・通達が施行され、出店調整の対象となる案件規模、手続、閉店時刻・休業日数関連規制などが緩和された。これにより、休業日の削減や営業時間延長に踏み切る大型店が増加した。さらなる規制緩和の潮流のなかで、大型店を規制するのではなく、地域社会と大型店との融和の促進を目的とした大規模小売店舗立地法が 2000 (平成 12) 年に施行され、大店法は廃止された。
∽ 大規模小売店舗立地法、ロワイエ法、ラファラン法、閉店法　　　　　　[外川]

大規模小売店舗立地法

通常、大店立地法と呼ばれている。1998 (平成 10) 年制定、2000 (平成 12) 年 6 月 1 日に施行された大型店の出店にかかわる法律。中小小売業の事業機会確保のために大型店を出店規制した大規模小売店舗法 (大店法) に対して、大店立地法は街づくりや環境という視点が基本であり、法の運用主体は国ではなくて都道府県・政令指定都市。新増設の店舗面積が 1000㎡ 以上の大規模小売店舗が対象で、説明会の開催と地元市町村・住民の意見提出が義務づけられるが、大店法下のような商業活動調整協議会 (商調協) はない。設置者 (出店側) が配慮すべきことがらは、①交通問題 (駐車場・駐輪場、出入口の確保等)、②リサイクルの推進、廃棄物の減量化、③歩行者の利便性の確保、④防災、⑤騒音、⑥廃棄物の適正管理・処理、⑦街並みづくりである。都道府県・政令指定都市は、設置者に改善点がある場合は、届出から 8 カ月以内に届出書の変更を求め、自主的対応 (改善) を促す。対応が不十分な場合は勧告することができる。出店側は、交通問題、騒音や環境問題に関して事前に詳細なシミュレーションが必要である。∽ 大規模小売店舗法、まちづくり 3 法　　　　　　[外川]

第三セクター

第一セクター (国及び地方公共団体) や第二セクター (民間企業) とは異なる「第三の方式による法人」という意味で、略して「三セク」ともいう。日本では多くの場合、国または地方公共団体が、民間企業との共同出資によって設立した法人をさし、株式会社形態をとることが多い。また NPO や市民団体など民間の非営利団体のことを第三セクターと呼ぶ場合もある。地域振興等

を目的にしたショッピングセンターの開発に際しては、第三セクター会社がディベロッパーになるケースも多い。　　　　[協会]

大衆薬

一般の風邪薬や胃腸薬のように、軽い病気の症状緩和のために医師の処方箋なしで、薬店、ドラッグストアなどで買える一般医薬品（OTC医薬品）のこと。⁓　家庭薬，OTC医薬品　　　　　　　　　　[外川]

ダイナミックパッケージ

dynamic package
旅行商品のなかで、航空券と宿泊施設を自由に組み合わせてインターネットで予約ができるもののこと。決められたパック商品ではないので、旅行会社は需給の状況に応じて飛行機や宿泊料金を弾力的に設定することができる。利用者が内容を決め、価格が日々変動することから「ダイナミック」とつけられた。欧米では2002年頃から一般的な予約方法として定着しているが、日本では2007年頃から増え始めている。
　　　　　　　　　　　　　　　[外川]

タイムシェアリング

time-sharing
ひとつの施設や場所などを複数の主体で共有するしくみ。情報システム上のタイムシェアリングシステム（TSS）は、1台のコンピュータの処理時間をユーザー単位に分割することで複数のユーザーが同時にコンピュータを利用できるようにしたシステムのこと。当初は、メインフレームのレベルで開発された技術だったが、現在ではオペレーティングシステム（OS）の制御によってパソコン（パーソナルコンピュータ）であっても同様の処理を行うことができるようになった。単独所有の場合より低コストで済み、レンタルやリースよりも自由度が高いというメリットがある。情報系だけでなく、リゾート施設や乗用車利用（カーシェアリング）などにおいてもこの発想を採り入れるケースが増えている。　　[外川]

対面販売

販売員が売場で顧客に対面して行う販売方法。個別顧客の状況や求めに応じて、商品について説明したり、商品を見立てるなど、買物をサポートする。専門店や薬局、鮮魚店、精肉店など小規模で専門性の高い業態に一般的な販売手法。顧客との良好な関係性を構築し、顧客満足を高めるために重要な手段であるが、人件費コストがかかり販売価格が高くなりがちなことや、十分な専門的知識や応接能力をもつ販売員の確保や人材育成が難しいという問題がある。
⁓　セルフサービス販売　　　　[外川]

太陽光発電

風力やバイオマスなどと同様、自然エネルギーと称される環境負荷のないエネルギー源として注目されている。通常は"太陽光パネル"を屋上や壁面に設置し、太陽電池を使って太陽エネルギーを電気に変換する。温暖化対策に効果があり、無尽蔵のエネルギーとして国も導入促進をはかっているが、供給源としては不安定であり、かつ、割高なコストがネックとなっている。　[協会]

ダイレクトマーケティング

direct marketing
なんらかのメディアを通じて個々の顧客に直接はたらきかけ、商品やサービスを販売するマーケティング戦略のこと。通信販売、テレマーケティング、インターネットショッピングなどが含まれる。双方向のマーケティングシステムで、顧客への密着度が高

い。とくにインターネットが一般化した現在では，データマイニング（蓄積された大量のデータから有用な情報を取り出す技術）を通じて，より絞り込まれたマーケティングが行われるようになっている。
☞ BTO　　　　　　　　　　　　[外川]

ダイレクトメール

direct mail; DM
特定消費者に，購買促進のための印刷物などを郵送する販売促進手段。最大の特性は，特定の対象者（見込客）を選んで直接郵送することであり，対象の選び方によって効果が大きく左右さることになる。特定顧客を対象に営業する専門店，通信販売会社，あるいは高額商品やブランドロイヤリティの高い商品を扱っている企業に利用される割合が高い。　　　　　　　　　　　[飯村]

ダウンサイジング

downsizing
規模を縮小すること。従来は大規模なコンピュータシステムで行っていた計算や情報処理を，小型のワークステーションやサーバー，パーソナルコンピュータなどに置き換えていくこと。小型コンピュータの機能が飛躍的に向上したことにより，大幅にサイズダウンしながら，従来と同程度あるいはそれ以上の処理が可能になった。[外川]

タウンセンター

town center
中心市街地全体を都市の中核（タウンセンター）と位置づけ，安全で快適な都市空間の再生をめざす施策体系の根幹となる考え方。郊外化の進展にともなって空洞化した中心市街地を活性化するために導入されたイギリスの例が有名。　　　　　　　[協会]

ダウンタウン・インプルーブメント・ディストリクト　☞ DID

抱き合わせ販売

ある商品を販売する際に，他の商品も同時に購入させること。人気商品と売れ残りの不人気商品をセットで販売するなど，取引の相手方に対して不当に不利益を与えたり，競争者を市場から排除するおそれのあるような場合，取引の強制であり，不当，不公正な取引方法として独禁法で禁止されている。　　　　　　　　　　　　　　　　[外川]

多機能型 IC カード

記憶媒体として 1cm 角程度の IC チップを搭載したペイメントカード。IC のメモリー（記憶素子）には多くのデータが書き込めるため，電子マネーや個人情報記録，カード利用によるポイント蓄積などの機能を搭載でき，これらの機能を1枚で担うことができる。磁気カードは偽造・変造に強く，特定の装置でしかデータが読み取れない，無理に読み取ろうとするとデータが消える技術を組み込めるなど，安全性も高い。
　　　　　　　　　　　　　　　　[外川]

宅地建物取引業法

宅地建物取引業の適正な運営と公平性の確保，健全な発達の促進，購入者の利益保護と宅地建物流通の円滑化を目的とする法律。1952（昭和27）年制定後，改正は頻繁に行われている。宅地建物の売買，交換，貸借の代理，媒介などの宅地建物取引業を営もうとする者を対象に免許を義務づけ，制度を実施。事業に対して必要な規制が行えるように定めた。ひとつの都道府県内での営業の場合は知事，複数の都道府県での営業については国土交通大臣の免許が必要で，

有効期限は5年。　　　　　　　［外川］

ターゲットマーケティング

target marketing
多様なニーズに対応するために，マーケット（市場）を細かく区分（セグメント）し，ターゲットを絞り，自社の製品やサービスを，ターゲットとしたマーケットのニーズに適合するように位置づけること。まず市場を細分化（セグメンテーション）し，ついで対象市場を選択（ターゲティング）し，製品やサービスを位置づける（ポジショニング）という3つのプロセスを踏むことから，STPマーケティングとも呼ぶ。⇨ セグメンテーション，ポジショニング　［外川］

堅穴区画

建物で火災が発生した場合，堅穴部分を通って火災が広がるのを防ぐため設けられた防火区画の一種。とくに階段部分は煙や有毒ガスが入ると，消火活動や避難が難しくなるため十分な対応が必要である。「堅穴区画」を含め，防火区画には「面積区画」「異種用区画」があるが，それぞれ耐火構造の床・壁・防火戸などで建築物をいくつかの部分に区画しなければならない。
　　　　　　　　　　　　　　　［鈴木］

棚卸し

stock-taking
保有している商品の在庫数量を把握し，商品総額を算定することで，決算期末に行われることが多い。算定金額はP/L（損益計算書）の売上原価やB/S（貸借対照表）の棚卸資産などに反映される。店舗などで定期的に実施する実地棚卸しと，帳簿上行う帳簿棚卸しとがある。通常は実地棚卸しのことをいうが，在庫の過不足や品違いなどを確認し，原因を解明するためには実地棚卸しと帳簿棚卸しの照合が不可欠である。1年に1回，または半年に1回実施する企業が多いが，四半期ごとあるいは毎月実施する場合もある。　　　　　　　［外川］

棚割

商品を売場の商品陳列棚のどの場所に，どれくらいの量を陳列するかを決定すること。これを図示したものをプラノグラム（棚割表）と呼ぶ。棚割のあり方しだいで売場の販売効率が大きく変わってしまうので，売場の魅力を損ねないように品揃えを充実させながら，売れ筋商品を顧客に訴求しやすい場所に，十分なスペースをもって陳列するように配分する必要がある。　［外川］

ダビング10

地上デジタル放送録画の新しいルールで，DVDレコーダーなどのハードディスクに保存したデジタル放送の映像をDVDに複製する場合の複製制限を従来の1回から10回に緩和するというもの。10回目のコピーでハードディスクにある番組は消去され，孫コピー（録画したDVDから他のDVDへ複製すること）はできない。
⇨ 地上デジタル　　　　　　　［外川］

単位未満株

単位株制度のもとでは，「証券取引所における売買単位に満たない株式」と定義されていたが，2001（平成13）年10月に施行された商法改正によって，単元株制度が導入されたことにともない，廃止された。
⇨ 株式併合，単元未満株　　　　［外川］

団塊の世代

第2次大戦後，第1次ベビーブームに生まれた世代のこと。堺屋太一が1976年に発

表した同名の著書のなかで命名し,「昭和22年から昭和24年(1947年から1949年)頃までに生まれた人々」という定義をした。この間に生まれた日本人は,その直前よりも20％,直後よりも26％も多い。人数が多いだけでなく,新しい価値観をもち,高度成長期から現在にいたるまで,さまざまな意味で日本のマーケットをリードしてきた世代である。またその子ども世代(1970年代前半生まれ)を,団塊ジュニアと呼ぶ。
↪ ベビーブーマー,ジェネレーションY　　　　　　　　　　　　　　　　[外川]

単元未満株

単元株制度で1単元の株式数に満たない端数株式のこと。株式分割等により,単元株制度を採用している会社に1株未満の株式が生じる場合,1株未満の株式に相当する持分については金銭で処理される。株主総会における議決権の行使は認められないが,それ以外の利益配当請求権,株主代表訴訟提起権等の株主の権利は認められる。また単元未満株を換金するために発行会社に対して買取り請求することや,その有している単元未満株と併せて単元株になるように会社に対して買増し請求することができる。
↪ 株式併合　　　　　　　　　　　　[外川]

男女雇用機会均等法

「雇用の分野における男女の均等な機会及び待遇の確保等に関する法律」。1985(昭和60)年,女性差別撤廃条約批准の条件整備のために,勤労婦人福祉法を改正し,「雇用の分野における男女の均等な機会及び待遇の確保等女子労働者の福祉の増進に関する法律」として成立した。その後,1999(平成11)年に,努力規定であったものが禁止規定に変更されるなど,大幅に改正強化されて,現在の名称になった。事業主は,募集・採用,配置・昇進,教育訓練,福利厚生,定年・退職・解雇において,男女に差をつけてはならず,また総合職のような基幹的な業務への募集に関しても,結婚や出産,育児を理由に女性を差別,排除する条件を付与することは禁じられている。違反企業には助言・指導・勧告が行われ,従わない場合には企業名の公表などの措置がとられる。　　　　　　　　　　　　　[外川]

チ

地域コミュニティ

コミュニティとは,一般的には共同体または地域社会のこと。そのなかでも「地域コミュニティ」は,とくに地域の結びつきが強く,地域性をもった集団のことをさす。
↪ 地域ブランド　　　　　　　　　　[外川]

地域再生ファンド

経営不振の中小企業再生を支援することを目的とする,特定の地域対象の投資ファンド。地方銀行など地域金融機関が出資して設立するケースが多く,地方自治体などが出資することもある。投資家から集めた資金を元にして金融機関が貸し付けている債権を安く買い取り,その一部を免除して企業の財務体質を改善させる手法が中心になるほか,直接,出資し,専門家や経営者を派遣し,不採算事業を切り離すなどのリストラをして経営を立て直す。　　　[外川]

地域団体商標

地域名と商品やサービス名を組み合わせた商標。地域ブランド。商標法の一部が改正され,2006年4月から地域団体商標登録出願ができるようになった。従来の法体系

では登録に際して条件が厳しく、文字のみで商標登録されたのは「夕張メロン」のほか、「三輪素麺」「宇都宮餃子」などの12例に限られていたが、新しい地域団体商標制度では、ひとつの団体が、その構成員だけに使わせることを前提にして、「全国レベル」だった知名度の条件を、「複数の都道府県に及ぶ程度」にまで緩和されたので、地域ブランドの取得がしやすくなった。[外川]

地域通貨

法定貨幣ではないが、ある地域内などで法定貨幣と同等の価値、あるいはまったく異なる価値があるものとして使用される「貨幣」のこと。一般に利子は発生しない。交換価値の裏づけとして、具体的な労働を非市場的に評価して用いることが多い。たとえば1単位は、労働1時間など。地域に根ざした運動であり、環境への負荷やグローバリズム、市場至上主義の弊害への対策として注目されていることから、エコマネー(eco-money)と呼ばれることもある。

[外川]

地域ブランド　☞　地域団体商標

チェーンストア

chain store; multiple

全社的な経営戦略や予算管理、仕入・販売政策、人事制度などを決定する本部と、本部の指示の下で、販売やサービスを行う多数の店舗からなる組織。単一資本で、11店舗以上の店舗を、直接経営管理する小売業または外食産業やその他のサービス業をさす。連鎖店。規格化・単純化され、高い生産性を実現することが可能である標準化された店舗を多数展開することで低コスト化と単品大量販売を実現し、仕入先に対してバイイングパワー(仕入れ力)を発揮するという規模の経済性追求型組織だが、チェーンメリットは200～300店舗以上でなければ実現できないとの見方もある。多店舗化、広域展開が進むほど、安定的な商品調達のための取引関係づくりが重要になり、店舗や地域事業部への権限委譲の問題が発生する。広義には本部と店舗が同一資本の直営チェーンのほかに、資本的に独立した複数の商業者による協業組織ボランタリーチェーンや、本部と資本関係のない独立の加盟店との間の契約で成立するフランチャイズチェーンなどの契約チェーンを含める。
☞　フランチャイズチェーン、ボランタリーチェーン　　　　　　　　　　[外川]

地球温暖化

地球はその誕生以来、気温の上昇と寒冷化を周期的に繰り返してきた。しかし、20世紀以降、人類の急速な経済活動に起因した平均気温の上昇が問題となっている。通常「地球温暖化」といわれるのは、自然現象ではなく人類の活動の結果もたらされたものをいう。温暖化は海面水位の上昇や異常気象をもたらし、生態系などへの悪影響が懸念されている。温暖化は、大量のCO_2発生による温室効果ガスに起因するといわれており、1997年の気候変動の枠組みを取り決めた京都議定書では温室効果ガスの国別削減目標が定められた。　　[協会]

地産地消

地域生産地域消費の略語で、地域で生産された農産物や水産物をその地域で消費することと、地域の消費者ニーズを的確にとらえて生産を行う取組みの両面をもつ。地産地消を推進することにより、消費者と生産者との「顔が見え、話ができる」関係の構築、生産と消費のかかわりや伝統的な食文化等の食や農についての認識を深める機会の提供、地域の農業と関連産業の活性化などの

効果が期待されている。　　　　［鈴木］

地上デジタル

地上デジタルテレビジョン放送。略称，地デジ。地上（陸上）のデジタル方式の無線局によって行われるテレビジョン放送のこと。従来の地上アナログテレビジョン放送に比して，高画質，高音質で，データ放送やマルチ編成，移動体向け地上デジタル放送（いわゆるワンセグ）などの特質，機能を備えているが，受信にあたっては専用の機器が必要である。2003年に東京，大阪，名古屋の3カ所で供用開始，その後全国主要都市に拡大されている。なお，地上アナログテレビ放送は，2011年7月に停波される予定である。⌒　ワンセグ　［外川］

知的財産権

知的な活動によって創造された無形の価値に与えられる権利。無体財産権。特許権や著作権，商標権などがある。無形の創作物は模倣されやすく，著作者の権利が侵害されやすいことから，先進諸国は知的財産権に対する法制度を整備して保護にあたっている。またインターネットを通じた国際取引が急増するなかで，国際的ルールづくりも進みつつある。　　　　　　　［外川］

知的財産権推進計画

知的財産基本法第23条に基づき政府・知的財産戦略本部が決定する知財権保護に関する行動計画。国としての戦略目標や実際に取り組む施策を明記する。2003年の「知的財産の創造，保護及び活用に関する推進計画」が最初で，毎年見直しされている。知財訴訟を専門とする高等裁判所の創設や特許審査の迅速化などに加え，偽ブランド品対策，コンテンツ産業振興のため，テレビ番組をインターネットで流しやすくするための施策などが提言されている。［外川］

知的所有権　☞　知的財産権

チャイナフリー

China free
中国産の原材料を使用していないという意味。食材，玩具やペットフードなど中国製品から相次いで有害物質が検出されたことをうけ，2007年夏，米国の健康食品会社が「CHINA FREE」と記したラベルを自社製品に貼付したのが始まりで，米国全般に広がった。　　　　　　　　　　　［外川］

駐車場

parking lot; parking space
車を駐めるスペースのこと。平面式と立体式がある。立体式には自走式と機械式がある。商業地域や近隣商業地域においてショッピングセンターなどの大規模商業施設を新設するに際しては，駐車場設置が義務づけられている。⌒　駐車場付置義務

［飯村］

駐車場管理費

駐車場の管理にかかる費用。ショッピングセンターの場合には，テナントが全額按分負担するケースや，ディベロッパー・テナントの按分負担（売上按分・面積按分・受益者負担按分），共益費に包含しているケース等さまざまである。⌒　共益費

［飯村］

駐車場付置義務

商業地域や近隣商業地域において，一定規模の建築物を新設する場合，自動車駐車場や自転車駐車場施設の設置が義務づけられ

ている。都心部における駐車場不足で,路上駐車が増加し,車の走行が妨げられるのを防止することが目的。   駐車場法

[外川]

駐車場法

都市における道路交通の円滑な利用をはかり,都市機能を維持増進し,安全で快適,便利な街とするために,自動車の駐車場施設の整備に関して必要な事項を定めることにより,道路交通の円滑化をはかり,公衆の利便に資するとともに,都市機能の維持・増進に寄与することを目的とする法律。駐車場整備計画,路上駐車・路外駐車の規制,駐車施設付置義務などについて定めている。1957(昭和32)年施行。   駐車場付置義務

[外川]

中小小売商業振興法

店舗やアーケード,街路灯その他の施設設備を設置する事業等によって,商店街の整備や店舗の集団化,共同店舗の整備,情報システム化,フランチャイズ等のチェーン事業化などを円滑に実施し,中小小売業の経営の近代化・合理化を促進することを目的とする法律。1973(昭和48)年制定。

[外川]

中心市街地活性化法

「中心市街地における市街地の整備改善及び商業等の活性化の一体的推進に関する法律」(1998年施行当時の名称)。中心市街地の衰退や空洞化の是正のためのまちづくりを支援するのを目的とする。商工会議所や商工会などを交えた第三セクター方式で設立されるTMO(タウンマネジメント機関,まちづくり会社)が,活性化のための事業計画を立案して,適用申請を行う。国の認可が下りると,土地区画整理,市街地再開発,大型商業施設の建設・運営,駐車場の整備,空き店舗の活用などの活性化の各事業に対して,各省庁が補助金を集中的に投じる。しかし本法の施行後も中心市街地の衰退は進み,2006(平成18)年6月に改正された。   TMO

[外川]

中途解約

契約期間中に契約を解除すること。解約する権利は,ディベロッパー,テナント双方にある。ディベロッパーの例でいうと,賃料,共益費その他,テナントが負担すべき費用の支払いを遅滞したり,ディベロッパーの承諾を得ないで営業を休止したり,契約に定めた商品以外の商品を販売したときなどは,期限を定めて履行を催告し,テナントがこれに応じなかったときは契約を解除することができる。解約申入れについての期間は,契約書に記載される。解約申入れは6カ月以前に行うことが望ましいが,6カ月前の解約の予告に代えて,6カ月分の使用料および共益費相当額を支払って即時解約することができる。契約に附帯して締結される保証金は,金銭消費貸借契約に定める条項に従って返還する。   催告期間,金銭消費貸借契約

[協会]

調達物流

メーカーの場合には生産に必要な原材料や部品を仕入先から生産現場に運び込むための物流活動のこと。流通業の場合にはメーカーや卸売業から商品を仕入れるための物流をさす。調達物流と生産物流の間には生産のタイミングにあわせるために,倉庫などなんらかの保管システムが存在することが多く,また部品や商品を適宜適切に供給するためには運搬のための効率的なシステムが必要とされる。

[外川]

直接費賦課使用料

電気料や水道料など、テナントが自店内で使用する費用をいい、テナントがそれぞれ個別にメーターを取り付けることで使用料を直接賦課できる。　　　　　　[飯村]

著作権

文学、学術、美術、音楽などの著作物を創作した人に与えられる権利で、複製や小説の出版・映画化、音楽のインターネット送信などの利用を著作者が支配できるもので、特許権などと異なり、登録などしなくても創作した時点で自動的に発生する権利。著作権法の目的は、公正な利用に留意しつつ、著作者らの権利を保護し、文化の発展に寄与することにあり、通常は歌手やレコード製作者、放送局などに認められる「著作隣接権」も含む。　　　　　　[外川]

貯蓄貸付組合　☞　S&L

賃借権

賃貸借契約に基づき、賃借人が目的物を使用収益できる権利のこと。法的には、賃貸借契約によって対価を払って使用できる権利であり、「債権」に相当する。土地賃借権には抵当権の設定はできない。地上権とは異なり、売却や転貸、建替えなどに際しては地主の承認を必要とする。売却や建替えの承諾を得るためには、借地権価格の1割程度の承諾料を支払うのが一般的である。地主は賃借権を登記する義務はないが、定期借地権の場合には登記されるケースが多い。　　　　　　[外川]

賃貸事例比較法

不動産の鑑定評価の手法のひとつで、賃料を求める場合の手法。多数の新規（継続賃料を求める場合は継続）の賃貸借等の事例を収集して適切な事例を選択し、実質賃料について、事情補正、時点修正をし、かつ、地域要因や個別的要因を比較したうえで、対象不動産の比準賃料を求めるもの。実質賃料には、定期的に支払われる支払い賃料のほかに、契約にあたり授受された一時金の運用益や償却額を含む。　　　　　　[外川]

賃料

地代、家賃、レンタル料など、賃貸借契約において、賃借人が支払う使用の対価。ショッピングセンターの場合、賃料とは出店契約を締結したテナント（出店者）から収受する、店舗の使用収益の対価である。賃料形態は、固定賃料から歩合賃料に移行しつつある。また従来、賃料は建設費および管理費等により、その額が設定されていたが、マーチャンダイジングディベロッパーを志向するのであれば、テナントの業種・業態による経費構造の違いを認識することは不可欠であり、それによって賃料の額を考えていく必要がある。☞　マーチャンダイジングディベロッパー　　　[飯村]

ツ

追加証拠金　☞　追い証

通信販売

mail order business
カタログや雑誌、新聞広告、テレビやインターネットなどのメディアを通じて商品を販売すること。とくに近年はインターネットを利用したものが増加している。消費者

にとっては，店に出向かなくても商品を吟味したり，購入できる，珍しいものが手に入るなどのメリットがある。販売側には，店舗や人件費コストが削減できる，在庫負担が小さい，商圏が物理的な地域に限定されないので多くの顧客を開拓できるなどのメリットがある。一方，現物を確かめられないことや配送コストがかさむ，双方にとって安心・確実な支払い方法を確立する必要がある，などの課題もある。　　[外川]

つくばエクスプレス

略称 TX。最高時速 130km の高速運転で，秋葉原とつくばを約 45 分で結ぶ都市高速鉄道。「進化する鉄道」をイメージコンセプトに，新世紀の鉄道とまちづくりのあり方を提案し，首都圏北東軸の発展を促進することをめざして 2005 年に開業した。全線で自動列車運転装置（ATO）による自動運転で，運転士は乗務しているが，車掌を省略するワンマン運転を実施。全駅に可動式ホーム柵を装備している。地上区間はすべて高架または掘割構造で踏切がない。東京および筑波研究学園都市への通勤路線としての性格や東京−筑波研究学園都市間の都市間輸送のほか，東京・千葉・埼玉方面から筑波山への観光輸送の主要ルートとしても利用され，乗客数が伸びている。

[外川]

坪効率

1 坪当たりの効率。具体的には「1 坪（3.3 ㎡）当たりの売上高」「1 坪当たりの利益」のことをさす。経営者やバイヤーがこれらの数字を重視するのは，もともと売場を広げれば，いっぱい売れる。飲食店ならば，イス・テーブルを増やせば，もっと客が入るという発想があるからであるが，売場を広くしても，客が来なければ儲からない。いい店かどうかは，広さとは関係がなく，立地，味や品揃え，価格，接客，雰囲気などで判断される。そう考えると，坪効率は結果としての経営指標にはなるが，その数字だけで良否を判断することはできない。

[飯村]

定期借地権

1992（平成 4）年制定の借地借家法により創設されたもので，契約期限終了時に契約が更新されず，建物を取り壊し，更地状態にして貸主に返還する必要がある借地権のこと。「借地借家法」の適用を受けない借地権で，契約期間の延長がなく，立ち退き料請求もできない。定期借地権には，①一般定期借地権：契約期間 50 年以上で契約終了時には建物を取り壊し，更地で返還，建物買取請求権がない，②事業用借地権：契約期間 10 年以上 20 年以下で契約終了時には建物を取り壊し，更地で返還，建物買取請求権がない，③建物譲渡特約付借地権：契約期間 30 年以上で契約終了時には建物譲渡特約を実行し，建物付きで土地を返還する，の 3 種がある。「事業用借地権」は，物流施設やロードサイドの小売店や飲食店，自動車ディーラー等，初期投資が比較的少なく，早期に資本回収が可能な業種を中心に普及している。なお定期借地契約が存続期間を超えた場合は普通借地権契約とみなされ，借地借家法が適用されることになる。⇔　借地借家法　　[外川]

定期借家契約

賃貸人（ディベロッパー）と賃借人（テナント）との合意で，契約期間，賃料等を自由に取り決めることができ，契約期間が満

了すれば契約が終了する建物の賃貸借契約。1999（平成11）年12月に「良質な賃貸住宅等の供給の促進に関する特別措置法」が成立し，借地借家法の改正というかたちで定期建物賃貸借制度が導入され，2000（平成12）年3月施行された。借地借家法では，契約期間の定めがある場合であっても，正当な事由がなければ容易に契約を終了させることができず，しかもこの制度は強行規定とされ，当事者の合意によって，その効力を弱めたり，否定したりすることができないものとされていたが，定期建物賃貸借制度の施行によって，契約期間を計画的に定めることができるようになった。契約期間は1年未満から20年以上まで自由に取り決めることができる。更新がなく，契約期間が満了したときは契約が終了する契約であるので，契約を締結する際には，建物の賃貸借契約が定期賃貸借契約であることを，賃貸人は契約に先だって賃借人に対し「文書」で説明する必要がある。契約終了の場合は，契約期間満了の1年前から6カ月前までの期間（通知期間）に，賃貸人は賃借人に対して，契約期間が満了することを書面で通知をしなければならない。ただし契約期間が1年未満の定期借家の場合には，通知の必要がない。　　　　　[協会]

デイケアセンター

病院やそのための専門の施設で，高齢者や障害者，幼児などを昼間のみ預かり，リハビリテーションや日常生活などの世話等を行う通所型福祉施設。日本では一般に在宅高齢者，もしくは療養者のケアの意味で使われることが多い。退院できたものの通常の生活や日常作業に完全に復帰するにはまだ早いといった人たちが，理学療法士，作業療法士などの手を借りて，簡単な作業などしながら社会復帰のための訓練を受ける。在宅高齢者を対象に託老所というかたちでデイケアが行われることもある。　[外川]

ティザー広告

teaser ad

情報を小出しにしながら，消費者の好奇心に訴え，期待感をあおる広告手法。じらし広告。商品や会社，ブランドなどの中身について意図的に明らかにしないことで関心を引く。新製品だけでなく，シリーズものや，任天堂DS，ソニーのプレイステーションなどのような人気ブランドのニューモデルについても多く採用される。長期にわたって買手の心を惹きつけておくために，複数のメディアを組み合わせる手法が一般的で，マスメディアや交通広告を利用してWebサイトに消費者を誘導し，サイトを利用して毎日少しずつ露出する情報の量を増やすことによって，継続的に関心を持続させる手法がとられることが多い。ブログを通して新商品の全容を明らかにしていく手法も増えている。　　　　　[外川]

定住自立圏

大都市への人口流出を防ぎ，地方へ人の流れをつくるために，人口5万人規模の中心市が周辺市町村と協定を結び，中心市の総合病院が地域医療の核となり周辺市町村の診療所に医師を派遣したり，近隣で取れた農産物を中心市の大型商業施設で売るなど，相互に連携して自立した「圏域」をつくるという構想。総務省の研究会が2008年5月に考え方をまとめた。国土交通省や厚生労働省などとも協力し，実現に向けた議論を進めつつある。　　　　　　　[外川]

定常騒音

大店立地法において騒音予測を行う場合の指針（「大規模小売店舗を設置する者が配慮すべき事項に関する指針」経済産業省）であげられている騒音のひとつ。定常騒音は騒音のレベル変化が小さく，ほぼ一定と

みなされる騒音のことで，店舗から発生するものでは，冷却塔，室外機，給排気口から発生する騒音等があげられる。指針では定常騒音のほか，変動騒音，衝撃騒音を騒音として分類している。　　　　[鈴木]

ディスカウントストア

discount store
低価格訴求型の小売業の総称。国際的な商品調達ルート開拓や計画発注による原価の引き下げ，高度なロジスティックスや在庫管理システム，店舗レベルでのローコストオペレーションなどが低価格を支えている。米国では1970年代に日用雑貨や衣料品，耐久財などを総合的に品揃えしたディスカウントストアが発展し，Kマートやウォルマートなどの大企業が生まれた。現在では特定分野での豊富な品揃えと圧倒的な低価格を特徴とするカテゴリーキラーや衣料品のオフプライスストア，会員制のホールセールクラブ等へと多様化している。元来は非食品小売業だが，ウォルマートのスーパーセンターのように，最近では食品も扱う総合ディスカウントストアが増加している。日本では総合型ディスカウントストアよりも，家電，情報機器，衣料品などの各分野でのカテゴリーキラーの発展が目立つ。
⌒　スーパーセンター，カテゴリーキラー，オフプライスストア，ホールセールクラブ　　　　　　　　　　　　　　　　　[及川]

ディスクロージャー

disclosure
主に投資家の利益を確保する目的で，企業の情報を開示すること，または企業情報開示制度。証券取引法や商法で大枠が定められており，上場すると財務内容の開示義務が発生するが，企業の社会的責任が重大になっている現在では，投資家に向けて財務情報を開示するだけでなく，より広い対象に向けて，多様な情報開示が求められている。　　　　　　　　　　　　　　　[外川]

ディスティネーションストア

destination store
個性的な品揃えや店舗イメージ，レイアウト，接客などの魅力から，特定の商品の最終購買地となるような店舗をさす。特定商品の深い品揃えや，価値・品質を重視する業態なので，消費者は高いロイヤリティを抱くようになる。総合スーパーやホームセンターは，当初はディスティネーションストア的な側面をもっていたが，現在では便宜性が重視される日常需要対応型の店となっている。一方，ライフスタイル提案型の専門店や試読スペース，カフェを備えた大型書店などがディスティネーションストア的性格を強めている。　　　　[外川]

定性分析

qualitative analysis
定量分析同様，もともとは化学用語で試料中に含まれる各種成分の種類を知るための分析法の総称。定性分析のなかで最も素朴な方法は，視覚，臭覚などの人間の感覚を利用したものである。さらにこれに基づいて加熱，溶解などの手段を加えて試料中の成分の変化を観察する。マーケティングでは消費者の購買行動やブランド選択に関する深い理解や洞察を得るための分析をいう。グループインタビューなどによって収集される定性データは，数量データと異なって回答者の意見や行動など言語的データや視覚的データである。定性分析の結果は，仮説を導き出すための参考にされたり，定量分析の質問票を作成するための手がかりにされることが多い。⌒　定量分析　[飯村]

低炭素社会

2007 (平成 19) 年度の日本環境白書・循環型社会白書において提唱された概念で地球温暖化の主因とされる温室効果ガスのひとつである CO_2 (二酸化炭素ガス) の排出量が少ない社会のことを意味する。具体的には CO_2 を減らすために化石燃料を使用しているエネルギーの使用を減らしたり逆に CO_2 を吸収する策が講じられている社会のことである。　　　　　　　　　　［協会］

ティッピングポイント

tipping point
マルコム・グラッドウェルが同名の本のなかで主張した事柄で，あるアイディアや流行もしくは社会的行動がある閾値を越えた時点で一挙に流れ出し，燎原の火のように広がる劇的瞬間，不連続な拡大時点のこと。小さな変化が大きな変化を生み出す点。ティッピングポイントの特徴は，①感染的である，②小さな原因が大きな結果をもたらす，③変化は徐々にではなく劇的に生じる，などにある。　　　　　　　　　　　［外川］

定点観測

fixed point observation
もともとは観測用語で，一定の場所（定点）において異なる時間帯で観測すること。海洋上の定点で，観測船によって行った気象や海洋の国際的な連続観測をいい，日本では 1947 年から X 点（北緯 29 度，東径 153 度），48 年 T 点（北緯 29 度，東径 135 度）が加わり定点観測を通年実施していたが，両方とも 53 年までに打ち切り，T 点だけが夏の台風時期の半年間実施されたが，これも 81 年に廃止された。マーケティングでは，街や店舗，売場などの中に「ある地点」を定めて，一定期間ごとに，そこにおける人の流れや行動，ファッションや流行の変化などについて観察することをいう。
　　　　　　　　　　　　　　　［飯村］

ディナーレストラン

dinner restaurant
シェフの専門性を生かした料理を，テーマ性のあるディナー（正餐）として，夕食を中心に提供するフルサービス形式のレストラン。ホワイト・テーブルクロスとも呼ばれる。　　　　　　　　　　　　　　［外川］

ディフュージョンブランド

diffusion brand
ディフュージョン（diffusion）を直訳すると「普及，流布」という意味だが，高級ブランドやデザイナーズブランドがブランドを普及するために，もとのブランドのアイデンティティや感性を保ちながら，低価格でつくられるブランドをいう。セカンドラインともいわれる。例として，ジョルジョアルマーニはディフュージョンブランとしてエンポリオアルマーニをもっている。ジョルジョは高くて買えなくても，エンポリオなら比較的手ごろな価格帯となっている。
⌒　セカンドライン　　　　　　［鈴木］

ディベロッパー

developer
開発業者。大規模な宅地造成や再開発事業，商業施設やオフィスビルの建設，マンションの建設・分譲などの事業主体となる団体・企業をいう。一般的に，ショッピングセンターをはじめ商業施設を開発・建設して所有し，運営管理する企業のことを商業ディベロッパーと呼ぶ。近年は，不動産と金融の融合により，開発・建設，所有，運営管理などのディベロッパー機能の分離が進行し，アセットマネジメントやプロパティマネジメントなどの新しいビジネスモデ

ルが構築されている。&ᴧ 商業ディベロッパー，SC ディベロッパー，アセットマネジメント，プロパティマネジメント，SC マネージャー，REIT，ファンド

[藤山]

定量分析

quantitative analysis
数量データによって仮説を検証したり，実態を把握したりすること。収集されるデータは統計的な手法を用いて処理されるのが一般的である。定量分析を行うことにより，ある現象の因果関係などが明らかになる。もともとは化学用語で，試料中にある成分量の決定のこと。&ᴧ 定性分析　　[飯村]

敵対的買収

hostile take-over
買収対象企業の取締役会の同意を得ずに買収を仕掛けること。買収者は対象企業の経営権を支配できる議決権を取得するために，発行済み株式総数の過半数，または株主総会の特別決議を拒否できる 3 分の 1 超の取得をめざすことが多い。日本の証券取引法では，有価証券報告書を提出している企業の株式を市場外で 3 分の 1 を超えて取得する場合には，原則として公開買付け（TOB）によらなければならないので，買収者はTOB によって買収を仕掛けることが多い。
&ᴧ TOB　　　　　　　　　　[外川]

デザイナーズブランド

designer's brand
ブランド名とデザイナー名が一致するもので，デザイナーの個性や主張を前面に出したブランドのこと。普及版（セカンドライン）のブランドに比べて，高級な素材が用いられており，高価格である。　　[外川]

デジタル家電

デジタル技術を使用した家電製品で，DVD プレーヤー，液晶テレビ，デジタルビデオカメラ，携帯音楽プレーヤーなどが含まれる。映像や画像，音声等のデータをデジタル信号で処理し，従来のアナログ式家電製品よりも精彩で便利に楽しめる。

[外川]

デジタル景気

デジタル家電や携帯電話といったデジタル製品の景気のこと，またデジタルカメラ，薄型テレビ，DVD レコーダーの，いわゆる「新三種の神器」の普及が顕著となった 2003 年頃から続く景気の好況のうちデジタル機器販売が好調に推移する電機業界の好景気のこと。デジタル景気下では，最終製品だけでなく電子部品や半導体などの関連企業が設備投資を増やして好循環が生じる。一方では，デジタル製品はアナログ製品に比べると技術革新や価格下落も激しいために景気の波が大きくなる。　　[外川]

データマイニング

data mining
多種多様，膨大な大量のデータを分析し，そのなかに隠された規則性や法則性を見つけ出すこと。コンピュータの普及と技術革新により，顧客の購買履歴データや POSデータ，通話履歴，クレジットカードの利用履歴などなどがそのままデジタルデータとしてデータベースに蓄積されるようになった。これらの生データを解析，編集してマーケティングや経営戦略策定に役立てるもので，相関分析や多変量解析などの統計解析，ディシジョン・ツリー（決定木），ニューラルネットワーク，遺伝的アルゴリズムなどの手法が使われる。またこれらの手法を用いてデータマイニングを行い，結

果をビジュアルに表示するソフトウェアをデータマイニングツールと呼ぶ。　　［外川］

テナント

tenant
借手，店子のことで，ショッピングセンターの場合には，ディベロッパーのマーケティング理念に共鳴し，一定のスペースを賃借する契約をディベロッパーとの間に結び，ショッピングセンター内で商品やサービスを販売・提供する事業者のことをいう。小売業，飲食業，サービス業のほか，銀行等の金融機関，医療機関，電気・ガス等のサービスセンター，また行政の出張所，郵便局，巡査派出所等の公的機関等がテナントになりうる。これらの事業者および機関がショッピングセンターに出店するには，その立地が戦略的エリアにあって，商圏性格が自店のマーケティングに合致していること，さらに入居に際しての敷金，保証金，賃料等の経済条件が妥当で，十分に採算のとれる売上，効果が期待できることなどが前提となる。　　［協会］

テナント会

ショッピングセンターの統一性を実現するため，ディベロッパーが計画的に結成したもので，出店者によって構成される唯一の組織体。活動内容は多岐にわたり，一般的には，共同販促と従業員の教育・福利厚生の面について，テナント会が自主運営をはかるケースが多いが，共同販促についてはディベロッパー主導で実施するショッピングセンターが増えている。この場合，販促費用も直接ディベロッパーに払い込まれ，ディベロッパー拠出分の費用と合わせ，ショッピングセンターの全体的な見地からの販販活動が行われるが，このところ，テナント会を廃止するショッピングセンターも見られる。　　［協会］

テナント会費

テナント会の運営に要する費用で，共同販促費とテナント会費に分けられる。テナント会費の徴収は，テナントが他の費用をディベロッパーに納入する際に一緒に行うのが効率的だが，税務手続き上からも，口座を区別し，ディベロッパーが事務局を兼務する場合は経費の収支を明確化することが必要である。帳簿についてはテナント会の会計監査はもちろん，ディベロッパーの監査部門での十分なチェックが必要である。
　　［飯村］

テナント管理

賃料・電気・水道などの諸費用，保証金・敷金の請求，その入出金手続きと確認によるキャッシュフローの管理をはじめとして，未収入金の督促やクレーム対応，入退居管理，館内規定遵守指導，テナントへの営業指導など，ディベロッパーによるテナントの日常運営管理のこと。テナント誘致や契約更新，改定業務なども含まれるなど，多岐にわたる。　　［藤山］

テナントミックス

tenant mix
ショッピングセンターのマーチャンダイジング・ポリシーを実現するための，ショッピングセンター内におけるテナントの最適組合せのこと。ショッピングセンター・マーチャンダイジング計画に基づいて，テナントの業種・業態，サービス施設等を最適にショッピングセンター内にゾーニングし，業種構成，業種配置をすることをいう。テナントの資質，販売力，取扱商品，グレード，収益性などを考慮しつつ，商圏，地域特性等にふさわしい面積比率なども検討したうえで行う必要がある。施設内の顧客の回遊性を平準化し，かつ経済性の高い配置

を実現するために，ディベロッパーは常にテナントごとの個別の集客力，販売力やマーチャンダイジングのグレード，収益性，体質やサービスなどのマーケティング力を評価しておく必要がある。業績のよいショッピングセンターではテナント評価基準が確立されている。　　　　　　　　　[飯村]

テナントリーシング

tenant leasing
店舗や商業施設の企画開発，運営などを熟知・吟味したうえで，マーケティング・経営・財務などの総合的な判断に基づいて適切なテナントを誘致する計画を立てて，それを実行する業務のこと。　　　　　[飯村]

デパ地下

百貨店の食品売場のこと。多くがデパートの地下1階にあることから「デパ地下」と略称された。名店街のアップスケール化や有名ホテルや高級レストラン・料亭などの料理を高級惣菜として販売することで幅広い層の人気を集めている。リニューアルが相次ぎ，百貨店売上の4分の1近くを占めるまでになったデパ地下は現在，上層階まで顧客を誘導する「噴水効果」を発揮し，百貨店にとって重要な収益源になっている。
⌒　ホテイチ，中食，HMR　　　　[及川]

デビットカード

debit card
即時決済型カード。J-Debit。金融機関のキャッシュカードが買物代金支払いにそのまま利用できる。支払いの際に専用端末でカード情報と暗証番号等を入力して，金融機関の口座から即時に代金を引き落とす。クレジットカードと異なり，口座残高の範囲内でしか支払えないために，使い過ぎが防げ，不良債権発生を抑えられる。会費や金融機関の営業時間外利用時の引き落とし手数料は不要である。キャッシュレス化が進んだ米国では，以前からクレジットカードとともに一般的な支払い手段として定着している。日本では1999年から日本デビットカード推進協議会が中心となって，「J-Debit」システムによるサービスが始まった。⌒　クレジットカード　　　[及川]

デファクトスタンダード

de facto standard
ISOやJISなどのように国際機関や標準化団体による公的な標準ではなく，市場競争の結果として基準化した，事実上の業界標準または市場の実勢によって事実上の標準とみなされるようになった規格や製品のこと。パソコン向けOSにおけるWindowsやインターネット上の通信プロトコルにおけるTCP/IP，家庭用ビデオのVHSなどが典型例。デファクトスタンダードが確立した分野では，標準規格に対応した製品や，標準製品と高い互換性をもつ製品がほとんどのシェアを占めるようになる。公的な標準化団体がデファクトスタンダード仕様を公的な標準規格（デジュールスタンダード，de jure standard）として追認する場合もある。　　　　　　　　　　　　　[外川]

デフォルト

default
金融用語では企業や国家の破綻によって社債や国債などが償還されなくなること。情報システム分野ではデジタル機器の初期設定の意味。　　　　　　　　　　　[外川]

テーマセンター

歴史や文化，自然などの特定テーマに絞り込んだ環境演出のもとに，個性的な専門店で構成されるショッピングセンター。

⚭ テーマパークモール　　　　　［協会］

テーマパークモール

古代ローマやエジプト，中世騎士道の世界，南イタリアやフランスの観光地など，歴史や文化，娯楽などの特別のテーマを掲げた環境デザインの中にモール型ショッピングセンターを位置づけたテーマパークのような商業集積。ラスベガスのリゾートホテルに併設された古代ローマをテーマとしたショッピングセンターが先鞭をつけた。

⚭ テーマセンター　　　　　　［協会］

デモンストレーション

demonstration
店頭または店内において，商品の説明や使い方の実際を見せること。メーカーが販売促進の手段として用いることが多い。マネキン販売が実売に結びつくことを目的にしているのに対し，デモンストレーションは，むしろ商品を知ってもらうために行われるものである。デモともいう。販売を主たる目的とした販売方法をデモンストレーション販売と呼び，デモを実行する人をデモンストレーターと呼んでいる。　　　［飯村］

デュアルカード

dual credit card
クレジット会社が2種類のブランドをもつクレジットカードを発行すること。一般的にはVISAやMASTER，JCBなど，汎用性の高いカード・ブランドを使用するケースが多い。⚭　コブランドクレジットカード　　　　　　　　　　　　　　［及川］

デューデリジェンス

due diligence
due（当然支払うべき），diligence（努力）という意味で，融資団のために，買収前に行われる買収対象企業に関する詳細な調査のこと。事業内容から会計，税務，法務，国際的な展開などあらゆる事柄に関して多角的，徹底的に調査される。特定目的会社（SPC）が発行する社債の信用度評価のために必要な建物状況調査，環境調査，法的調査，市場調査などがその主要なものである。通常，買収合意前に行われる前半のデューデリジェンスと，買収合意後，最終的な買収（クロージング）前に行われる後半のデューデリジェンスとがある。⚭　特定目的会社　　　　　　　　　　　　　［外川］

デリカテッセン

Delikatessen
調理済み惣菜，およびそれを販売する店のこと。デリカ（デリカショップ），デリともいう。高級な惣菜を意味することもある。発祥はヨーロッパで，ハムやチーズ，自家製のテリーヌやサラダなどの冷製惣菜を量り売りしたのが始まりで，各種調味料やワイン，菓子類なども合わせて販売するようになっている。ドイツのダルマイヤーやイタリアのペックなどが有名。米国のデリカテッセンではイーチーズ，ゼイバーズ，ディーン・アンド・デルーカなどが代表例。
⚭　HMR，中食　　　　　　　　［外川］

デリバティブ

derivative
債券・株式など本来の金融商品から派生した金融取引や金融商品。価格変動リスクを回避し，高利回りの運用など有利な条件を確保するために開発された金融ハイテク商品で，国際的な金融取引が急増した1980年代から，先進国の金融取引で活発に活用されるようになった。①将来のある時点での売買を，事前に取り引きする先物取引，②将来売買できる権利を売り買いするオプ

ション取引, ③異なる通貨や金利をやりとりするスワップ取引が主体。もともとは商品の価格変動リスクを避けるために開発されたが, デリバティブ自体を投資対象にする取引も増えている。天候デリバティブなど原資産が金融商品ではないものも登場しており, 近年になってますます多様化している。少ない資金で巨額の取引ができるためハイリスク・ハイリターンで, 市場の攪乱要因にもなっており, 各国の金融当局の間では規制強化を検討する動きもある。

[外川]

転換社債

convertible bond
社債に新株予約権が付された形態で発行される債券。つまり, 発行会社の株式に転換する権利が認められた社債のこと。一般的に発行後一定期間をおいて株式への転換が可能になる。商法が改正され, 2002 (平成14) 年4月1日以降, 新たに発行される転換社債のことを「転換社債型新株予約権付社債」と呼ぶようになった。　　　[外川]

電気自動車

地球温暖化の大きな要因として全世界で普及している"自動車"がある。環境負荷の少ない自動車の開発が急務とされているが, 電気自動車は現在では最も環境負荷が少ないといわれており, 技術開発が急速に進んでいる。電気自動車の電気として代表的なものに太陽を活用するソーラーカーがあるが, 一般的に普及すると考えられているのは電池自動車である。蓄電能力の高いリチウムイオン電池を搭載した自動車が本格的に実用化を迎えており, 充電装置などの周辺環境整備が始まっている。　　　[協会]

天候デリバティブ

天候の変動による収益減少のリスクを回避するために開発された金融商品。電力自由化が進む米国で1997年に大手エネルギー企業のエンロンが開発したのが始まりといわれる。日本には総合スポーツ用品量販店向けに少雪による収益減少リスクを引き受けるかたちのものが1999年に登場した。デリバティブはもともと金利, 為替, 株式など原資産の相場変動によるリスク回避のために開発された金融商品であるが, 最近ではクレジットデリバティブや天候デリバティブのほかに不動産, コモディティといった, 原資産が金融資産以外のものを扱うタイプが増えている。☞　デリバティブ

[外川]

電子商取引　☞　Eコマース

電子書籍

パソコンや携帯電話で読むためにデジタルデータ化された小説や漫画など。スタート時点では専用読書端末やパソコンで読むためのサービスとして始まったが, 2004年頃からネットに対応した携帯電話向けのサービスが始まり, 本離れしていた若者層を中心に需要が拡大した。既存作品の電子化だけでなく, 書き下ろしの電子書籍も増え, ケータイ小説等が紙の書籍として出版されるという逆転現象も起こった。人気の高いケータイ小説のなかには映画やテレビドラマに映像化されるものもある。　　　[外川]

電子ペーパー

紙のように薄くて軽く, 曲げられる表示装置。たとえばセイコーウォッチが採用した米イー・インクの方式は, 人間の髪の毛の直径ほどの大きさのカプセルを一面に敷き

詰め，カプセルの中の微粒子を電気で移動させて文字や絵を表現する。電気を切っても画像表示が消えないため消費電力を抑えられるほか，視野角が約180度と液晶より広い点が特徴で，電子書籍や電車内の広告などで利用が進みつつある。　　　［外川］

電子マネー

electronic money; digital cash

貨幣価値をデジタルデータで表現したもの。電子決済手段。クレジットカードや現金を使わなくても買物できるものであり，インターネットなどの電子取引の決済手段として使われる。専用のICチップに金額データを記録するICカード型電子マネーと，金銭価値データを管理するソフトウェアをコンピュータに組み込み，ネットワークを通じて決済するネットワーク型電子マネーの2種がある。またプリペイドカードと連動させたものもある。⁓　Edy，Suica
　　　　　　　　　　　　　　　　　［外川］

店長会

ショッピングセンターに出店しているテナントの店長と運営管理者（ディベロッパー）との会合のこと。ショッピングセンターの月間・年間の運営方針や売上目標，また売上実績や運営管理状況の報告や販売促進活動，駐車場やその他の施設管理におけるトラブル防止や防犯・防災など顧客の安心・安全などについての意見交換やコミュニケーションをはかる。　　　　　　　［藤山］

店舗経費

テナントがショッピングセンター内で営業の場を確保し，維持運営していくうえで必要な経費の総体をいう。具体的には，賃料・共益費・保証金の金利などの設備管理費と共同販促費・テナント会費・クレジット手数料・水道光熱費などの販売費，その他の経費で，人件費・本部費（本社・本部の経費負担分）を含んでいる。⁓　共益費　　　　　　　　　　　　　　　　［飯村］

店舗構成計画

ショッピングセンターの立地特性や競合状況，建物構造等を加味したうえで，ターゲット，価格帯，店舗イメージ，取扱い商品等の条件を比較考慮して適切なテナントを抽出し，それらの最適な組合わせ（テナントミックス）を考えること。　　　［鈴木］

店舗内装設計指針

ディベロッパーが設定したデザイン・コンセプトや諸官庁の規制事項を反映させた内装設計の基本方針。テナント内装設計の基準を示したもの。ショッピングセンターの各テナントはこの指針に沿って内装設計，工事を行うことが求められる。また，これらをまとめた書類を「店舗内装設計指針書」といい，一般的には通称「ルールブック」と呼ばれている。　　　　　　　［鈴木］

店舗面積

大店立地法における店舗面積は，小売業（飲食業を除くものとし，物品加工修理を含む）を営むための店舗の用に供される床面積のことで，売場，ショーウインドー，ショールーム等，サービス施設，物品の加工修理場のうち顧客から引受け・引渡しの用に直接供する部分を含み，階段，エレベーター，エスカレーター，売場間通路および連絡通路，文化催場，休憩室，公衆電話室，便所，外商事務室等，事務室・荷扱い所，食堂等，塔屋，屋上，はね出し下・軒下等は含まない。ショッピングセンターにおける店舗面積は，飲食業，サービス業を含み，それぞれの店舗区画の合計面積をい

動画共有サイト

ユーチューブ（YouTube）等，個人が作成・録画した映像や音声等の動画をインターネットを通じて発信するサービス。誰でも映像を Web 上にアップロードし，またそれについてコメントしたりトラックバックしたりという共有機能があり，利用者が急増している。テレビ番組や映画など著作権に抵触するケースも少なくないため，規制の見直しや利用ルールの構築が望まれているが，ユーチューブだけでも1日当たり1億回を超える閲覧があるといわれる状況を反映して，ネット専業企業のほかにテレビ局その他の参入も相次いでいる。
⇨ ユーチューブ　　　　　　　［外川］

等価交換方式

土地所有者がディベロッパーなどと共同で建物を建設する共同事業方式のひとつで，土地所有者は土地を出資，ディベロッパーは建設事業費を提供し，各々はその出資額（出資比率）に応じた割合で，土地と建物を所有する方式のこと。土地と建物を等価で交換するかたちになるので，等価交換という。土地所有者は建設事業費を調達する必要がなく，またディベロッパー側は用地取得のリスクやコストを軽減できるというメリットがそれぞれある。　　　　　　［飯村］

投下資本回転率

return on investment

当該事業年度において，企業が投下した（投入した）資本をどの程度効率的に活用されているのかをみる指標。算出式は，投下資本回転率＝売上高÷(売掛金＋棚卸資産－支払手形および買掛金＋有形固定資産＋無形固定資産＋その他固定資産)。投下資本が売上高を通じて何回新しいものになるのかが回転数として示される。回転数が高いほど，資本が効率的に活用されていると判断できる。　　　　　　　　　　　［外川］

投下資本利益率　⇨　投下資本回転率

等価騒音レベル

equivalent continuous A-weighted sound pressure level

大店立地法で騒音予測を行う場合に使われる評価指標のひとつ。騒音レベルが時間とともに不規則かつ大幅に変化している場合（非定常音，変動騒音）に，ある時間内で変動する騒音レベルのエネルギーに着目して時間平均値を算出したもの。単純にすると騒音の平均値。単位は dB（デシベル）で表される。　　　　　　　　　　　　　［鈴木］

東京ガールズコレクション

Tokyo girls collection; TGC

女性ファッションの通信販売最大手「ゼイヴェル」の携帯向け女性専門サイト「ガールズウォーカー」の5周年記念のイベントとして，2005年8月に開催されたファッションショーがスタート。パリコレなどの既存のショーは専門家やマスコミを対象として開催されるが，TGC は代々木体育館に実際に購入する10代から20代の女性を1万人集めて開催され，携帯サイトを通じ

て直接会場で購入できることで話題となった。ショーと女性誌と携帯が連動するクロスメディア戦略を活用して売上高の増加をめざしている。国際的コレクションでは先端的ファッションを中心に半年ほど前に開催するケースが多いが，TGCは年2回，そのシーズンの普段着として使えるデザインが新鮮で高級感のある服（リアルクローズ）を中心に紹介し，会場内で携帯サイトからの購入や，インターネットによる配信など，会場の臨場感を直接伝えることで若い女性の購買意欲を高めている。　　[及川]

動産担保融資

商品在庫や設備など企業が持つ資産で，不動産以外のものを担保にして実行する融資のこと。2005年から動産に担保を設定したことを公示する登記制度がスタートしたのを受けて始まったもので，資産に乏しい中小・ベンチャー企業など向け融資の新たな手法として注目される。　　[外川]

投資銀行

investment bank
資金調達や事業の売却・買収等，企業の財務・資本戦略について助言する金融機関。融資の金利収入に頼る伝統的な商業銀行と異なり，手数料が主な収入源であり，法人向け証券会社に近い存在。国境を越えたM&Aや資金調達が盛んになるにつれて，主に米国で発展した。米投資銀行大手にはモルガン・スタンレーのほか，ゴールドマン・サックスなどがある。　　[外川]

投資事業組合

金融機関などから集めた資金を，株式公開をめざすベンチャー企業などに投資し，その運用利益を出資者に配分するための組織。①商法を根拠とし，登記不要，出資者の責任範囲が無限で会計監査の義務のない「匿名組合」，②民法を根拠とし，登記不要，無限責任で会計監査義務のない「任意組合」（マンションの管理組合と同じ形態），③ファンド法（投資事業有限責任組合契約に関する法律）を根拠とし，登記が必要で責任範囲は出資額範囲内，会計監査の義務がある「投資所業有限責任組合」の3種がある。登記や情報開示の義務がない匿名組合や任意組合形式をとるものが大半で，組織数や実態が把握しきれない。2006年のライブドア事件では「任意組合」が不正な資金操作の隠れ蓑として利用された。⇒ LLP
　　[外川]

道州制

いくつかの府県を包括あるいは合併させることで，全国を都道府県より広いいくつかのブロック（「道」や「州」）に分けて，それぞれに行政機関を置く制度。現在よりも広範囲な行政機能をもった地域主導型の政策を展開できるようになる。基礎的自治体である市町村の合併が進むなかで，広域的自治体である都道府県についても見直しが議論され問題提起されているもの。「国，地方の役割が明確でない」，「州都への一極集中が予想される」など強い批判もある。
　　[外川]

動線

traffic diagram
人やものが移動する経路や軌跡のこと。店舗においては，顧客が移動する経路を客動線，従業員が作業のために移動する経路をサービス動線と呼び，これらは売場設計，レイアウトのベースとなる。顧客の滞留時間を延ばし，作業時間は短くするように，客動線は長く，サービス動線は短くするのが原則。また，誘導看板の設置や左折で出入りが可能となるレイアウトなど，駐車場

の動線計画も重要である。　　　　［外川］

登録販売者

ドラッグストア，薬局・薬店等において第二類および第三類一般用医薬品を販売する際に必要な資格で，改正薬事法で新設された。一般用医薬品の販売を薬剤師とともに担うが，都道府県が実施する年に数回の試験に合格し，都道府県知事に登録し資格を得る（個人資格）。試験を受ける条件として実務経験が重視される。現在，ドラッグストアで扱う大衆薬の大半を登録販売者が取り扱うことができる。また第二類および第三類医薬品の販売で店舗販売業の許可を得るには，薬剤師または登録販売者のなかから店舗管理者を指定する必要があるとともに，営業時間中は薬剤師または登録販売者を常駐させ，客からの相談に応じる義務がある。☞　改正薬事法，大衆薬　［外川］

独占禁止法

「私的独占の禁止及び公正取引の確保に関する法律」（独禁法）。私的独占，不当な取引制限，不公正な取引方法の禁止の3つを柱とする法律で，自由市場経済における競争の促進，フェアな取引，消費者利益の確保を基本理念とし，公正かつ自由な競争を促進させ，経済活動の活性化と消費者利益の確保をはかるもの。公正取引委員会（公取委）は独禁法の目的達成のための行政権，準立法権，準司法権をもち，違反に対しては行政処分を課すことができる。独禁法違反の未然防止のためのガイドラインのうち，流通関連のものには，「流通・取引慣行に関する独占禁止法上の指針」「フランチャイズ・システムに関する独占禁止法上の考え方」「不当廉売に関する独占禁止法上の考え方」「不当な返品に関する独占禁止法上の考え方」等がある。☞　公正取引委員会　　　　　　　　　　　　［外川］

特定開発地域　☞　BID

特定サービス産業実態調査

経済産業省が実施する調査で，各種サービス産業のうち，行政，経済両面において統計ニーズの高い特定サービス産業の活動状況および事業経営の現状を調査し，サービス産業の企画・経営および行政施策の立案に必要な基礎データを得ることを目的とする。1973年に「昭和48年特定サービス業実態調査」として実施。対象業種は「毎年調査業種（物品賃貸業，情報サービス業，広告業）」と「年次別にローテーションする業種（知識関連産業，余暇関連産業，公害関連産業）」によって構成されていたが，1974年に調査対象業種を拡大して必要な業種を新規業種として追加していくこととし，「特定サービス産業実態調査」に改称。1991～99年は，①毎年調査業種（5業種），②周期調査業種（3年周期で9業種），③選択調査業種（毎年1～2業種）のパターンにより実施。2000年からは，調査業種の上位分類である「対事業所サービス業」を「ビジネス支援産業」とし，「対個人サービス業」を「娯楽関連産業」および「教養・生活関連産業」に分割し，各々の分類ごとの業種を原則として，3年に1回調査を行っていた。2006年からは母集団を業界団体名簿から日本標準産業分類ベースに変更，調査業種は7業種とした。2007年からは4業種を追加し11業種に，2008年からは，インターネット附随サービス業，音声情報制作業，新聞業，出版業，映像・音声・文字情報制作に附帯するサービス業，機械修理業，電気機械器具修理業，自動車賃貸業，スポーツ・娯楽用品賃貸業，その他の物品賃貸業の10業種を追加し21業種へ拡大した。☞　サービス産業動向調査　［外川］

特定商業集積法（商集法）

「特定商業集積の整備の促進に関する特別措置法」(1989年制定)。略して商集法という。商業施設と地域のアメニティ性を向上させる商業基盤施設とを，民間事業者が一体的に整備し，自治体等の公的セクターがこれらの施設と一体的に公共施設を整備するという，官民一体型の「商業を核としたまちづくり」のための枠組みを提供し，各種の助成措置を講じることを目的とする法律。2006 (平成18) 年のまちづくり3法関連法案の上程に際して廃止されている。
[外川]

特定商取引法

訪問販売や通信販売など消費者との間にトラブルが生じやすい特定の取引を対象に，事業者による不公正は勧誘行為や誇大広告などを規制する法律。1976 (昭和51) 年に訪問販売法として制定，2000 (平成12) 年に改称。契約後も一定期間内なら無条件で解約できるクーリングオフを認めており，急成長にともなってトラブルが増加しているネット通販も同法の規制対象とされる。特定商取引法の規制対象は，訪問販売，通信販売，電話勧誘販売，連鎖販売取引 (マルチ商法)，特定継続的役務提供 (長期・高額な契約を結ぶサービス業。現在はエステティックサロンや語学教室など6業種が対象)，業務提供誘引販売取引 (仕事を提供すると勧誘したうえで，仕事に必要な商品を販売)，である。
[外川]

特定保健用食品

トクホ。身体の生理学的機能等に影響を与える特定の保健機能成分を含んでおり，その成分が関与して健康増進に役立つことを商品に表示することを厚生労働省が認めた食品。「保健の用途」を表示するには，健康増進法第26条に定めるように，個別に生理的機能や特定の保健機能を示す有効性や安全性等に関する科学的根拠に関する審査を受け，厚生労働大臣の許可を受けることが必要とされる。許可を受けたものには，許可証票がつけられる。健康志向の高まり，メタボリックシンドロームなどの背景から，毎年，二桁増で成長している。
[外川]

特定目的会社

special purpose company; SPC
資産の証券化を目的に「特定目的会社による特定資産の流動化に関する法律」(1998年) で認められた，資産の流動化にかかわる業務を行うための法人。投資家から資金を集め，不動産などの資産を所有し，それらを裏づけとする証券を発行して，資産から得られる収益を投資家に配当する。資産流動化に基づかない株式会社や有限会社形態による「特別目的会社」を設立して流動化する方法もあるため，これらと区別するため，特定目的会社を「TMK」と特記することもある。↝ デューデリジェンス
[藤山]

特別区

特別地方公共団体の一種で，地方自治法第281条1項で「都の区」と規定される市に準ずる基礎的地方公共団体。東京都における千代田，新宿など23区のこと。政令指定都市に置かれる行政区とは異なり，一つ一つが独立の地方公共団体で，区民が公選で区長や区議会議員を決め，独自条例を制定するなど市町村とほぼ同じ権限をもつ。ただし23区はひとつの巨大な都市という面もあるため，東京都が消防，水道，交通事業などを運営しており，このための税源として固定資産税や法人住民税などの48％を都が徴収し，52％を各区の財政状況に応じて配分している。
[外川]

トクホ ☞ 特定保健用食品

独立行政法人

「国民生活及び社会経済の安定等の公共的見地から確実に実施されることが必要な事務及び事業であって，国が自ら主体となって直接に実施する必要のないもののうち，民間の主体にゆだねた場合には必ずしも実施されないおそれがあるもの又は一の主体に独占して行わせることが必要であるものを効率的かつ効果的に行わせることを目的として，この法律及び個別法の定めるところにより設立される法人」（独立行政法人通則法第2条1項）をいう。「業務の停滞が国民生活又は社会経済の安定に直接かつ著しい支障を及ぼすと認められる」特定独立行政法人と，非特定独立行政法人の2つに分類され，前者の役員および職員には国家公務員の身分が与えられる。特殊法人とは異なり，民間企業と同様に資金調達には国の保証が得られず，また法人所得税や固定資産税など公租公課の納税義務が生じる。
[外川]

都市計画法

都市地域における土地利用と都市整備に関する各種制度の基本となる法律で，旧都市計画法と住宅地造成事業に関する法律を統合して，1964（昭和39）年に制定された。都市計画区域の指定やマスタープランの策定，市街化区域と市街化調整区域の区分，地域地区設定，都市施設計画など，都市計画の内容や決定手続き，各種の規制について定めている。この法律に基づき，都市計画区域指定や都市計画の基本的な事柄については都道府県が，その他については市町村が定めることとされている。2006（平成18）年の改正で延床1万㎡以上の大型店等の立地が規制されている。☞ 改正都市計画法，市街化区域，市街化調整区域
[外川]

都市再開発法

市街地の計画的な再開発に関し必要な事項を定めることで，都市における土地の合理的で健全な高度利用と都市機能の更新とをはかり，公共の福祉に寄与することを目的とする法律。1969（昭和44）年制定後たびたび改正されている。面的広がりをもった再開発を想定し，権利処理の規定として一般的な等価交換としての権利変換という新しい手法が導入されたのが特色。都市の再開発は既成市街地において複雑に錯綜した権利を再調整し，新しい権利関係を創造するために最大公約数的な権利調整の方法を必要とするが，都市再開発法ではこれを円滑に行う手法を提供しようとするもので，都市再開発のマスタープラン策定の際の基礎となるもの。
[外川]

都市再生機構（UR）

都市の交通や住宅，公園などの基盤整備や管理を主な目的とする独立行政法人。もともとは1955（昭和30）年設立の「日本住宅公団」で，1970年代に都市再開発事業も手がけるようになり，1981（昭和56）年に宅地開発公団と統合されて「住宅・都市整備公団」へと組織変更。その後，住宅建設は民間に任せるべきとの世論が高まるなかで，1999（平成11）年に住宅供給よりも都市整備に重点をおく「都市基盤整備公団」へと組織変更し，分譲住宅供給事業は停止。2003（平成15）年に都市再生機構法が成立し，翌年，都市基盤整備公団と地域振興整備公団の地方都市開発整備部門が統合されて，「独立行政法人都市再生機構」に改組された。
[外川]

都市再生特別措置法

バブル経済崩壊にともなう土地不良債権を処理し，不動産証券化の導入等によって不動産市場の回復をはかるため，主として金融機関等大規模ディベロッパーが計画・開発主体となって実施する，首都圏やその他大都市圏の都心機能の高度化すなわち都心改造を推進するための緊急即効的な都市計画事業法である。同法は，小泉内閣が発足した直後から国土交通省に都市再生本部が設置されて法案についての検討が始まり，2002（平成 14）年 4 月に成立した。　［飯村］

土地信託方式

土地所有者（委託者）が，土地の有効利用をはかる目的で，所有土地を信託銀行（受託者）に信託する制度。土地所有者に代わって信託銀行が土地の有効利用の企画立案や建築資金の調達，建物の建設および完成した建物の管理・運営等を行う。　［飯村］

ドッグラン

dog-run; dog parks
リード（引き綱）なしで，自由に犬を運動させることができるスペースや施設。飼主による管理が前提だが，ペットブームに応じて全国に有料・無料の施設が設けられるようになっており，近年では旅行に同伴する犬のために高速道路のサービスエリア（SA）やパーキングエリア（PA）に無料のドッグランが整備されている。犬の体格で敷地を区分したり，逃げ出し防止用の二重ゲートや給水設備などの基本的な設備を設けているほか，走りやすい草地やウッドチップの敷地や，暑さに弱い犬のために木陰を多く設けたり，タイルや大理石で舗装するなどの豪華施設も増えている。ショッピングセンターにもドッグランを併設するところが増えているほか，犬連れ可能なドッグカフェがあるものも見られる。　［外川］

トップランナー制度

市場に出ている同じ製品のなかで最も優れている製品の性能レベルを基準にして，どの製品もその基準以上をめざすという意味の和製英語。電気製品や自動車の省エネルギー化をはかるための制度で，1999（平成 11）年施行の改正省エネ法（エネルギーの使用の合理化に関する法律）で導入された。自動車やエアコン，テレビ，冷蔵庫，電子レンジなど 21 種類が対象とされている。企業が正当な理由なく基準に達しない製品を生産・販売し続けた場合，社名を公表，罰金を科すこともある。　［外川］

ドーナツ化現象

中心市街地の人口が減少し，郊外人口が増えるという人口移動現象。都市中心部が空洞化することから，ドーナツになぞらえて名づけられた。中心市街地衰退の問題のほかに，社会資本整備が追いつかないという問題もある。　［外川］

ドミナント

dominant
もともと「支配的な，優勢な」という意味。チェーン展開している小売業やフードサービス業が，ある地域に集中的に出店し，圧倒的なシェア（売上高シェア）を占めている地域をドミナントエリアといい，その出店戦略をドミナント戦略という。特定の地域に集中することで配送センターや配送ルートを効果的に使用でき，店舗管理も合理化されるメリットがある。コンビニやスーパー，ホームセンターなどで主として行われる戦略である。⌒　ドミナント戦略
　　　　　　　　　　　　　　　　　［飯村］

ドミナント戦略

食品スーパーやコンビニエンスストアなどの小売業やファストフード，ファミリーレストランなどのフードサービス業でチェーンストア方式をとるものが，ある地域に集中的に出店する戦略。これにより店舗密度を高め，物流や諸管理面でのコスト削減がはかられるだけでなく，知名度や顧客の支持を集め，販売促進の効率化が実現する。またその結果として，商圏内で競合他社に対して圧倒的に優位な立場に立つことができる。   ドミナント　　　　　[外川]

ドメイン

インターネット上のコンピュータやネットワークを識別する文字列のことで，インターネット上の住所表示。インターネットで利用されているプロトコル（通信用の規約）では，ネット上のコンピュータなどを識別するためにIPアドレスという数字の列を使用するが，そのままでは人間が利用するのに不便であるため，DNS（ドメインネームシステム）というしくみを使って，適当な文字列とIPアドレスを対応させている。またビジネスや経営分野では，企業や組織が活動する事業領域，中核的ビジネス分野などのことをさす。　　　　　　[外川]

ドラッグストア

drugstore
処方箋調剤薬，一般薬（OTC; over-the-counter），化粧品，トイレタリー用品，石鹸洗剤などを幅広く販売する大型小売業。米国では販売額に占める調剤薬の割合は5割を超える。日本では病院の門前薬局が調剤薬を扱うことが多いので，ドラッグストアの品揃えはOTCと化粧品が中心で調剤薬の比率は低いが，大手チェーン各社は医薬分業の進展にともなう調剤薬の需要増に対応して，薬剤師の大量採用など調剤部門の充実強化に取り組んでいる。従来は最大手でもローカルチェーンの域にとどまっていたが，最近では再編と広域化が始まっており，それに対応して，医薬品卸や日用雑貨卸の再編も進んでいる。　[及川]

トラックバース

truck berth
トラックが着床する場所。高床式（トラックの着床レベルが走行レベルより約900mmから1000mm高い場合をいう。大型車やドック・シェルター付きタイプに用いる）と，低床式（トラックの着床レベルが走行レベルと同一の場合をいう。小型車やトラックに横積みするウイング車などに用いる）の2タイプがある。　　　[飯村]

トラットリア

trattoria
イタリア語で大衆食堂という意味。リストランテよりはカジュアルな食堂。フランスのビストロのイメージに近い。料理も内装もカジュアルで，サービスも家庭的なのが特徴。　　　　　　　　　　　　　[外川]

トラフィックコントロール

traffic control
来店客や納品用の車が周辺の交通渋滞を起こさないように，誘導，調整すること。大規模小売店舗立地法では，交通渋滞は配慮すべき重要事項となっており，来店車の誘導ルートや駐車台数，出入口の数等を届出する必要がある。　　　　　　　[鈴木]

トラフィックプラー

traffic puller
顧客を惹きつける力，集客力が非常に強い

テナントのこと。もともとは百貨店をさしたが，現在ではスペシャリティセンターなどに配置される個性的な専門店や独創的なメニューの飲食店などをいうことが多い。小売業やフードサービス以外に，ミニシアターや劇場などの文化施設も，顧客吸引力の強さから，こう呼ばれることがある。
↪ ディスティネーションストア［飯村］

トランジットモール

transit mall
都市中心部の目抜き通りなどで一般車両を制限し，歩行者専用の路面商店街とした商業空間。中心市街地の活性化や道路環境の改善，公共交通サービスの向上などを目的として，欧米では数多くの成功事例がある。
　　　　　　　　　　　　　　　　［協会］

トレーサビリティ

traceability
トレース（追跡）とアビリティ（可能性）を組み合わせた言葉で，もともとは，計測機器の精度や整合性機能を維持するために使われていた。「追跡可能性」などと訳される。ISO（国際標準化機構）によると，「考慮の対象となっているものの履歴，適用又はそれらの所在を確認できること」である。全流通過程でのトレーサビリティを実現するためには，生産者から消費者にいたるすべてのプロセスで，商品の一つ一つを識別できるしくみが必要となる。バーコードや，記憶できる情報量を増やしたQRコード（2次元コード）などもあるが，無線で一つ一つの識別情報を自動的に認識できるRFID（無線ICタグ）が，トレーサビリティを実現するために最も有効な手段であるといわれる。↪ QRコード，RFID　　　［外川］

トレンド商品

ファッションや流行，時代の先端を行く商品。先見性のある商品や時代の雰囲気を端的に表す商品，ヒット商品などのこと。
　　　　　　　　　　　　　　　　［外川］

ドロップシッピング

drop shipping
「直送」または「メーカー，サプライヤーから消費者に商品を直接発送すること」といった意味で，ネット通販事業者や個人が在庫リスクを負わずに，商品を販売できるしくみ。売主が運営する販売サイトに注文が入ると，サイトがメーカーや卸売業者に注文を転送。発送と決済はメーカー・業者が行うため，販売サイト自体は在庫や決済システムをもつ必要がない（決済は販売サイトが行うケースもある）ため，事業資金となる元手が少なくてもショップを開設できる。販売額に応じて手数料を得る点はアフィリエイト（成果報酬型）広告に似ているが，事業者が自ら販売価格を決定できることが異なる。売れ残りリスクのある在庫を持ってECサイトを開設するよりも手軽で，発送や決済といった面倒な作業はメーカーやASP（アプリケーション・サービス・プロバイダー）が行ってくれるので，販売サイトは集客・販売だけに専念すればいい。一方，メーカーにとってはネット上で販路を拡大できるメリットがある。アフィリエイトと異なり，販売サイトが販売主体となることが多く，その場合は特定商取引法に基づき，サイト運営者の住所や氏名などをサイト上に明示する必要がある。問い合わせやクレーム，返品に対応する必要もあり，商品に欠陥があった場合には一定の責任を負う可能性もある。　　　　　　　［外川］

ナ

内装監理

ショッピングセンターの各テナントの設計に対し、全体計画に基づく統制が必要な事項についての内装規制を定め、設計・施工レベルの統一をはかること。また、建築計画全体とのバランス、設備容量の配分の確認等、建築施工者との円滑な調整、協議を実施しながら、全体の工程管理を行うこと。
⌒ 内装監理室，内装監理費　　　[鈴木]

内装監理室

内装監理業務を行う主体となる組織体。本来ディベロッパーが行う内装監理業務の代行組織として、ディベロッパーから権限を委譲された立場で業務を行う。建築設計事務所や建築工事業者との調整も必要となるため、いわゆる工事現場事務所とは独立した立場をとる。ディベロッパー代行として設計説明会や施工説明会の説明を行い、店舗の設計者および施工者との調整窓口ともなる。⌒ 内装監理，内装監理費［鈴木］

内装監理費

内装監理室の運営費等、内装監理業務を行うために必要となる費用。内装監理業務は、基本的にはディベロッパーが行うべき業務であり、ディベロッパーが負担する性格のものであるが、店舗設計および内装工事を行うテナント側にとっても円滑な店舗づくりが行えるメリットがあるため、店舗規模等を基準として応分の負担をするケースが多い。費用内容は、内装監理担当者の人件費、内装監理室の設置費、内装監理室の業務推進維持に関する経費等である。
⌒ 内装監理，内装監理室　　　　[鈴木]

内装規制

ショッピングセンター全体のイメージを統一するために、ディベロッパーが、テナントの内装工事に対し、間仕切りの高さや通路からのセットバックなどに関する規制を設けること。　　　　　　　　　　　[鈴木]

内装工事

工事区分上は、C（丙）工事に位置づけられるもので、テナントが行う店舗の仕上げ工事。通常ディベロッパーからスケルトン状態でテナント区画を引き渡されるため、床、壁、天井の仕上げおよび設備、什器などの設置が内装工事に含まれる。　[鈴木]

中食

惣菜等の調理済み食品や半調理済み食品を、家庭やオフィスなどに持ち帰り、飲食する食事形態、またはそれらの食品を「中食（なかしょく）」という。家庭で調理、飲食する「内食」と、家庭外で飲食する「外食」との中間的な食スタイルで、働く女性の増加、世帯規模の縮小、高齢化、単身者の増加などを背景に拡大している。コンビニエンスストア、弁当店、惣菜店のほかに、デパ地下やホテイチなどが中食店の代表例。HMR（ホーム・ミール・リプレイスメント）やミールソリューションは中食に近い概念

である。👉 HMR，デパ地下，ホテイチ
　　　　　　　　　　　　　　　　［外川］

ナショナルチェーン

nation-wide chain store
全国展開をし，かなりの店舗数を有し，知名度もあるチェーンストアのこと。業種業態の別を問わない。全国展開のためには，セントラルバイイングによる仕入システムや経営管理が基本であり，当初は店舗別，地域別の商品調達は限られていたが，近年は地域・消費者のニーズに合わせて柔軟な品揃えを行っている。　　　　　　［及川］

ナショナルトラスト

National Trust
美しい自然や貴重な歴史的建造物を市民の寄付や寄贈によって取得し，保存，管理，公開することを目的とした民間組織で，1895年にイギリスで創設された。現在では会員数300万人を誇る英国最大のチャリティ組織として，英国民の生活に密着した存在となっている。ナショナルトラストの保護下にあるプロパティ（保護資産・施設）は，イングランド，ウェールズ，北アイルランドに，約300の歴史的建築物や，200ものガーデンを含む。土地面積にして約25k㎡である。現在では日本をはじめ世界各地に広がり，「ナショナルトラスト」という名称そのものが環境保護運動の代名詞のように使われるようになってきた。社団法人日本ナショナルトラスト協会は1992年設立。全国のナショナルトラスト運動の団体で買い取り，および保全契約を結んでいる土地の面積総計は約8800ha，会員の総計は約17万人。　　　　　　　　［外川］

ナショナルブランド

national brand; NB
メーカー（製造業）が生産し，全国的に認知され，販売されている商品のこと。マニュファクチャラーズブランドともいう。これに対して，小売業などの流通業者が独自に企画・生産・販売する商品をプライベートブランドという。また，あえてブランドを冠さずに一般名称で販売される商品をノーブランド（ジェネリックブランド）という。
👉 プライベートブランド，ジェネリックブランド　　　　　　　　　　　　［外川］

ナレッジマネジメント

knowledge management
その企業や組織の構成員がもっている情報や知恵，知識，ノウハウなどを重要な経営資源としてとらえ，これらを集約化して相乗効果をあげていこうとする考え方。実現のためには，暗黙知や個人知を吸い上げ，構成員が理解し，共有できるようなフォーマット（形式）に変換して，総合交換が可能なしくみを構築する必要がある。［外川］

ナンバーポータビリティサービス

number portability sercvice
携帯電話のキャリア（通信会社）を変更しても，同じ電話番号を利用できるサービス。携帯電話の普及率が高まり，新規契約よりも機種変更が増えるにつれ，番号が変わることが理由でキャリアを乗り換えられないのは自由競争を妨げているという意見が高まり，2004年からサービス実現に向けて関係各社での調整が始まり，2006年11月から実施。「転送方式」と「リダイレクション方式」の2つがある。転送方式は変更前のキャリアで電話を受け，変更後のキャリアに転送する方式。リダイレクション方式は，通話を中継するNTTなどの固定網か

ら，変更前のキャリアに対して通話の転送先を問い合わせ，変更後のキャリアに接続するものでキャリア側の負担は少ないが，NTTなどの固定網側で交換機のソフトを対応したものに替える必要があるため，当初は転送方式でナンバーポータビリティを実現し，2007年2月以降，徐々にリダイレクション方式に移行している。　［外川］

2次元コード　☞　QRコード

二重価格表示

低価格を印象づけるために，実際に販売する価格と比較対照価格を同時に表示すること。景表法では比較対照価格として用いられている価格には根拠の明示が必要とされ，また以下のような二重価格表示は不当表示として禁止されている。①比較対照価格として，実際の市価よりも高い価格が市価として用いられている場合，②比較対照価格として，架空のまたはすでに撤廃されたメーカー希望小売価格が用いられている場合，③比較対照価格として，実際の自店旧価格（または自店通常価格）よりも高い価格が自店旧価格（または自店通常価格）として用いられている場合，④自店旧価格（または自店通常価格）がないときに，比較対照価格として，任意の価格が自店旧価格（または自店通常価格）として用いられている場合。☞　景表法　　　　　　　［外川］

2：8の法則　☞　パレートの法則

日経平均株価

日本の株式市場を代表する株価指数で東京証券取引所第1部の225銘柄を対象にしている。採用銘柄は流動性や業種のバランスを考慮しながら，定期的に入れ替えられる。もともと東京証券取引所が1950年に算出を開始したもので，1970年に日本経済新聞社が指数の算出・公表を東証から引き継いだ。☞　インデックスファンド　［外川］

ニッチ戦略

niche-focused strategy
既存の大手企業が乗り出していない分野や，誰も注目していないような分野（ニッチ，すきま）をねらって進出しようという戦略。大きなマーケットを対象とするのではなく，特定のニーズへの対応に絞り込むことによって，市場での圧倒的な競争優位を確保しようとする戦略。　　　　　　　　　［藤山］

ニート

NEET; not in employment, education or training
「働いていず，また学校等教育機関に属してもいず，仕事につくための教育訓練など具体的な動きをしていない人」のことをいう。若年層が多いが，フリーターや失業者とは異なり，働く意欲がないのが問題であり，また社会的に孤立しがちであるという問題もかかえている。　　　　　　　　　［外川］

㈳日本ショッピングセンター協会

JCSC; Japan Council of Shopping Centers
ショッピングセンターの健全な発展を通じて，同一施設内における多種の小売商業等の総合的な振興をはかるとともに，地域消費生活の効率化に寄与し，もって経済の均

衡ある発展と国民生活の向上に貢献することを目的として，1973（昭和48）年4月4日に設立された（当初会員数：ディベロッパー69社，テナント138社，賛助46社，合計253社）。1975（昭和50）年4月21日に通商産業省（現経済産業省）許可の社団法人となった。2009年3月末日現在の会員数はディベロッパー393社，テナント367社，賛助242社，合計1002社。地域活動の拠点として7支部（北海道，東北，関東・甲信越，中部，近畿，中国・四国，九州・沖縄）を設置している。主な活動として次のようなことを実施している。セミナーの開催（年間約50回），海外視察研修ツアーの実施（年4回），通信教育の開講（SC管理運営講座，SC開発講座），日本ショッピングセンター全国大会（シンポジウム・セミナー，接客ロールプレイングコンテスト，ビジネスフェア）の開催（年1回），月刊誌『SC JAPAN TODAY』の刊行，「SC経営士」の資格認定，講師の斡旋，SC-netの運営，SC販売統計調査の実施，SC賃料共益費調査等各種調査の実施，日本SC大賞の選考，ほか。　　　　[協会]

日本版 SOX 法

米国の「サーベンス・オクスレー（SOX）法」をモデルとする金融商品取引法の一部規定で，粉飾決算などを防ぐ社内体制（内部統制）の整備を義務づけた法律で，2006（平成18）年に成立，2008年度から国内の上場企業と子会社に適用されている。経営者は正確な財務諸表を作成する体制が整備されているかを判断し，報告書を公表する義務を負う。　　　　　　　　　[外川]

入居保証金　☞　保証金

ニューエコノミー

new economy

規制緩和，情報通信技術の進歩，資本装備率の増加にともなう在庫の減少や生産性の著しい向上，起業の活発化，柔軟な労働市場の創造などによって従来型の景気循環が消滅し，インフレなき経済成長が長期にわたって続くとする経済理論，またはそのような経済状況のことで，1990年代のアメリカの経済活況を説明する考え方でもある。IT技術を活用した経済システム一般のことをさす場合もある。オールドエコノミーが収穫逓減の原則に基づくのに対して，IT技術，ネットワークの経済を前提とするニューエコノミーにおいては収穫逓増の法則がはたらき，長期持続的経済成長が可能と考えられた。しかしネットバブルが崩壊した2000年以降，ニューエコノミー状態は消滅したと言われる。　　　[外川]

認定事業者

authorized economic operator; AEO

物品管理で一定のセキュリティを確保しているなどの要件を満たし，事前にコンプライアンスに優れた輸出入業者として認定を受けた企業が，通関の際に輸出入手続きが優遇され，審査・検査が軽減されるしくみ，またはそのような認定を受けた企業のこと。通関に際して，認定事業者の貨物は信頼できるものとして詳しい検査に持ち込まれる回数が減るため，企業にとっては物流の効率化につながる。また港の保税地域以外でも輸出申告ができるなどの利点がある。米国や欧州が導入しているほか，中国や韓国でもしくみの整備が進んでいる。日本では2001年に輸入車の簡易申告制度を導入。2006年には自社で輸出をする企業を対象にしたAEO制度が始まり，倉庫業者，通関業者，運送業者へと対象が広がった。2国間で相互認証されれば，輸出入業者は自

国に加えて相手国でも通関手続きの優遇措置を受けられる。世界税関機構は2006年にAEO制度の世界標準を定めている。

[外川]

ネ

ネイバーフッドショッピングセンター ☞ NSC

ネイバーフッドマーケット

neighborhood market
ウォルマートが展開している総合小売業。スーパーマーケットとディスカウントストアを合体させた形態で，売場面積は約4000〜5000㎡とスーパーセンターよりも小型で，取扱品目数は約3万品目，デリカ（各種惣菜），加工食品，冷凍食品，日用雑貨，化粧品，医薬品，文具雑貨，ペット関連品，家電製品，DPEサービスまで幅広い品揃え，24時間営業，年中無休の営業体制でワンストップショッピングに対応する。☞ スーパーセンター [及川]

ネットワーク家電

network-connected household appliances
ネットワークに接続でき，リモート制御やコンテンツのダウンロードなどの機能をもった家電製品。通信回線を通じて外から電源操作などの制御をしたり，自らの故障を自動的に検知して販売店やメーカーに知らせたり，冷蔵庫や電子ポットの使用状況の情報など利用して各家庭に個別のサービスを提供する。家庭内でAV機器やテレビ・ラジオなどのメディア機器とコンピュータを相互に接続して，機能を利用しあうシステムやインターネットへの接続とは無関係な，家庭内での遠隔操作などに対応した家電製品も含まれるが，現在のネットワーク家電はほとんどがインターネットに対応している。

[外川]

ネーミングライツ ☞ 命名権

燃油サーチャージ

fuel surcharge
運輸業者が原燃料価格の変動に合わせて運賃を改定すること，またはその制度。燃油価格が上昇したときはその分運賃を引き上げ，下落したときは下げるしくみ。航空やトラック業界では柔軟に取引価格（運賃）を変更するのが難しいことから，別立てで徴収するサーチャージ（上乗せ）で対応している。しかし原油が高騰しているときには上乗せ料金が大幅なものになり，また表示の不明確さなどから顧客からの苦情・反発は避けられず，不況下で業績が低迷しているときほどサーチャージ料金が需要低迷に拍車をかけるというジレンマに陥りやすい。

[外川]

ノ

農振法

「農業振興地域の整備に関する法律」（1969年制定）。総合的な農業振興が必要と認められる地域の整備に関して，各種の施策を計画的に推進し，農業の発展と国土資源の合理的な利用をはかることを目的としている。農用地区域からの除外のための農用地利用計画変更は，①土地改良法に基づく非

農用区域，②田園法に基づく優良田園住宅を建設する場合，③農村地域工業等導入促進法，リゾート法等の地域整備法に基づく計画に示された施設を設置する場合，④公共用地として農用地区域内の土地を当てる必要が生じた場合，⑤地域農業振興に関する地方公共団体の計画に定められた施設を設置する場合，に行える。またそれ以外の理由で除外する場合には，①農用地区域以外に代替する土地がない，②農業上の効率的かつ総合的な利用に支障を及ぼすおそれがない，③土地改良施設に支障を及ぼすおそれがない，④農業生産基盤整備事業完了後8年を経過している，の4条件をすべて満たす場合に可能とされる。　　　　[協会]

農地法

その耕作者自らが農地を所有することを最も適当であると認めて，耕作者の農地取得を促進し，およびその権利を保護し，ならびに土地の農業上の効率的な利用をはかるためその利用関係を調整し，耕作者の地位の安定と農業生産力の増進とをはかることを目的として制定された法律。1952（昭和27）年制定。農地を耕作目的で売買したり，賃貸借等の権利を設定する場合，農地法第3条の許可が必要となる。農地を農地以外に転用する場合は，農地法第4条の許可が必要。また農地を農地以外のものにするために売買したり，賃貸借等の権利を設定する場合，農地法第5条の許可が必要。これらは農業委員会を経由し県知事が許可する。農地の農業上の利用と農業以外の土地利用との調整をはかりつつ，優良農地を確保するとともに無秩序な開発を防止し合理的な土地利用が行われるようにするため，転用候補地の位置，転用の確実性，転用にともなう周辺の農地への影響等許可の基準に基づいて判断される。⚭ アグリビジネス
　　　　[外川]

納品代行

主に百貨店等の大型小売店への納品を一括して代行するサービス。小売店が指定した特定の運送業者が，多くの納入業者の商品を集めて店舗別，フロア別に仕分けて一括して納品する方法。　　　　[外川]

ノード

node
節，交点，結節点のことで，情報系においてはネットワークを構成する一つ一つの要素を意味する。具体的にはコンピュータや各種端末，ハブ，ルータなどの通信機器を総称する。理念的にはビジネスにおける関係性（つながり）の結び目をさす場合もある。
　　　　[外川]

ノープリントプライス

メーカーが商品やパッケージに，希望小売価格を表示しない方式。値引き販売競争が激化している化粧品などで始まっている。メーカーが小売店に価格設定の一切を任せるオープン価格と異なり，小売店はメーカーが示した参考小売価格を元にして，それぞれ販売価格を決める。表示価格より2〜3割引が常態化しているドラッグストアやディスカウントストアのような業態で，「定価の○○％引き」などという値引き販売ができなくなる。⚭ 希望小売価格，再販
　　　　[外川]

ノベルティグッズ

novelty; novelty goods
もともとは「珍しいもの」を意味する言葉だが，ビジネスでは，企業が自社や製品，商品，サービスの宣伝を目的として，ブランド名や企業名を入れて顧客や取引先関係者などに無料で配布する記念品や引き出物

をさす。特別のイベントや事柄を記念した特注品であり，単なる景品や粗品に比べて高価で希少性の高いものが多く，コレクター・アイテムとして人気になることも少なくない。　　　　　　　　　　　　　　[外川]

ノーマライゼーション

normalization
すべての人が社会的に共生することができる状態が正常である，という社会理念。障害をもつ人や高齢者などの社会的弱者が，できるかぎり健常者と同じような生活を営めるように，交通機関や建物その他の諸施設，道路などのハードをバリアフリー化することのほかに，自立のための職能訓練や職場環境の整備，障害者の雇用枠の確保やそのための支援金などの制度の充実も含まれる。　バリアフリー，ショップモビリティ　　　　　　　　　　　　　　[外川]

ノンパッケージ流通

音楽や映像，ソフトウェアなどの商品を，ディスクやテープ，印刷物，箱などの「モノ」を介在させずにネット上で流通させること，またはそのような配布，販売形態。商品選択から受注，決済，配送までのすべてをネットワーク経由で行う流通方法で，ダウンロード販売ともいわれる。すべてがネットワーク上で自動的に処理されるため，配送や梱包などの費用がかからず，在庫負担や品切れのリスクもないというメリットがある。著作権保護技術が不十分であることから課金や不正コピーなどの面の問題があり，普及が抑制されているが，音楽配信についてはニーズが高く，パソコンだけでなく携帯電話向けサービスも増加基調にある。対義語として，従来のモノを通じた流通形態を「パッケージ流通」という。
　音楽配信サービス　　　　　　　[外川]

ノンバンク

non-bank; non-bank bank
預金などを受け入れずに与信業務（融資）だけを営む金融機関。銀行以外の金融機関の意味。資金調達は銀行や他の金融市場から行う。証券や銀行などの免許制の金融機関と違い，法律的には出資法，貸金業法に基づく貸金業者とされ，貸金業規制法に基づいて登録をするだけで営業することができる。ノンバンクには，消費者金融，カード会社，リース会社，ファクタリング会社（代金回収を主業務とする会社），商社金融などがある。なお，アメリカではクレジットビジネスのことをノンバンクと呼び，日本でいうところの一般的なノンバンクは，「ノンバンク・バンク」と呼ばれている。
　　　　　　　　　　　　　　　　[藤山]

ノンリコースローン

non recorseloan
返済の財源として，融資対象物件から発生する賃貸収益や売却収益などのキャッシュフローを担保とする融資のこと。債務者（借り手）は，それ以上の返済義務を負わないことから，非遡及型融資とも呼ばれる。ノンリコ。これに対して，融資金の返済を保証人や他の返済財源にまで求めることができる融資を，リコースローンというが，通常はこの融資形態のほうが多い。[外川]

バイオ燃料

バイオエタノール等, サトウキビやオオムギ, トウモロコシなど植物をはじめ生物を原料とする燃料。ガソリンの代替物として注目を集めている。植物はそのCO_2を吸収して成長するため, CO_2の量が結果的にプラスマイナスゼロ（＝カーボンニュートラル）となり, 環境に配慮したエネルギーと考えられている。しかし麦やトウモロコシといった食用の穀物がエネルギーとして転用されるため, 世界的に食糧価格を高騰させる一因となっている。ブラジルなどではバイオエタノールを燃料とした自動車が広く普及しており, 米国や日本でも, 官民一体となってその普及に取り組んでいる。

[外川]

バイオマス

もともとは生物資源（bio）の量（mass）を表す概念だが, 家畜の排泄物, 植物に含まれるでんぷん, 生ゴミ, おがくず等の再生可能な有機性資源を一般的にはいう。このバイオマスを燃焼させ再生可能なエネルギーとして活用することが地球温暖化対策, 環境対策という面から注目されている。代表的な活用策としては, トウモロコシを原料としたバイオマスエタノールや食品廃棄物の飼料や肥料の再利用がある。 [協会]

廃棄物処理法

「廃棄物の処理及び清掃に関する法律」。廃棄物の排出抑制と処理の適正化により, 生活環境の保全と公衆衛生の向上をはかることを目的とした法律。1900（明治33）年に伝染病の蔓延を防ぐために制定された汚物清掃法が元となっており, このとき, ごみ収集が市町村の事務として位置づけられた。1954（昭和29）年に清掃法に改正, 1960年代, 経済の高度成長にともなって, 大量消費, 大量廃棄によるごみ問題が顕在化し, また, ごみ焼却工場自体が公害発生源として問題化したため, 1970（昭和45）年に清掃法を全面的に改めるかたちで成立した。

[外川]

買収防衛策

経営陣の意に反する買収（敵対的買収）を防ぐ手法。事前に買収者に対して買収資金の裏づけや買収目的などの情報開示を求める「事前警告型」が主流。ルールに従って情報を開示しない場合には, 新株予約権を既存株主に発行し, 買収者の持株比率を低下させることによって買収を阻むことがある。新株予約権による買収防衛策は取締役会決議だけで導入する企業も多かったが, 最近は株主総会での承認を求めるケースが増えている。 ↝ 新株予約権 [外川]

排出ガス

自動車のエンジンから出る排気ガスよりも幅広い概念で大気汚染や公害, さらには地球温暖化の原因といわれる。とくに公害問題の最大要因といわれている自動車の排出ガスについては大気汚染防止法, 自動車NOx（窒素酸化物）・PM（粒子状物質）法

や都道府県条例などの自動車排出ガス規制が行われている。米国で大気汚染防止法として有名なマスキー法は、わが国の自動車排出ガス規制のお手本といわれている。

[協会]

排出係数

燃料や電気の消費量からCO_2（二酸化炭素）の排出量を計算するための係数。「地球温暖化対策の推進に関する法律」（1998年10月施行）では、CO_2換算3000トン以上を排出する事業所をもつ事業者、省エネ法で定められた事業者は、年間の排出量などを国に報告しなければならない。その際、計算するうえで必要なエネルギーについて、電力、都市ガス、重油などエネルギー起源別に排出係数が決められている。　[協会]

排出量取引制度

企業が実際の温暖化ガスの排出量との過不足を排出枠として取引するもので、削減目標を達成する有効な手段とされており、EUは2005年から電力や製造業などを対象に強制的な排出上限を設け、域内で排出量取引を導入しているほか、カナダやオーストラリアも導入する計画を公表、米国の一部の州でも排出量取引の具体化に向けた動きが広がっている。日本の取引では企業が自主的に削減目標を設定する自主参加なので罰則はないが、EUは目標を達成できない場合は罰金を科す。　[外川]

媒体費

販売促進費のひとつで、新聞、チラシ、ラジオ、テレビや交通広告、PR紙等のメディアを通じて情報を発信するのに要する費用。ショッピングセンターの場合には、ショッピングセンター全体のイメージや、テナント情報、商品情報、バーゲン情報、イベント情報等の各種情報を顧客に告知することが最も重要な販促である。また催事費は、統一バーゲン、文化催事、イベント、即売会等への支出費用で、ショッピングセンターとしての賑わいやショッピングセンター全体の魅力を増幅させるための費用である。装飾費は、館内演出、POP、イベント装飾等への費用で、環境演出によってショッピングセンターの回遊性向上を目的としている。　[飯村]

配当性向

dividend payout ratio

当期純利益に占める配当金の割合。算出式は、配当性向（％）＝配当金支払額÷当期純利益×100。株主配分に対する企業姿勢を測る重要指標のひとつで、配当性向が高い場合は株主への利益還元の傾向が強く、低い場合は内部留保の割合が高い。日本では配当金額を固定する企業が多かったが、株主志向の経営が浸透してきたことにともない、近年は配当性向が高まってきている。成長性の高い企業は配当性向が低くても容認されるが、成熟企業の場合には配当性向を高めることが期待される。　[外川]

ハイパーマーケット

hypermarket

簡素な倉庫型の大型店舗で食品、非食品、耐久財など多様な商品を販売する低価格小売業。通常はワンフロア、一部回廊式の二層建て形式で、郊外立地、広い駐車場を備え、セルフサービス方式をとる。1960年代から70年代にヨーロッパに生まれ、発展した。スーパーマーケットよりも大規模で品揃え幅が広いところからハイパーの名称が付される。代表的企業には世界第2位の小売業であるカルフール（フランス）がある。カルフールは世界26カ国に進出、日本へも2000年に進出したが、総合スー

パーとの違いが明確でなく，品揃えに問題があったことなどから伸び悩み，2005年に全店を売却して撤退した。米国では1980年代に導入されたが，大型ディスカウントストアとの競合から定着せず，ウォルマートはこれを発展させてスーパーセンターを開発した。⌒ スーパーセンター
[及川]

ハイブリッド型ショッピングセンター

hybrid shopping center
機能や性格が異なるタイプを複合させたショッピングセンター。百貨店を核としたモールに，ディスカウント主体のパワーセンターを併設したものや，リージョナル・ショッピングセンター(RSC)にネイバーフッド・ショッピングセンター(NSC)を複合したものなどがある。また，エンクローズドモールとオープンモールがミックスしたショッピングセンターをいう場合もある。
[協会]

バイラルマーケティング

viral marketing
企業の商品やサービスを，消費者自身にプロモーターとしてクチコミ等で宣伝してもらうことで，利用者を広げるマーケティング戦略。バイラルは感染的という意味。主としてWebマーケティングで使われており，近年，効果が薄れつつあるマスメディア広告に代わる手段として注目されている。
⌒ ステルスブロガー　　　　　[外川]

ハウスカード

小売業や飲食業，サービス業など，ある特定の企業や企業グループの店舗や施設に限定して利用できるクレジットカード。自社でカードシステムを管理するものと，専業のカード会社に委託するものとがある。特定化した顧客に対して，ポイントサービスや価格割引その他，多様な特典を提供することで，顧客の固定化や購買頻度や購買金額引き上げにつなげることができる。また販売情報その他は，自社で独占的に利用できるため，顧客データベースづくりに有効である。
[及川]

パーキンソンの法則

Parkinson's law
英国の歴史・政治学者のパーキンソンが，英国の官僚制の考察から導き出した経験則で，「仕事の量は，完成までに与えられた時間の全てを満たすまで膨張する」という第1法則と，「支出額は収入の額に達するまで膨張する」という第2法則がある。現在では，経営や企業組織，社会現象や情報システムなどさまざまな分野で援用されている。
[外川]

パーク&ライド

park and ride
都市部や観光地等の交通渋滞を緩和するため，自家用車を郊外の鉄道駅やバス停車場近くの駐車場に停め(パーク)，そこから鉄道やバスなどの公共交通機関に乗り換えて(ライド)，目的地まで行くシステム。
[鈴木]

白書

White Paper
中央省庁の編集による刊行物のうち，政治社会経済の実態および政府の施策の現状について国民に周知させることを主眼とするもの。英国内閣が議会に提出する公式報告書をその表紙の色からホワイトペーパーと通称していたことから日本でもそれに倣った。外務省の発行する年次報告に限っては青書(外交青書)と呼ぶ。政府の施策につ

いての現状分析と事後報告を中心とした公表資料で，狭義には正式名称・通称に「白書」を含むものをさす。日本の最初の白書は1947年公表の経済実相報告書（経済白書）。①法定白書：法律により国（行政府）に対して義務づけている国会への報告を白書として刊行したもの。②非法定白書（法定外白書）：政府の白書類のうち，閣議了解を得ることとされているもの。③その他の白書：各省庁部局長以上の名において編集し，その旨を前文中に明記するとともに，各大臣，事務次官または外局の長の了承を得た後公表するもの。　　　［外川］

バーコード

barcode
太さの異なる線（バー）を一定の規則に従って縞模様に組み合わせ，数字や英字を表す記号。国，メーカー，商品を示す8または13ケタの数字情報を記載している。POS（販売時点情報管理）システムの基本であり，商品のデータベースなどと連動させ，受発注や在庫管理などを効率化できる。米国では1967年頃にスーパーマーケット大手のクローガーが商品にバーコードを貼付して商品情報をコンピュータに入力する方法を実用化したといわれる。1970年代以降，本格的に活用が始まった。日本では1987年にJAN（Japan article number）コードとして標準化された。米国はUPC（universal product code），欧州はEAN（European article number）という別規格を採用している。　　　　　　　［外川］

ハサップ（ハセップ）　☞ HACCP

バザール

大売出しやバーゲンセール，またはそれのための特設会場。もともとはペルシア語で「市場」を意味する。アラビア語ではスークというが，狭い通りの両側に雑多な店や工房が立ち並ぶ，イスラム文化圏に特有の市場のこと。英語のバザー（bazaar）もこれに由来するもので，雑貨市や慈善のための販売会のこともいう。転じて，たくさんの人や物が集まる場，取引の場やイベント会場，各種催事を意味するようにもなった。
　　　　　　　　　　　　　　　　［外川］

破産法

債務者が破産状態（債務を完済できない状態）になった場合に，債務者の財産を換価（処分）し，換価した財産を債権者に対して公平に分配することで，債務を清算する手続きを定めた法律。倒産法制のなかでは清算型手続きであり，かつ倒産法制の基本となる法律。2004（平成16）年制定。
　☞ 会社更生法，民事再生法　　　［外川］

バスケット分析

顧客の買物かごの中身を分析するという意味で，POS等のデータから一緒に買われている商品の組み合わせを明らかにする分析手法のこと。仮説なしにデータを分析するところから新たな知見を得るデータマイニング的アプローチである。一般的には「支持度」，「信頼度」，「リフト値」の3つの指標を用いた相関分析（アソシエーション）手法が使われ，POSデータから意味のあるルール（アソシエーションルール）を抽出する。　　　　　　　　　　　［外川］

パーソナルマーケティング

personal marketing
個人的に特定された顧客へ個別的にはたらきかけるマーケティング。☞ ワンツーワン・マーケティング　　　　　　［外川］

バーチャルモール

virtual mall

仮想ショッピングセンター。仮想商店街。インターネットのサイト上の店舗（バーチャル店舗）を集積させたもの。日本では専門業者によるサイトが中心だが、米国では大手ディベロッパーが、自ショッピングセンターに出店しているテナントを集めてWeb上のバーチャルモールを展開する例も多い。　　　　　　　　　　　[協会]

バックヤード

backyard

小売店舗で主に作業に使用されるスペースのこと。「バックルーム」ともいう。バックヤードというのは「裏庭」の意味だが、店舗の裏側部分にあることが多いことから、こう呼ばれている。一般的には、荷捌き場、検品場、商品保管スペース、惣菜等の加工場、冷蔵庫・冷凍庫の設置スペース、事務スペースや従業員の休憩所などにあてられる。　　　　　　　　　　　　　　　[飯村]

パサージュ

passage

鉄骨とガラスの屋根で被われた抜け道で、道の両側には綺麗な高級店が並び、夜は照明がつき、美しい内装が施された歩行者専用商店街で、18世紀末にパリで開発されたヨーロッパで最初の商業建築物。19世紀後半にその建築コンセプトがイギリスに伝わり、英語では「アーケード」と呼ばれた。最近は新しいショッピングセンターやショッピングモールの建築コンセプトとしてもパサージュの人気が高まっている。[飯村]

パーツショップ

自動車、バイク、自転車、パソコン、オーディオ機器、アクセサリー・装身具等、さまざまな分野での部品や素材を集めた専門店。　　　　　　　　　　　　　　　　[外川]

バッタモノ

破格の価格の商品や極端な安値商品のこと。もともとは「投売り」を意味する古道具商の隠語で、ものがバタバタと落ちるさまを表現したといわれる。のちに倒産品や質流れ品、その他、通常のルート以外から二束三文で仕入れた商品のことや、それを売る店をさすようになった。これらの非正規ルートの仕入商品は必ずしも粗悪品や偽物やコピー商品ではないが、出自が不明な商品の比率が高いために、侮蔑的に扱われることが多い。　　　　　　　　　　　　[外川]

パティオ

patio

四方を壁や柱廊で囲われた中庭もしくは庭園のことをいう。地中海からオリエント地方に及ぶ地域で多く見られる建物形式で、ショッピングセンターにおいては、回廊などと組み合わせて憩いの空間を演出する。
　　　　　　　　　　　　　　　　[飯村]

パティシエ

pâtessier

菓子製造人のこと。菓子全般、主にフランス菓子をつくる職人の名称。女性の場合はパティシエール。もともとは器やパイ生地等に肉や魚を詰めて焼く料理（パテ料理）の製造人のことをさしていた。　　[外川]

パートタイム労働法（改正パート労働法）

働く人の4分の1超を占めるパートタイム労働者の待遇改善を盛り込んで2008（平成20）年4月に施行。仕事内容や労働時間が

正社員とほぼ同じで異動や転勤もあり，長期・継続的に働いている正社員並みのパート労働者に関しては賃金や教育訓練，福利厚生などでの正社員との差別を禁止，それ以外のパートについては，能力や経験などを考慮し正社員と均衡のとれた待遇をすることと，正社員となる機会を与えるための試験制度の導入などの努力義務を企業に課した。　　　　　　　　　　　　　［外川］

ハードディスカウンター

hard discounter
小型・低装備・低コストの超低価格の小売店。低価格志向の強いドイツやオランダなどのヨーロッパで発達した。店舗規模は比較的小さく，加工食品を中心とした食品を品揃えし，アイテム数は1000〜1500程度と絞り込まれている。プライベートブランドまたはノーブランドが中心でナショナルブランドはほとんど扱わないのが一般的で，代表的なものに，ドイツのアルディ（Aldi）がある。　　　　　　　　　　　　　［外川］

ハートビル法

「高齢者，身体障害者等が円滑に利用できる特定建築物の建築の促進に関する法律」（1994年制定）。学校，病院，劇場，観覧場，集会場，展示場，百貨店，ホテル，事務所，共同住宅，老人ホームその他，多数の人が利用する建物や不特定多数の人が出入りする公共的な建築物について，車椅子利用を円滑にするためのスロープやエレベーター，点字ブロックを設置するなど，高齢者や身体障害者などの社会的弱者への対応を建物の所有者に義務づけるもの。
⤻　バリアフリー，ユニバーサルデザイン　　　　　　　　　　　　　　　　［外川］

バナー広告

banner advertisement
インターネット広告のひとつで，Webサイトに広告画像を貼り付け，広告主のWebサイトにリンクするようにしたもの。画像の表示回数に応じて課金するインプレッション保証型広告のほかに，ユーザーがクリックした回数に応じて課金するクリック保証型広告，サイトを通じて成約にいたった件数に対して課金する成果保証型広告など，さまざまな報酬支払い方法がある。
　　　　　　　　　　　　　　　　［外川］

パネル調査

panel research
調査対象者を固定して，何度か実施する調査。調査を特定の時点だけでなく，時系列に行って，調査内容をより深くしたい場合に有効な手法である。通常6カ月から数年間にわたって行われるケースが多く，同じ内容の項目について調べ，結果が時間とともにどう変化していったかがポイントになる。　　　　　　　　　　　　　［飯村］

ハーフィンダール指数

Herfindahl index
産業における上位企業の集中度（絶対的集中）にとどまらず，企業規模の分布全体の不均等度をも示す指数。ハーシュマン＝ハーフィンダール指数（HHI）ともいう。各企業の市場シェアの二乗和で定義される。市場が一社独占の場合，最大値10000となり，原始的競争では0となる。累積集中度の欠点を補足するための指数。ひとつの産業における生産額または売上額がどの程度特定少数企業に集中しているかを示す指標として集中度がよく使われるが，これによると各個別企業の分布の状態が無視されるため，この点を改良するものとして考案さ

れた。合併の場合，統合後の企業1社のシェアで判断するのではなく，競合企業すべてのシェアも計算して市場の寡占度を算出する。合併会社のシェアが高くても，市場に参加するその他の企業が多ければ，寡占度を示す指数が低くなることがある。

[外川]

ハフモデル

Huff's model

1960年代に米国のD.L.ハフ博士が考案した小売業の集客力を分析し，売上高を予測するためのモデル。ある地域内の消費者が，ある店舗（商業集積地）で買物する確率は，その店舗（商業集積地）の売場面積に比例し，その店舗（商業集積地）までにかかる距離（時間距離）に反比例するという仮定に基づいて，集客力を算定するものである。日本では，ハフモデルを日本の実情に合せて大店法時代の1980年代に通産省（当時）がシンプルにアレンジしたのが「修正ハフモデル」である。近年は消費の多様化が進み，時間距離や売場面積以外のさまざまな要因（たとえば商業施設のブランド力，駐車場の大きさ，営業時間，商品の価格，複合施設の内容，場所の利便性，交通機関のネットワークなどさまざまあり，どの要素を採用するかによって差異が出る）を考慮した，より高度なモデルを用いて集客力を算定している。

[飯村]

パブリシティ

publicity

媒体に対して代金を支払うことなく，企業や製品，サービスを記事や番組に取り上げるようにはたらきかける販売促進の手法。受け手に与えるインパクトや信頼性，注目度は有料の広告以上のものがあるが，無料であるために媒体に取り上げられるという保証がない。

[外川]

パブリックインボルブメント

public involvement

計画の策定に際して広く住民の意見，意思を調査する時間を確保し，かつその過程の透明性を確保するための住民参加の手法。交通計画・都市計画で採り入れられている。米国の総合陸上輸送効率化法（1991年）においては，MPO（metropolitan planning organization）と呼ばれる地域ごとの計画策定主体が中心となって進めるもので，検討すべきテーマを選定した議論のたたき台としての「キックオフレポート」を作成し，それに対する国民の意見を「ボイスレポート」としてまとめ，その後，有識者等の意見を聞き，新しい計画案を公表する。単なる意見表明の機会提供にとどまらず，主体の学習や合意形成に踏み込んだものとなっている。

[外川]

パブリックスペース

public space

誰もが使えるような場所，公共の広場を意味する。「コミュニティスペース」ともいい，ショッピングセンターや小売店舗内の休憩場，子どもの遊び場，トイレ，店頭の広場など，公共性をもたせたスペースのことをさす。

[飯村]

パブリックドメイン

public domain

古典文学や音楽作品など著作権法で決められた保護期間が終わることや著作権者が権利を放棄したなどで，社会全体の公共財産，共有物になった著作物のこと。映画の著作権保護期間は2004（平成16）年施行の改正著作権法で延長され，50年から70年になった。しかし1953年公開の「ローマの休日」や「シェーン」などがパブリックドメインに相当するかどうかで解釈が分かれ，

大手映画会社側は格安 DVD メーカーなどに対し，販売を中止するよう東京地裁に仮処分を申請するなどした。無料のソフトウェアを PDS（パブリックドメイン・ソフトウェア）と呼ぶことがある　　　　［外川］

パーマカルチャー

Permaculture
オーストラリアのパーマカルチャー研究所のビル・モリソンが 1979 年に確立した理論で持続可能な自給自足をめざす農業。人間にとっての恒久的持続可能な環境をつくり出すためのデザイン体系のことである。パーマネント（permanent，永久の）とアグリカルチャー（agriculture，農業）の造語で，カルチャー（culture，文化）の意味も含む。単に環境に配慮しただけの生活ではなく，持続可能な無農薬・有機農業を基本とし，水・土・植物・畜産・水産・建造物・人々・経済，都市と農村，これらすべてを考慮し，組み合わせて地域全体を設計するところに特色がある。　　　　［外川］

はみ出し陳列

テナントが各自のリースラインを超えて商品や商品ケース，棚などを陳列すること。ショッピングセンターの美観や公平性，防災上の避難通路の確保などから，営業規則等により，はみ出し陳列は禁止されている場合が多い。⤻ リースライン　［藤山］

バラエティストア

variety store
家庭用雑貨を中心に，消費頻度の高い非食品を幅広く揃えた小売業。大量仕入・大量販売というスーパーマーケットの経営技術と，非食品中心というスーパーストアの商品構成をミックスした業態である。この業態で著名なものは，米国のウールワースで

ある。　　　　　　　　　　　　　［飯村］

バランススコアカード

balanced scorecard
1992 年に米ハーバード大学の R. キャプランらが開発した業績評価システムで，財務，顧客，内部プロセス，学習と成長，の 4 つの視点で経営戦略を策定。各項目の因果関係を図式化したうえで定量的な目標を策定し，業績評価などに活用するもの。従来の財務的指標中心の業績管理手法の欠点を補うとされる。典型的なバランストスコアカードは，①ビジョンを実現可能な目標に翻訳する，②ビジョンについて議論し，個々の業績とリンクさせる，③ビジネス計画立案，④フィードバックと学習により戦略に修正を加える，の 4 つのプロセスからなる。⤻ PDCA サイクル　　　［外川］

バリアフリー

barrier-free
障害物（バリア）を取り除く（フリーにする）という意味。街や地域社会，店舗やその他の施設や日常の暮らしにおける障害を取り除き，障害をもつ人や高齢者が暮らしやすい環境を実現しようとする考え方や行動。バリアフリーをさらに推し進め，障害者や高齢者，健常者の別なく，誰にとっても利用しやすいように建物や空間，製品をデザインしようとする考え方がユニバーサルデザインである。⤻ ユニバーサルデザイン　　　　　　　　　　　　　　　　［外川］

バリューアップ

大規模改修や用途転換などにより，不動産の価値を高めること。ショッピングセンターのバリューアップとしては，①賃料改定や契約条件の見直し，またテナントの入替えやリニューアルによって収益を改善する

こと，②維持管理費の削減によって純収益を向上させること，③リスクプレミアムの引き下げによってキャップレート（還元利回り）を下げること，の3つがある。
  キャップレート　　　　　　　［藤山］

パレートの法則

Pareto's law
イタリアの経済学者パレートが発見した所得分布の経験則で，全体の2割程度の高額所得者が社会全体の所得の8割を占めるというもの。「2：8の法則」，「80-20ルール」とも呼ばれる。マーケティングや流通にこれを援用すると，全商品の2割が売上の8割をつくる，あるいは顧客の2割が全体の8割を占めるということになる。ほかには在庫管理や品質管理でも使われている。
［外川］

ハローワーク

職業安定法に基づき厚生労働省により設置された施設で，国民に安定した雇用機会を確保することを目的とする。正式名称は「公共職業安定所」。地域の総合的雇用サービス機関として，仕事を探している人に対して，①窓口での職業相談・職業紹介，②雇用保険の給付，③その他のサービス（希望する職業の平均賃金や求人求職状況をはじめ，就職するために必要な資格・経験や，それらの能力を身につけるための訓練コース等，仕事についての情報提供等）を行っている。 ジョブカフェ　　　［外川］

パワーセンター

power center
特定分野の商品に特化した大型のディスカウントストアであるカテゴリーキラーが集積した商業施設。郊外立地で大型の駐車場を備えているのが一般的。米国では売場面積が3万m²を超え，そのうち7割がアンカーテナントで占められていることが目安とされる。多くは駐車場を囲むようにして，各店舗が隣接した形態をとる。 カテゴリーキラー　　　　　　　　［協会］

ハンドルネーム

handle
インターネット上で使うニックネームのことで，ユーザーのIDとは別に自分で自由に決めるもの。本来は英俗語のhandle（皮肉なニュアンスをこめた「肩書き」の意味）。アマチュア無線やパソコン通信など，匿名性の高い通信手段での「名前」の意味で使われ，インターネット上で一般化した。
［外川］

バンドル販売

ある商品に他の商品やサービスを付けて販売すること。たとえばパソコンにOSやアプリケーションソフトをプレインストールして販売すること。売れ筋の商品に売行きが鈍い同種の商品を組み合わせて販売する場合もある。バンドル販売は販売促進手段のひとつであり，それ自体では違法行為ではないが，やり方次第では規制対象となる。たとえば不人気の商品を売りさばく目的で，人気商品に「不当に」組み合わせて，顧客や取引先に強制的に販売する場合には，消費者の選択の自由を損ね，自由競争を阻害し，自己の優位な地位を利用して拘束することになり，抱き合わせ販売として独占禁止法違反となる。またフランチャイズ契約の場合，契約内容の一部や本部の行為が，フランチャイズシステムによる営業活動を円滑・適切に実施するための経営指導や諸条件の適用の限度を超えて，加盟者を不当に拘束するものである場合にも，抱き合わせ販売等（一般指定の第10項）に該当することがある。　　　　　　　　　　　［外川］

販売士

小売業に従事する人々を対象として、日本商工会議所と全国商工会連合会が通産省、中小企業庁などの後援を得て1973（昭和48）年につくった準公的資格。その目的は小売業に従事する人々の資質向上と自己啓発をはかるとともに、消費者サービスのレベルを高めることにある。3級から1級まである。　　　　　　　　　　　　[飯村]

ピアチェック

pia check
2007（平成19）年6月の建築基準法改正で建物の構造計算を行う場合、建築確認申請を行った設計事務所とは別に、第三者機関の設計事務所に申請内容の再確認を依頼し、その安全性を確実なものとするシステム。
[鈴木]

ビオトープ

biotope
生物空間または生物生息空間。個々の生物が生息する環境はさまざまであり、その自然生態系を保全することが、本来の環境保全、環境共生につながるという観点から近年注目されている。とくにわが国では、失われつつある水田や河川の護岸工事によって消えつつある自然生態系を守るということから、国土交通省や農林水産省などの政策にもビオトープの思想が反映され、政策の見直しが行われている。ビオトープ思想の発祥といわれるドイツでは都市計画に盛り込まれている。　　　　　　　　　　　　[協会]

比較購買

comparison shopping
複数の店や業態を買い回ることも含めて、買物に際して価格や品質、機能、素材、デザイン、その他さまざまな条件や要件について、比較検討、吟味すること。⤴ 買回り　　　　　　　　　　　　　　　　　[外川]

ビジネスコンビニ

オフィス業務に必要な資料の大量コピーや印刷、製本、OA機器のレンタル、私書箱サービス、チケット販売、宅配便手配などのサービスや、事務用品やOAデバイス（部品）、消耗品などを販売するビジネスサポート業。オフィスコンビニともいう。繁華街やオフィス近隣等、コンビニエンスストアのように便利な場所にあり、24時間年中無休営業、迅速なサービスを特徴とする。SOHO、中小企業のニーズだけでなく、大企業でもコスト削減の見地から各種業務のアウトソーシング化を進めるなかで、着実な成長をとげている都市型ビジネスの典型である。また都心再開発プロジェクトのテナントとしての重要性も増している。
⤴ SOHO　　　　　　　　　　　　　　　[外川]

ビジネスモデル特許

新しいビジネスのしくみに対して特許権を与え、保護する制度。抽象的なアイディアではなく、それを具体的な事業として展開するための専用装置やしくみの発明、構築が必要とされる。情報技術の活用の有無は絶対条件ではないが、実際には情報技術を活用しない発明は考えられないというのが公的な見解。ビジネス手法そのものに対してというよりも、ソフトウェア技術に対する特許の一種として扱われているが、既存の取引手法をインターネット上のものに置き換えただけでは認められない。　[外川]

ビジュアルマーチャンダイジング

visual merchandising
視覚的な表現を通じて店や売場，商品のコンセプトを訴えかけること，またはそのための手法。単なるディスプレイではなくて，品揃えや陳列，店内の装飾や照明から，色彩演出，POP広告にいたるまで，統一的なコンセプトにしたがって視覚的な演出を行うこと。店舗全体で統一的なイメージを形づくる「ビジュアルプレゼンテーション（VP）」，各コーナーや売場ごとの演出である「ポイント・オブ・セールス・プレゼンテーション（PP）」，一つ一つの商品を効果的に演出する「アイテム・プレゼンテーション（IP）」の3段階で構成される。［外川］

比準賃料

多数の賃貸事例のなかから，適正な事例を選択し，これらにかかわる事情補正および時点修正を行い，かつ地域要因および個別的要因の比較を行って（比準して）求める賃料のこと。　　　　　　　　　［外川］

比準方式，スライド方式

不動産賃貸においては，現行賃料を定めた時点における純賃料に変動率（土地または建物価格の上昇率，近隣地価の上昇率，地代・家賃指数の上昇率，消費者物価指数上昇率など）を乗じて得た額に，現時点における必要諸経費等を加算して賃料を求める手法をスライド方式という。また比準方式とは，同種のものと比較して算定する方法。
［外川］

非正規雇用

派遣社員や契約社員，パートタイマー，アルバイトなどの雇用形態。正社員より賃金，待遇など労働条件で劣るが，労働時間などで常用雇用より柔軟性が高い例が多い。バブル経済崩壊後，人件費などの固定費圧縮を掲げる企業は正社員雇用を抑制，非正規雇用へのシフトを進め，2008（平成20）年現在では全雇用者の3分の1超を占めるにいたっている。真っ先にリストラの対象になるなどの雇用環境の不安定さに加えて正規雇用（正社員）との賃金格差が大きく，とくに若年層での非正規雇用の拡大は社会問題として深刻さを増している。⇨　格差社会

［外川］

非接触型ICカード

プラスチックカードにICチップを埋め込み大量の情報を処理するICカードの一種で，読取機に直接挿入する必要がある「接触型」に対して電波で情報をやりとりし，読取機にかざすだけで情報を読み取れるもの。カードを財布やかばんから出す必要がなく手軽であることから，切符，定期券，電子マネーなどの用途で急速に普及している。

［外川］

ピッツェリア

pizzeria
専門のピッツァ（ピザ）焼き職人が焼いたピッツァを提供するイタリア料理店のこと。本格的なものは伝統的な石焼き釜を備えているが，現在ではより簡略化され，手軽にピザやワイン，その他カジュアルなイタリア料理を楽しむ場所になっている。［外川］

ビデオ・オン・デマンド

video on demand
見たい番組をいつでもテレビやパソコン画面で視聴できるサービス。サービス事業者は映像をシステムに蓄積しておく。視聴者はネットやケーブルテレビ網を通じてシス

テムに接続し，自宅の受信機器に映像を取り込む。多数の視聴者が同時に利用しても対応できるよう，大容量データを記録でき，高速配信が可能なシステムや回線が必要。
[外川]

ヒートアイランド現象

都市が大規模化するなかで発生する現象で，コンクリートの建築物，道路のアスファルト整備，さらには，エアコンの排熱や車の排気ガスによって，都市部の気温が異常に高くなる現象をいう。語源は，都市部とその周辺を等温線で描くと都市部が島のように浮かび上がることに起因する。近年，夏場になると大都市で顕著にみられるようになり，2004年には政府が「ヒートアイランド対策要綱」をまとめたほか，世界有数のヒートアイランド現象都市である東京都なども対策を打ち出している。 [協会]

ヒートテックインナー

heat-tech fabric

ファーストリテイリング（ユニクロ）が東レとの戦略提携によって開発した機能性素材を使用した発熱保温効果のある肌着。2003年に発売。体から発散する水蒸気を吸収して発熱し暖かさが保てるのが特徴であるのに加えて，ストレッチ素材，中空紡績糸により繊維をマイクロ化して暖かさを外に逃がしにくい。また抗菌加工，吸汗速乾性，ミルクプロテイン成分配合による保湿効果などをもつ。2008年からは海外でも本格展開したほか，ストレッチ素材を生かしてスキニージーンズ（細身ジーンズ）にもこの技術が採用された。 [外川]

ヒートポンプ

熱は温度差によって（低温から高温へ）移動するという特性を使った装置で，その逆も可能なことからエアコンの装置として，また，同時に取り出せるということから給湯製氷機などに活用されている。暖房熱などを直接燃焼させてエネルギーとするよりも CO_2 の排出量が少ないことや夜間電力の使用によるコスト削減，電力負荷の平準化がはかれることから環境にやさしいということで，近年注目されている。ヒートポンプの駆動エネルギー源としては電気とガスがある。 [協会]

避難安全検証法

2000（平成12）年6月の建築基準法改正で性能的基準が導入され，避難安全性能を検証することによって防火区画関係の基準と避難施設に関する基準の一部が適用除外された。直通階段までの歩行距離や物販店舗に要求される階段幅・出口幅などの基準を適用除外とできるため，売場面積の拡大が可能となる。ただし，検証の前提として，売場を固定化するため売場変更の制限が多く，リニューアル時に問題が生じるおそれもあり，注意が必要である。 [鈴木]

百円ショップ

日用雑貨や加工食品などを100円（本体価格）均一で販売するワンプライス（単一価格）型小売業。デフレ下で急成長し，スーパーやショッピングセンター，駅前などへの出店も多い。かつては倒産品を破格値で買い取ったり，正規の流通ルートを通さない，いわゆるバッタ仕入が多かったが，今では大量発注や仕入先との協働による効率化により製造コスト・流通コストを大幅に削減し，低価格と安定した品揃えを実現するようになった。独自企画商品の比率が高

く，高収益商品と薄利多売商品を組み合わせ，全体で高い利益率を達成している。近年は，生鮮食料品や衣料品，園芸用品，書籍・雑誌，音楽CDなどへ品揃えが拡大し，最近は「百円」にこだわらない商品や店が増えている。　　　　　　　　　　　[外川]

百貨店

department store

衣食住を中心にさまざまな商品やサービスを取り扱う大規模小売店。起源は1852年パリで開業したボン・マルシェ。日本では1904（明治37）年に「デパートメントストア宣言」した三越呉服店が最初。商品部門別管理を基礎にしていることや，正価販売に象徴される近代的な営業方法にその特徴がある。百貨店は戦前まで唯一の大規模小売業態であり，中小小売業を保護する観点から2度にわたり百貨店法が制定され，規制されてきた。その間に新興小売企業が，衣料品や住関連商品などを多く取り扱う"擬似百貨店ともいえるGMSとして急成長をとげた。GMSがセルフサービスを基本としていることに対し百貨店は対面販売を基本にしていること，GMSに比べて高品質高価格商品を中心にした少量多品種の品揃えなどの違いがある。⤴ GMS
[外川]

日雇い派遣

派遣会社が1日契約で労働者を雇い，他の企業などの仕事現場に派遣すること。派遣会社は企業から派遣料金を受け取り，そのなかから社会保険料や利潤などを天引きしたうえで，残りを労働者に賃金として渡すのが一般的。派遣先が決まったときだけ派遣会社に雇われる「登録型」派遣労働の一種で，学生やフリーター，主婦などが空いた時間を生かし働くのに向いている。しかし非常に不安定な就業形態で賃金も低いのが実態である。⤴ 非正規雇用，人材派遣　　　　　　　　　　　　　[外川]

ビュッフェレストラン

buffet restaurant

一定料金，食べ放題形式で提供される飲食サービス。アメリカではバッフェといわれる。レストランやホテルなどにおいて多種類の料理のなかから，好きなものを好きなだけセルフサービスで食べる方式。時間制限をしない店と，回転率の向上のために2時間程度に制限する店がある。料理の金額は決まっており，さまざまな種類の料理を，安心して食べられるため，ファミリー層や主婦層に人気が高く，近年はショッピングセンターの飲食店街にも出店している。
[鈴木]

ヒーリング

healing

疲れた心や体を治療し，回復させることや癒すこと。たとえばヒーリングミュージックとは，ストレスなどによる症状に効果のある，環境音楽の一種。音楽療法。[外川]

ヒルズ族

東京都港区の六本木ヒルズ森タワーに本社を置く企業群の代表者たち，また六本木ヒルズ内の住宅棟である超高級マンションに住む裕福な住人の俗称。六本木ヒルズ族。ITベンチャーや投資ファンドの関係者などの「新富裕層」が含まれる。IT・金融バブル崩壊以降の不況下で相当数が撤収しているとみられる。⤴ 新富裕層　　[外川]

ビルメンテナンス

ビルの管理業務のこと。設備管理，清掃，保安警備の3つの業務がある。設備管理は，

日常業務(運転,日常点検,小修繕)・定期点検・修繕業務に分けられる。オフィスのOA化,省エネ,情報セキュリティや防犯・防災などのニーズが高度化するなかで,安全で効率的なメンテナンスをローコストで実現することが求められている。

[藤山]

ファイアーウォール

fire wall

特定のコンピュータネットワークとその外部との通信を制御し,内部のコンピュータネットワークの安全を維持することを目的としたソフトウェア,あるいはそのようなソフトウェアを搭載したハードウェアのこと。外部から内部のコンピュータネットワークへ侵入しようとする攻撃的行為(クラッキング)を火事にたとえ,それを食い止めるものを意味している。インターネットのようなオープンなネットワークは,悪意をもった攻撃にさらされる可能性があるため,ネットワークの機密性を保つ防火壁が必要とされる。　　　　　　　[外川]

歩合賃料

ショッピングセンターにおける賃料の徴収形態のひとつ。一定の歩合(歩率)を設定し,売上高にその歩率をかけて賃料を算出する方式(例:月坪売上高が40万円で歩率が8%の場合,400,000円×8%=32,000円が月坪賃料となる)。歩合賃料の場合,売上高が高い月は賃料も多くなるが,その逆の場合もあり,ディベロッパーに入る賃料収入は月ごとに変動する。そのためディベロッパーは賃料収入を安定させるため,固定賃料と歩合賃料を組み合わせた形態をとるものが主流となっている。　[鈴木]

ファクトリーアウトレットセンター

factory outlet center

アウトレットとは,メーカーの過剰在庫品処分用の店舗であり,メーカー直営を基本とする。小売業や卸など,非メーカーがアウトレットと称したために,正規のアウトレット店舗であることを強調するためにファクトリーを加えている。基本的にはアウトレットと同義。&ᴖ アウトレット

[協会]

ファサード

façade

建築物の「正面」の意味。もとはフランス語で,店舗の正面の外観すべて,または外装全体のことを意味した。最初に目に飛び込むところだけに,ファサードの整備は,商業施設のイメージアップのためにも重要なものである。　　　　　　　　[飯村]

ファシリティマネジメントシステム

facility management system

施設・設備(facility)面での経営管理。最近では,IT化やセキュリティ対策などテナントのニーズが高度化しているため,オフィス内のOA機器や家具・什器のレイアウトを変更したり,事務効率をあげるための工夫など,働く人と職場環境への配慮や生産性の高い環境を計画し,マネジメントすることが重要になっている。　[藤山]

ファシリテーション

facilitation

組織の潜在的な能力を引き出し,高度な問題解決へと導くために,中立的立場から支

援すること。またはそのための技術のこと。ファシリテーションとは、円滑にする、容易にする、促進するなどの意味で、狭い意味では会議が円滑に運営されるように働きかけることをいう。コーチングは一対一の関係であるが、ファシリテーションの場合は、グループまたは組織が対象となる。
↪ コーチング，メンター　　　　　[外川]

ファストカジュアル

fast casual restaurant
早さと安さを追求するファストフードに対して、料理の手づくり感を重視した健康志向のメニューで、気軽（カジュアル）な感覚で長時間過ごせる店づくりなどを特徴とする飲食店。1990年代後半から米国で広がったもので、ハンバーガーチェーンなどが有名。または、ファストフードとファミリーレストランの中間の業態で、ファストフードのようなセルフサービス形式のサービス形態をとるが、レストラン並みの料理や店舗環境を提供するレストラン。
↪ ファストフード　　　　　　　[外川]

ファストファッション

fast fashion
アパレルチェーンが、ファストフードのように素早く手ごろな価格で、そのシーズンの流行のファッションを売り出すこと。パリやミラノのコレクションで発表されたものをシーズンに遅れることなく、リアルタイムに、多品種少量高頻度で生産し、低価格で販売される衣料品や服飾雑貨をいう。トレンドファッションを低価格で購入できるため、消費者には支持され、世界規模で多店舗展開している企業がある。2008年に日本に出店したスウェーデンのH＆M（ヘネス＆モーリッツ）やスペインのZARA（ザラ）、アメリカのFOREVER 21（フォーエバー21）が有名で、商品の回転が速いため、買物に行った時に買わないと、次回行った時には同じ服がないということがある。　　　　　　　　　　　[鈴木]

ファストフード

fastfood
注文してから短時間で提供され、手早く食べられる簡単な食事、またはそれを提供するフードサービス業のこと。ハンバーガー、ドーナッツ、フライドチキンや牛丼など、メニューは絞り込まれており、マニュアル化されたオペレーションシステムによって効率的な運営がなされるほか、パートやアルバイトの活用が進んでいる。米国では1950年代から60年代に急成長、日本には1969年の第2次資本自由化以降普及した。テイクアウト（持ち帰り）比率が高く、ドライブスルー方式の店もある。↪ スローフード，ファストカジュアル　　[外川]

ファッションビル

fashion building
ブティックなど、ファッション関係の専門店を中心にテナントとして入れ、おしゃれ感覚やハイセンスを売り物にしたテナントビル。ビル全体のイメージ統一がはかられ、テナントの選定も厳しいものがあり、販売促進活動などは統一して実施される。積極的なビルでは、大規模なテナントの入替えや場所の移動も多く、常に変化、進化を続けている。主なファッションビルとしてはパルコ，109，OPAなどがある。　[飯村]

ファミリーフェイス

family face
多様なブランドをもっている企業が共通性のある商品を一括して、売場などで消費者に好ましい印象を与えるような形に、パッケージングをすることをいう。店頭におけ

る商品露出が消費者の購買意欲に大きな影響を与えるところから，重要な販売促進要素とみられている。　　　　　　　[飯村]

ファミリーレストラン

家族客を主たる顧客とし，幅広いメニューを手ごろな価格で提供するレストランのこと。セントラルキッチン方式を採用するチェーンが多い。米国ではコーヒーショップレストランと呼ぶ。日本では1970年に登場，モータリゼーションの進展に対応して郊外のロードサイドを中心に展開されてきたが，最近では都心部や都心と郊外の中間地点など立地が多様化している。洋食，和食，中華，イタリアン，焼肉，ステーキなど，メニュー内容も多様化している。　　[及川]

ファンシーショップ

fancy goods shop
ファンシーグッズの専門店。ファンシーグッズとはもともと，小間物や装身具，装飾用品，デザインに工夫を凝らした商品，という意味だが，最近では「可愛い」「愛らしい」小物全般をさすようになっている。
　　　　　　　　　　　　　　　　[及川]

ファンド

fund
資金，とくに運用資金や基金のこと。多くは投資信託などの形態で，投資家から委託された資金の運用を投資顧問会社等の機関投資会社が代行する金融商品のことをさす。不動産や不動産を裏づけにした金融商品に投資する不動産投資信託もその一形態で，商業施設を対象としたファンドもある。また投資ファンドとは一般的に，投資家から集めた資金を企業やプロジェクトなどに投資し，投資先から上がる配当や上場益を投資家に還元する基金やその運用会社のことをいう。　⇨　ファンドマネジャー　[藤山]

ファンドマネジャー

fund manager
金融資産を運用する専門家。投資担当者。ファンド別に定められた目的や運用方針に従ってポートフォリオ（金融資産の組合せ）を組み立て，どの銘柄をどの程度組み入れるのか，いつ，いくらで売るのか，買うのかなどを決定する。複数銘柄への分散投資や入替えなどにより，当初設定した基準指数（ベンチマーク）を上回る運用成果が求められる。　⇨　ポートフォリオ，ファンド　　　　　　　　　　　　　　　[外川]

フィージビリティスタディ

feasibility study
費用対効果調査，費用便益調査のことで，具体的には新製品や新サービス，新制度に関する実行可能性や実現可能性を検証する作業をいう。業務面，システム面，資金面，投資採算など，複数の視点から分析を行い，その実現可能性を検証する。フィージビリティスタディを最初に体系的に行ったのは，1933年に米国政府が設置した公共事業体，TVA（テネシー川流域開発公社）だといわれる。　　　　　　　　　　　　　[飯村]

フィッシング

fishing
金融機関やネットショップなどを偽装した電子メールを送りつけて偽サイトに誘導し，住所，氏名，口座番号，カード番号などの個人情報を入手し（釣り上げて），高額品を購入するなどの詐取行為。偽装が洗練されている（sophisticated）として「phishing」と綴る場合もある。クレジットカードが普及している米国での被害が多く，年間1億人以上がフィッシングメールを受信し，数

百万人が個人情報を送信し，30億ドル近い被害が発生しているという調査もある。
[外川]

フィットネスクラブ

fitness center; athletic club
民間のスポーツクラブ。主として会員に対して屋内運動施設を提供し，専門のインストラクターが，筋肉トレーニング，ヨガ，エアロビクス，水泳，テニス，ゴルフなどの運動指導を行う。この場合のフィットネスとは日常生活を活動的に，快適に過ごせるだけの総合的な体力や体力を養うための運動をさす。
[飯村]

フィランソロピー

corporate philanthropy
慈善活動の意味。企業の社会貢献活動や福祉活動のこともいう。欧米の影響を受けて日本でも最近は，企業がボランティア休暇制度を設けたり，メセナ（文化芸術支援）活動を行うようになった。経団連の働きかけにより毎年，経常利益の1％を社会貢献のために寄付する会員組織も設立されている。☞ メセナ
[外川]

フィルタリングサービス

filtering service
携帯電話やPHSからインターネット上の有害サイトなどに接続できないようにするサービス。子どもたちも携帯を持つようになったことから重要性が増している。特定分野のサイト閲覧を禁じる「ブラックリスト方式」と携帯・PHS各社が認定したサイトだけが閲覧できる「ホワイトリスト方式」の2種類がある。
[外川]

フィールドマーケティング

field marketing
小売店頭などの，消費者と商品が直接接触する場をフィールドと呼び，ここを重視したマーケティング戦略のこと。店頭など販売促進効果も大きく，販売に直結したマーケティングである。フィールドマーケティングは，メーカー，卸売および小売業の三者が協調して，きめ細かな市場調査ができるようプランニングする必要がある。
[飯村]

風致地区

scenic zone; scenic district
都市の緑地保全に関する制度。都市の自然的景観を維持するために，保全の必要がある地域（風致地区）を定め，建築や宅地の造成等の開発に一定の規制をすることで，趣のある美しい自然環境に富んだ都市景観の形成をはかるもの。1919（大正8）年制定の旧都市計画法にともない創設されたもので，1968（昭和43）年制定の都市計画法および関連法令により規制されている。なお，風致地区内の建築制限等の規制内容は，各自治体の条例に委ねられている。[外川]

風力発電

wind power
太陽光やバイオマスなどと同様，自然エネルギーと称される環境負荷のないエネルギー源として注目されている。各地でみられるプロペラ型の風車を使ったタイプが代表的である。無尽蔵で，CO_2を排出しないクリーンエネルギー源として注目されているが，安定性に欠けるという弱点がある。1993年以降，電力会社以外の事業者（地方自治体，企業）が発電電力を売電することが可能になり，風力発電事業にはずみがついている。
[協会]

フェアトレード

fair trade

直訳すると，公正な取引・貿易となる。アジア，アフリカ，中南米等，発展途上国の立場の弱い生産者から適正な価格で，継続的に産品を購入することで，途上国の生産者や労働者の生活を支援するための取引。1960年代から始まった動きで，以前は需要や市場価格の変動により，途上国の産品が不当に安い価格で買い叩かれ，生産者が貧困から抜け出せない状況であったが，それを防ぐことが大きな目的となっている。近年は経済的支援に加え，環境保全の立場からも注目されている。2000年以降，日本の大手チェーン店においてもフェアトレード商品の販売を始めている企業がある。

[鈴木]

フェアユース

fair-use

教育や批評などの公正な利用法であれば，権利者の承諾なしに著作物を使用しても著作権侵害にならないという概念。米国では公正利用に該当していれば，著作権者に無許可で著作物を利用してもよいとするフェアユース規定が明文化されている。公正利用かどうかは，裁判所が著作物の利用目的，使用量，著作物の創作性，権利者の被害などの用件を総合的に判断し，個別に決定されるというように，法律に柔軟性があって新ビジネスが生まれやすい一方で紛争や利害調整が増える。一方，日本の場合には著作権法上，フェアユースに関する規定はなく，包括的に認めた例もない。著作権者に無許可で著作物を利用できるのは，私的使用のための複製や図書館での複製，教育用の図書への掲載など限定列挙している場合のみである。法律の定義が明確である反面，厳密な解釈が障害となり，新ビジネスに挑戦しにくいという問題が指摘される。

☞ 著作権，クリエイティブコモンズ

[外川]

フェイシング

facing

売場に陳列する商品とその商品の陳列の最前面（フェイス）数を決定すること。ゾーニングの後の商品配置決定のプロセスで，売れ筋のフェイス数は多く，売行きが鈍い商品のフェイス数は少なくと，販売量に応じた陳列状態にするのが原則。適切にフェイシングされれば，欠品による販売機会損失や過剰在庫によるコスト上昇を抑えられる。フェイスが広いほどその商品の売上が増加するので，新商品やプライベートブランド（PB）など，力を入れる商品のフェイス数は多くするのが基本である。　[外川]

フェスティバルセンター

festival center

メリーゴーランドや観覧車などの遊戯施設を配し，ショッピングセンターに遊園地やお祭りのような楽しさを加味したもので，米国でウォーターフロントの再開発の核として開発されたのが始まり。　[協会]

フォークソノミー

folksonomy

「皆で分類すること」の意味で，人々（folks）と分類（taxonomy）を掛け合わせた造語。Web上のデータについて，情報の送り手だけが分類するのでなく，ユーザーが自由に収集し，分類するというユーザー発信型の分類が行われる点がポイント。個々人が分類のためのキーワードを付け，それをなんらかの方法で集約する。代表的なサービスに「お気に入り（ブックマーク）」を保存する「ソーシャル・ブックマーク・サービス」がある。ユーザー視点からの情

報の分類が自動的に集約できる，ユーザーの関心事項となるキーワードがタグとして登録されるなど，多くのユーザーが入力した情報を集約して提供するという点において，Web2.0的なコンセプトの代表例といわれる。⇒ Web2.0，CGM　　　[外川]

吹き抜け空間

stairwell

ショッピングセンターなどの建物の内部で，2階以上の上下階を貫いてひと続きにしてある構造・空間で，広く感じられる効果があり，開放的である。吹き抜けを通じて，上下階の人の気配が適度に伝わることで，賑わいの演出にも有効である。⇒ アトリウム　　　　　　　　　　[飯村]

複合カフェ

喫茶店（カフェ）が他店との差別化をはかるため飲食以外に，マンガや新聞・雑誌，インターネットやテレビゲーム，ダーツやビリヤードといった軽スポーツなど，複数の業態が複合しあって多様なサービスなどを提供する施設。インターネットカフェやマンガ喫茶などがこれにあたる。　[鈴木]

副都心線

埼玉県和光市－渋谷間20.2kmを結ぶ東京メトロ（東京地下鉄）の9番目の路線。新設区間の池袋－渋谷間8.9kmを急行で約11分でつないだ。開業時から東武東上線，西武池袋線・有楽町線と相互直通運転しており，2012年度には東急東横線ともつながる予定で，埼玉県南西部から東京の副都心を経由し，横浜方面にいたる広域的な鉄道ネットワークが完成する。　　　[外川]

普通株

common stock

種類株を発行する際の標準となる通常の株式。いわゆる株式（種類株でない株式）のこと。上場企業の普通株は市場で取引され値動きがあるのに対し，種類株は一般に流通していない。⇒ 種類株　　　　[外川]

フード＆ドラッグ

food and drug

食品スーパーとドラッグストアを併設した業態。食料品や日用品などとともに使用頻度の高い化粧品や医薬品を同時に購入することができる。日本では郊外立地のドラッグストアの一部において，医薬品や化粧品の売場は3割程度で，加工食品や菓子，冷凍食品などを低価格販売することで集客力を高める店舗が増加している。2009（平成21）年の薬事法の改正により，食品スーパーやCVSにおいて医薬品の一部が販売可能となるため，ドラッグストアの対応策が注目されているが，フード＆ドラッグタイプの増加が予想される。　　　[及川]

不動産鑑定評価　☞　鑑定評価

不動産の証券化

商業施設やオフィスビル，賃貸マンションなどの不動産運用益を担保にして証券を発行し，投資家を募り，資金を調達する手法のこと。収益力やキャッシュフローを裏づけに資金を調達する直接金融方式。不動産証券化商品には，投資家の元利金受取りが優先されるデット（debt，社債など）型と，エクィティ（equity，出資証券，株式など）型の2つがある。デット型は運用利回りを重視したもので，エクィティ型は売却益に期待するものである。　　　　　[藤山]

フードコート

food court

ショッピングセンターなどで、複数の飲食店が多数のテーブルを共用し、ファストフードや簡単な料理をセルフサービスで提供する屋内型の広場のこと。顧客は好きな料理を購入して好きなテーブルで食事することができる。フードコートは出店する飲食店のバラエティを豊かにすることによって、集客力の強化に役立つとともに、座席を共用することで省スペース、コスト削減ができる。多様なメニューから選択できるし、ファミリーから個人まで自由に利用することができるので、顧客の支持も高い。

[及川]

フードテーマパーク

food-entertainment themepark

食や料理をテーマとした娯楽施設。単一メニューのバリエーションを一堂に集めることで人々を惹きつける。日本の第1号はラーメンをテーマにして1994年に新横浜に開業したラーメン博物館。ほかには寿司やカレー、餃子、アイスクリーム、ケーキ、パンなどをテーマとしたものがある。比較的低単価で大衆的な、いわゆる「B級グルメ」の単一メニューが基本なので、初期投資額は数億円程度と少ないが、年間入場者数は100万から百数十万人と集客力も見込まれ、収益性も高いことからショッピングセンターの活性化策のひとつとして期待されている。入場料を払っても来たいと思わせるためにはメニューのバラエティ、話題性、飽きさせないためのアトラクションや各種の演出が必要とされる。 [協会]

フードバンク

food bank

食糧銀行。品質に問題がないのに包装の不備や在庫過剰、返品、規格外やラベルの間違いなどの理由から売物にならなくなった食品をメーカーや小売業等から寄附してもらい、ホームレス・被災者・高齢者・貧困者・養護施設など食事を必要としている人や団体に配るボランティア活動およびそのための組織。米国では1960年代から活動が始まり、現在200を超える組織が活動している。通常の市場活動（1度目の収穫）から漏れたが、まだ安全に食べられる食品を再収集し（収穫し）配る、という意味で「セカンドハーベスト」活動とも呼ばれる。食用として問題ではないにもかかわらず廃棄されている食糧が数百万トン以上あるとみられる日本でも2000年頃から活動が始まっている。 [外川]

フューチャーストア

future store

手元で商品の価格や情報を確認しながら買物ができるPSA（パーソナル・ショッピング・アシスタント）端末や、無線ICタグを用いて商品陳列棚の欠品情報をリアルタイムに把握する「スマートシェルフ」など、各種の先端技術を駆使した未来型店舗のこと。ドイツのメトロが先陣を切り、欧米の上位小売業が追随している。日本でも2004年12月に経済産業省が「未来型店舗サービスを考える研究会」を発足し、「日本版フューチャーストア」の実現に向けての本格的な取組みを開始した。 [外川]

プライスゾーン

price zone

取扱い品種またはカテゴリー内の価格の範囲（ゾーン）。たとえば、キュロットスカート（品種）の中心プライスはいくらにするか、上限プライスはいくらにするか、下限プライスはいくらにするかのプライス政策になる。価格ゾーンを決めて、そのゾー

プライバシーマーク

個人情報の取扱いが適切であることを第三者機関が認定したことを表すマーク。経済産業省の外郭団体である(財)日本情報処理開発協会（JIPDEC），および，JIPDECが指定した機関が，「JISQ15001：個人情報保護に関するコンプライアンス・プログラムの要求事項」に基づいた個人情報の管理体制が構築され実施されていることを審査し，合格した企業にプライバシーマークの使用を許可する。　　　　　　　　　　［外川］

プライベートバンキング

private banking

数千万円以上の金融資産をもつ富裕層を対象に，資産の運用・管理のきめ細かなサービスを提供し，手数料を受け取る金融業務。専門の担当者がつき，運用から節税，相続問題から人生設計まで幅広く相談に応じる。スイスなどの欧州が発祥地で，日本でも外資系の金融機関が高いシェアを握っている。近年は国内の証券会社や信託銀行などが手がけるほか，大手銀行も力を入れている。
　　　　　　　　　　　　　　　　　［外川］

プライベートブランド

private brand; PB

メーカーが製造し，広く認知・販売されているナショナルブランド（national brand; NB）に対して，小売業が価格や品質，仕様を決めて生産した独自ブランドのこと。リテイラーズブランド（retailers' brand），ストアブランド（store brand; SB）とも呼ばれる。従来は，生産費や販促コスト削減により，NBよりも低価格でありながら同等以上の品質をもった商品を提供することに重点がおかれていたが，近年は品揃え面での独自性が重要になっている。世界中の最適産地で生産されており，従来の低価格型のほかに，プレミアムPBと呼ばれる高品質のプライベートブランドも多く開発されている。⇔　ナショナルブランド
　　　　　　　　　　　　　　　　　［外川］

プライムレート

prime rate

最優遇貸出金利。銀行が企業に対して融資する際に，一番優遇された金利のことで，このプライムレートは各銀行が個別に定める。貸出期間が1年未満のものを短期プライムレート（短プラ），1年以上のものを長期プライムレート（長プラ）と呼ぶ。プライムレートの推移は日本経済を映し出す鏡であり，短期プライムレートは公定歩合と短期金融市場の影響を受け，長期プライムレートは5年もの，10年ものの金融債に影響を受ける。　　　　　　　　　　［外川］

ブラウザー

browser

Web上の画像や文字を表示するためのソフトウェア。どんなホームページを見るためにも必要なソフトウェアであり，インターネット利用の鍵を握る役割を果たす。基本的に無料で提供され，最新版はいずれも各社・団体のホームページからダウンロードして入手できる。パソコン用のブラウザーには「インターネット・エクスプローラ」や「ファイヤーフォックス」，「クローム」のほか，「オペラ」「サファリ」などがある。携帯電話など移動体通信向けのブラウザーも別途提供されている。　　　　　　［外川］

フラッグシップショップ

flagship shop

旗艦店。ファッションブランド等で複数の支店をもつ専門店が、ブランドを代表する店舗として、一般店では説明できないコンセプトや商品提案を十分なスペースで、最も適切と考えられる VMD（ビジュアル・マーチャンダイジング）で提供する店をいう。
[鈴木]

フランチャイズチェーン

franchise chain

主宰者（フランチャイザー）が、加盟店（フランチャイジー）との間に契約を結び、自己の商標や特定商品を取り扱う権利を与え、経営指導や共同プロモーションなどの便宜を与える経営形態。フランチャイジーは加盟料や手数料などの対価を支払う。単一の資本によるチェーンストア（レギュラーチェーン）では、店舗の展開に必要な用地の確保や店舗の建設、人材雇用に多大なコストがかかるため、急速な規模拡大が難しいが、フランチャイズでは、限られた資金と人材で投資リスクを抑えながら急速な拡大戦略をとれる。加盟店側はチェーン名やマークなどのブランドを利用できることや、事業経験がなくても本部の指導によって経営できるほか、本部がスケールメリットを利用して大量に仕入れ、または生産した商品を安価に購入できることや、本部が展開する広告宣伝キャンペーンに参加できることなどのメリットがある。一方、契約に基づいた関係であるため、レギュラーチェーンのようなトップダウンによる意思決定と戦略の遂行が難しいことや、加盟店によって経営やサービスのレベルにばらつきが生じてしまうという問題もある。すべて本部の経営方針に従わなければならないため、フランチャイジーが自主的な経営を行うことは難しい。またロイヤリティが高額な場合は、その支払いも大きな負担となる。事業計画が予測通りにいかない場合には本部と加盟店間でトラブルが生じるおそれもある。　チェーンストア、ボランタリーチェーン
[外川]

ブランドエクィティ

brand equity

ブランドを企業の無形資産とみなす考え方で、1991年に米国のD.アーカーが提唱した。ブランドロイヤリティ、ブランド認知、ブランドの知覚品質、ブランド連想の4つがブランドエクィティの構成要素とされる。高いブランドエクィティをもつ企業は、高収益を確保でき、市場において優位に立てるが、そのためには長期的・安定的に高品質で優れたデザインの商品やサービスを創造するだけでなく、地域社会貢献活動を行うなどによってブランドや企業のイメージや信頼性を高める努力が必要とされる。
[外川]

ブランドショップ

luxury brand shop

欧米の超高級ブランド（ラグジュアリーブランド）を販売する店。以前は百貨店内のショップ形式のものが多かったが、アイテムが拡大したこともあり、最近では日本法人による直営の大型店展開、主要都市の目抜き通りへの出店が中心になっている。　ラグジュアリーブランド、アクセシブル・ラグジュアリーブランド
[外川]

フリーキャッシュフロー

free cash flow

純現金収支。企業が営業活動で得た資金から投資活動に使った資金を差し引いたもので、自由（フリー）に使える余剰資金額を示す。フリーキャッシュフローの使途には、

①事業の拡大，②株主への還元（配当金支払い，自己株式取得等），③財務体質の改善（借入金の返済，社債の償還等）などがある。何にいくら使うか，経営戦略と経営手腕が問われる。　　　　　　　　[外川]

フリースタンディング

freestanding
生活道路や幹線道路等の独立した路面への出店形式。ビルトイン・ビルイン，あるいはショッピングセンター等の商業集積内出店との対比で使用される。個性を主張する専門店が周辺の店舗との差別化をはかるために，ファサードやサインをアピールするケースと，チェーン形式で展開する店舗が統一的デザインを訴求するため出店する場合がある。　　　　　　　　　　　　[及川]

プリペイドカード

prepaid card
一定金額のカードを購入して使用する料金前払い式カード。使いきりタイプのものと，何度でもチャージ（入金）できるものとがある。無記名式であることから，利用場所や利用範囲に自由度があり，また決済処理が迅速で効率的であるというメリットがあり，各種の記念品，ギフト，ノベルティグッズなどに使われることも多い。交通機関や電話のほかに，図書，玩具，花，郵便，飲食サービス，コンビニエンスストアやガソリンスタンド用など多彩である。ただししくみが簡単であるために，とくに電話や鉄道など，機械で決済処理する場合には偽造カードが出回りやすい。⇒ クレジットカード，ノベルティグッズ　　　　[及川]

フリーペーパー

free paper
広告収入を元に定期的に制作され，無料で特定の読者層に配布される印刷メディアのこと。配布エリアが決まっている新聞や，大規模な広告しか行えないテレビに比べ，特定の範囲・商圏や購買層に柔軟に配布できるので広告効率がよいこと，地域に密着した情報を提供し双方向性を保つことができるという特徴がある。現在，日本全国で1000を超えるフリーペーパーがあるが，それらは，①コミュニティペーパー，②ターゲット・メディア，③ニュースペーパー，④タウンペーパー，タウンマガジン，⑤広告マガジン，クーポンマガジン，ショッパー，の5つに区分される。　　　[外川]

ブルー・オーシャン戦略

blue ocean strategy
フランスの経営学者（チャン・キムとレネ・ポルニュー）によって提唱された経営戦略。従来市場における血みどろの戦い（レッド・オーシャン）に見切りをつけて，いまだ生まれていない市場，未知の市場空間を創造して，収益性の確保をめざすもの。従来のマーケティング戦略では，レッド・オーシャン市場で生き残りをはかるためには，差別化かコスト削減による低価格化の選択であったが，ブルー・オーシャン戦略では差別化と低コスト化の同時実現によって，買手にたいしていまだかつてない価値を提供しつつ，コストを引き下げる。「イノベーションと実用性，価格，コストなどの調和」による差別化と低コスト化の同時実現を「バリュー・イノベーション」と呼び，バリュー・イノベーションがブルー・オーシャン戦略のポイントとなると主張している。⇒ レッド・オーシャン戦略　[及川]

古着屋

secondhand clothes store
着古した衣服を仕入れ販売する店のこと。以前から古着屋は存在したが，店舗が古臭

く，安っぽいイメージであった。しかし近年，消費者の古着に対する意識の変化により古着に対する抵抗感が薄れ，古着店にも変化が見られるようになった。最近の古着店は内装にもお金をかけ，明るく，きれいで，新品商品も上手に取り混ぜて販売しており，以前のような悪いイメージが払拭されている。価格も安く，一点ものも多いため，個性を出したい人やファッション感度の高いヤング層に人気がある。近年は，全国展開するチェーン店も増え，ショッピングセンターや駅ビルなどにも大きな面積で出店している。　　　　　　　　　[鈴木]

ふるさと納税

2008（平成20）年4月末の地方税法改正で導入された制度で，任意の自治体に寄付をすると5千円を超える分が住民税などから控除されるというもの。「納税」という名称であるが，形式的には「寄付」と「税額控除」の組み合わせで，税控除の上限は住民税のほぼ1割。従来は10万円を超える寄付にしか税額控除が適用されなかったが，夫婦と子ども2人の年収700万円の世帯が3万円寄付すると，住民税などが2万5千円安くなるなど，受け入れやすくなった。控除にならない5千円分の特産品を送るなどして，ふるさと納税を促進しようとする自治体も多い。　　　　　　　　[外川]

ブルートゥース

bluetooth
1998年にスウェーデンのエリクソンや東芝など5社が提唱した通信規格で，パソコンや携帯電話などの情報通信機器をつないでデータをやりとりするためのもの。主に短距離通信（10m程度以内）に使われる。鞄やポケットに携帯電話やパソコンを入れたままでもデータをやりとりできる。2008年に販売されたパソコンの2割弱にこの機能が搭載されていた。　　　　　　　[外川]

フレキシキュリティ政策

流動性の高い労働市場と手厚い失業保険，職業教育の充実を中核にした雇用政策。柔軟性（フレキシビリティ）と保障（セキュリティ）を合わせた造語。企業は容易に従業員を辞めさせることができる一方で，労働者は十分な失業手当を得て生活水準を維持しながら，職業訓練で高い専門性などを身につけて次の職業に移ることができるようなしくみ。雇用ではなく，収入を守るという考え方の政策で，グローバル化に対応しながら，生産性の高い産業が創出できるとされる。デンマークが先進例。　[外川]

プレステイジストア

prestige store
一般的には格式が高く，伝統のある高級百貨店や高級専門店をさすが，厳密にいうならば，そのような店のなかでもとくに差別化が徹底した個性ある高級百貨店をいう。
　　　　　　　　　　　　　　　[飯村]

プレミアムセール

premium sales
消費者の購買意欲を刺激するための景品付き販売や懸賞付き販売のこと。プレミアムのもともとの意味は賞金・賞与・割増金などだが，広告用語としてはメーカーや販売店が商品の購入あるいは懸賞への応募を行った消費者に提供する景品を意味する。提供される景品は，景品表示法によって規制されている。マーケティングの用語としては，特別の機会や特定顧客向けの販売会（バーゲンセール）の意味で使われることもある。⌒　景表法，懸賞　　　　[外川]

フロアマネジメント

floor management
客の動線を意識的に変えていく管理手法。忙しい客にできるだけ全売場を歩いてもらい，商品の前に立ち止まってもらい，カートの中に商品を入れてもらうように顧客動線を演出する必要がある。顧客動線を長くし，店内での滞在時間を長くするように工夫する。通常15分ぐらいがスーパーマーケットの平均滞在時間であるが，立ち寄り回数を多くしてもらうためPOPを取り付けるなどの工夫が必要になる。1個より2個，「インバスケット個数」が多くなるようにする。以上のマネジメント総体をフロアマネジメントと呼称している。　　　　[飯村]

フロー型経営

外部資源の活用により環境変化に柔軟に対応しようとする経営モデル。短期的な成果や株主を重視する米国流の経営のこと。自社の強みが発揮できない事業分野にはM&Aによって進出したり，投資を行う。またフロー型経営では，人件費も変動経費としてとらえ，内部の人的資源と外部の人的資源を区別せずに，両者を組み合わせて最適な労働資源構成をはかる，という考え方をとる。　　　　　　　　　　[藤山]

ブログ

weblog; blog
ウェブログの略で，日記サイトのように，継続的に記事が更新されるWebのページのこと。日記サイトを運営するためのサービスと同義で用いられることもある。時事問題や個別の事象について意見や見解を表明したり，面白いものや現象，スクープなどを紹介したりするものが多い。テーマごとにブログの管理者や読者間のバーチャルなコミュニティが形成されている。またブログのクチコミで情報が広がり，それをマスメディアが後追いするケースも増えているほか，情報発信力をマーケティングに活用しようとする動きも目立つ。　[外川]

プロジェクトファイナンス

project finance
企業の信用力や出資者の債務保証などによる，「コーポレートファイナンス」とは異なる形態の融資で，経営ノウハウや技術力等を重視し，事業性そのものを審査・評価して融資すること。キャッシュフローを返済原資とするため，事前の評価を厳密に行うとともに，プロジェクトの関係者間のリスク分担を明確にする必要がある。
⇨　キャッシュフロー　　　　　[藤山]

プロダクトプレースメント

product placement
テレビ番組や映画などで，ある商品やブランド名を露出させる広告手法。企業がテレビ番組や映画などの制作者側に費用を払い，その会社の商品を作品中で使ってもらうことで，視聴者に自然なかたちで商品をアピールする。とくに映画観客はスクリーンへの集中度が高く，鑑賞中は電話や雑用，コマーシャルなどで中断されないこと，観客の大半が購買力をもった人たちであることなどが強みとされ，さまざまな商品の広告に利用されている。また最近では，テレビゲーム中に出てくる看板などにも，企業のロゴやブランド名が記されるようになった。
⇨　パブリシティ　　　　　　　[外川]

プロトタイプ

prototype
製品開発を進めるうえで基本的な設計に問題がないかどうかをチェックするために，実験的，試験的に少数つくられるモデルの

こと。大量生産のための原型や基本形。自動車や家電などの産業で使われることが多い。また情報関連では，プログラムの試作版やハードウェアの試作機のことをいう。
[外川]

プロバイダー

provider
専用回線や電話回線を通じ個人や企業のコンピュータをインターネットに接続する手段を提供するインターネット接続事業者。メールアドレスなどを発行する場合が多い。電機メーカー系，NTT系，ソフトバンク系，CATV系，電力会社系，鉄道会社系のほかに無料プロバイダーもある。　[外川]

プロパティマネジメント

property management
特定の商業施設やオフィスなどの個々の不動産をひとつの資産（プロパティ）としてとらえ，その資産を管理運営し，価値を高めて投資効率向上をはかる業務のこと。建物や設備のメンテナンス業務だけでなく，テナントの管理やコスト管理，収益性向上のためのリニューアル事業などもあわせて行う。キャッシュフローを重視しながら資産価値を維持・向上させ，価値の最大化をはかるマネジメント手法で，投資家・所有者またはアセットマネジャーからの委託を受ける経営代行業務といえる。↝ プロパティマネジャー　[藤山]

プロパティマネジャー

property manager
不動産物件（プロパティ）を管理する人や組織，会社のこと。アセットマネジャーが自ら管理する場合と，別途プロパティマネジャーが業務委託を受ける場合とがある。プロパティマネジャーの業務は，①清掃・警備・小規模な修繕・電機や給排水や空調設備の点検・修理などの建物や設備の維持管理，②賃貸借契約の更新・賃料の改定交渉・新たなテナント募集，③収益性向上などのテナント管理業務である。↝ プロパティマネジメント　[外川]

プロフ

プロフィールの略で，Web上の簡単な自己紹介ページのこと，またはそれを無料で作成できるWebサービス。氏名，年齢，住所から好きな食べ物，趣味などあらかじめ用意された質問項目に答えていくだけで簡単に自己紹介画面を作成・公開できるのが特徴で，中高生の利用が多い。とくに女子中高生間では，携帯電話の赤外線通信機能を使っての交換が可能なため，簡便なコミュニケーションツールとして流行している。便利な一方で個人情報が容易に外部に流出するため，犯罪トラブルも多発している。
[外川]

プロフィットリーダー

profit leader
収益性を度外視した低価格（場合によっては原価割れの価格）で販売するロスリーダー（目玉商品）に対して，その店や企業の収益を支えうるメイン商品，高付加価値商品のこと。相対的に高い価格でも売れるようなブランド力のある商品だけでなく，商品調達の合理化によって高マージンを実現したプライベートブランドなど。プロフィットリーダーを確保するためには，取引先との連携によって効率化をはかり，商品の調達・開発，製造，販売，付帯サービスといった一連の業務プロセスのなかで適宜適切に価値が付加されていくためのしくみの構築が不可欠である。　[外川]

プロモーション・ツール

promotion tool
人的販売や広告活動，パブリシティなどを含めた広い意味での販売促進活動を展開するための用具類。たとえば，セールス活動マニュアル，ポスターを含めた POP 類や陳列資材，商品説明のためのカタログやビデオなどがある。　　　　　　　　　　［飯村］

粉飾決算

売上高の水増し計上や関係会社への損失移転，経費の過少計上などのやり方で，証券取引法などに違反して，故意に企業決算での利益を過大，過小に計上すること。業績悪化に際して，経営破綻や上場廃止を避ける目的で赤字を黒字に粉飾するケースが多いが，脱税目的で利益を隠す事例もある。証券取引法違反（有価証券報告書の虚偽記載）などの罪に問われ，個人は 5 年以下の懲役または 500 万円以下の罰金，法人は 5 億円以下の罰金を科せられる。　［外川］

分野調整法

正式名称は，「中小企業の事業活動の機会確保のための大企業者の事業活動の調整に関する法律」（1977 年制定）。大企業の活動が，中小企業の経営の安定や事業機会を阻害するおそれのあるときに，勧告等によって事業活動を調整するとともに，中小企業の近代化・合理化を指導し，経営力の強化をはかる。　　　　　　　　　　　　［外川］

米国預託証券　☞　ADR

ペイジー

Payeasy
銀行その他の民間金融機関と企業，官公庁・地方自治体をネットワークで結び，利用者がパソコンや携帯電話を通じたインターネットバンキングや ATM（現金自動受払い機）を使って，各種料金や税金などを支払えるサービス。名称の由来は「いつでも・どこでも・かんたんに」支払えるということを意味する pay easy。約 1700 の金融機関などが参加する日本マルチペイメントネットワーク運営機構が母体となって 2001 年 10 月に開始，現在では国内のほとんどの金融機関（銀行，信用金庫，信用組合，労働金庫，農漁協，ゆうちょ銀行）が共通のしくみでサービスを提供している。取引の一つ一つがコード化され，特定化されているために振込先の口座番号などの入力が不要，夜間休日を含みいつでも即時支払いができる，一部を除き手数料が不要，などのメリットがある。　　　　［外川］

閉店法

Ladenschlussgesetz
小売店の休日と営業時間を定めたドイツの連邦法で 1958 年に制定。日曜は営業禁止，土曜日の営業は午後 4 時までとされていたが，2003 年 6 月に改正，現在では月曜から土曜の営業は午後 8 時まで認められている。なおキリスト教の安息日の日曜や祝日は，駅の売店やガソリンスタンド，薬局を除き，原則として営業が認められないが，

自治体によって年に何回かは日曜営業が認められている。また見本市期間中などの例外的な時間延長や休日営業については、州や自治体の判断が必要とされている。卸売業はこの法律の適用外なので、ドイツではディスカウントストア的な卸売業であるホールセールクラブが発達した。⇒ 大規模小売店舗立地法, ロワイエ法, ラファラン法　　　　　　　　　　　　　[外川]

ペイメントカードデータセキュリティ基準

PCI-DSS

国際カード5社（米ビザ・インターナショナル、米マスターカード・インターナショナル、米アメリカン・エキスプレス、日JCB、米ダイナースクラブ）が2004年に共同で策定したクレジットカード情報保護に関する国際基準。ネットワークの設定やパスワードの管理、ウイルス感染防止、データ暗号化など12項目でカード加盟店や決算代行業者が遵守すべき最低限の規準を定めている。⇒ CAT, CAFIS　[外川]

壁面緑化

建物の壁面に人工的に植物を植えること。地球温暖化、ヒートアイランド現象に対して、環境への負荷を軽減させる方法のひとつとして注目されている。建物壁面を緑化することにより、夏場は壁の表面温度を下げ建物内の冷房負荷が軽減できる。街中でも壁面にツタを這わせる家を見ることがあるが、これも壁面緑化のひとつである。ただこれは家の景観・美観のために行われており、環境は二次的要素となっている。近年、ショッピングセンターでも外壁の緑化を行うところがでてきている。　[鈴木]

ベビーブーマー

baby boomer

ベビーブーム世代の人のこと。米国では第2次世界大戦後の約20年間（1946～64年）に生まれた人々のことをさす。日本では団塊の世代（1947～49年生まれ）のことを、ベビーブーマーと呼ぶことがある。
⇒ 団塊の世代, ジェネレーションY
　　　　　　　　　　　　　　　[外川]

ヘルパー

メーカーが自社製品の販売促進のために小売店に無償で送り込む販売員。1960年代にメーカーが生産ラインの休止で生じた余剰人員を家電量販店に派遣したことが始まりとされる。現在ではメーカーの正社員である場合と、人材派遣会社を介した派遣販売員との2種類があるが、いずれも人件費はメーカー側が負担する。派遣販売員を送り込む場合には、契約を結ぶのはメーカーと派遣会社であるため、直接契約関係のない小売店がヘルパーに対して業務指示をすることは「二重派遣」とみなされ、職業安定法で禁じられているが、実際には守られないことが多く、また他社製品の販売や棚卸し作業その他、小売店の販売員と同じ業務をさせられることが少なくない。[外川]

変額年金保険

支払った保険料を投資信託などで運用し、その実績次第で将来受け取る年金額が変動する個人年金。保険会社が契約者から預かった保険料を「特別勘定（ファンド）」で運用するもので、価格変動が激しい株式型や、安定性が高いが利率が低い債券型などがある。契約者は運用期間後に希望する年金のかたちで受け取るが、運用実績次第で元本割れすることもある。投信と違い、運用期間中に契約者が死亡すると保険金を受け取

れたり、「元本保証」がついたりする商品が多く、相続税など税制面でも優遇されているが、中途解約すると払い込んだ保険料を割り込むケースも少なくない。⇨ 個人型確定拠出年金　　　　　　　　[外川]

ベンチマーク

benchmarking
もともとは土地測量における基準点を意味する言葉で、米国の企業において、経営改革の手法として用いられるようになった。業界、業種の違いを問わず、最も優れた経営内容の企業を選び出し、それを目標や比較基準として改革、改善に取り組むことをいう。　　　　　　　　　　　　[外川]

ベンチャーキャピタル

venture capital
高度な技術や独創性をもち、未開拓な分野で新規事業を興す企業や事業であるベンチャービジネスに対して、出資される資金や、またはそれらの出資者や出資機関のこと。急成長の可能性があり、ハイリターンを期待して出資されるものだが、単なる投資ではなくて、新規ビジネスや産業の育成という役割が大きい。銀行系、証券会社系、事業会社系、独立系の4種がある。⇨ ベンチャービジネス　　　　　　　　[藤山]

ベンチャービジネス

新技術や高度な知識、独創的なアイディアなどをもとにして、大企業ではできないような創造的、革新的な経営を行う中小企業をさす。欧米では SME (small and medium-sized enterprise)、あるいは企業家・起業家を意味する言葉である entreprener (英)、entreprenuer (仏) と呼ぶのが一般的。⇨ ベンチャーキャピタル　　　　[外川]

ホ

保安管理費

安全や防犯等の保安業務のために共益費の費目のひとつとしてテナントから支払われる費用をいう。ショッピングセンターは、不特定多数の顧客が出入りする施設であるだけに、安心、安全の秩序を維持し、各種犯罪の防止をはかり、テナントの営業活動を円滑に推進するために、密度の濃い保安業務が求められる。　　　　　　　[飯村]

ポイントカード

FSP（フリークエント・ショッパーズ・プログラム）と呼ばれる販売促進策のひとつで、商品やサービスの購入（利用）金額に応じてポイントが加算され、それに基づいて割引やキャッシュバック、景品などの特典が受けられるカードやシステムのこと。ハウスカードにポイントサービスを付加しているカードが多い。インセンティブ（誘因）効果を高め、顧客の固定化をはかるために、購入頻度や金額の多い顧客ほど、ポイント率や割引率が高くなったり、特別なサービスが提供されるのが一般的。購買履歴の情報に、性別、年齢、家族構成、趣味嗜好、ライフスタイルなどの諸データを加味し、多様な切り口から分類・分析し、マーケティングに活用するためのデータベース戦略が重要である。また分析結果は、品揃えやサービス、販売促進などに反映させるだけでなく、個々の顧客との関係を強化するワンツーワン・マーケティングに活用することが目標とされる。⇨ FSP、ワンツーワン・マーケティング　　[及川]

ポイント引当金

発行したポイントが実際に商品やサービスへの交換などで使われることを想定して積み立てておく資金。企業にとってポイントは一種の債務で、発行時に費用はかからないが将来、値引きや換金を求められた時点でコストが発生する。そのため数年前からは、特別項目としてポイント引当金を計上する企業が増えている。企業間の提携が進み、ポイントを他社のポイントや電子マネーに交換できるサービスも拡大しているため、経済産業省は2007年2月に「企業ポイント研究会」を発足させ、発行企業の倒産にともなう消費者の権利保護などについて検討するほか、交換レートや有効期限などに一定のルールを設ける方向。　[外川]

防火区域

建築物などの防火性能を集団的に向上させ、延焼拡大を抑制するために指定された区域。商業地域など、建築物が密集し、火災危険率の高い市街地や、広域避難場所やその周辺、避難路沿道に指定される。防火区域内の建築物は、1.耐火建築物または、準耐火建築物とする、2.小規模な付属建築物などにおいても延焼の恐れのある部分に防火設備を設ける、などの制限がある。⌒　防火区画　[外川]

防火区画

大規模建築物や特殊建築物において、防火のために防火壁や耐火構造の床、壁などによって、一定面積内ごとに施した区画のこと。鉄筋コンクリート造の中高層の建物では11階以上の階について、内装仕上げが難燃材料の場合には床面積100㎡ごとに、仕上げが準不燃材料の場合には200㎡ごとに、仕上げが不燃材料ならば500㎡ごとに区画することが規定されている。このほか建築基準法では、防火区画についてのさまざまな決まりがある。⌒　防火区域　[外川]

防災管理規定

災害対策基本法と防災基本計画に基づいて、一定規模以上の事業者に防災訓練の実施が義務づけられている規定。地震・風水害などの自然災害やテロ、事件などを予見して予防、人命の安全、被害の軽減をはかることを目的としてつくられている。これをもとに危機管理体制を整備し、防災訓練などを通じて実践的に危機管理に対応することが望まれる。　[藤山]

防炎規制

消防法で定められている規制で、ショッピングセンター、地下街、映画館等、不特定多数の人が出入する施設で使用するカーペット、カーテン、展示用合板、暗幕等の対象物品は、基準以上の防炎性能をもつことを規制するもの。　[鈴木]

防災センター

電気・水道・ガス・空調などは中央監視盤で、エスカレーター・エレベーターや各種防犯・防災機器は防災盤で集中管理しているセンターのこと。ショッピングセンターなどでは、入居テナントや来店者が安心して快適に利用できるように、防災センターによる24時間監視体制がとられている。　[藤山]

放送局の外資規制

地上放送は公共の電波を使い、社会への影響力があるため、放送局への外国企業の出資は20％未満に制限されている。外国企業の日本法人による間接支配への懸念が強

まったため，2006（平成18）年4月1日施行の改正電波法・放送法には，間接出資であっても外資の関与度は20％未満とする規制が盛り込まれている。　　　　［外川］

法定耐用年数

企業の設備などの物理的，経済的な使用可能期間として法人税関連法令で定められた年数。減価償却（経年変化にともなう資産価値の目減り分を経費として計上する）の基準になる。設備などの平均使用可能期間をもとに決められるが，日本では法定耐用年数に達した時点で設備などの資産価値が投資額の1割になったとみなす。他国に比して日本の耐用年数は長く，とくに技術革新により実際の使用期間が短くなると，各年度の費用計上が価値の目減りに追いつかず，企業等の税負担が重くなるという問題がある。なお主な資産の耐用年数は，鉄筋コンクリートの店舗で39年，事務所で50年，エレベーターが17年，普通自動車が6年，パソコンが4年，商標権が10年である。⇨　減価償却　　　　　　　　［外川］

ポジショニング

positioning
ターゲットとする顧客やマーケットにおいて，独自の位置（ポジション）を占めるために，自社の製品やサービス，ブランドや事業のイメージを構築すること。ライバルが容易に模倣できないようなポジションを確保するという差別化戦略。⇨　ターゲットマーケティング　　　　　　［飯村］

ポジティブリスト制度

positive lists
農産物から加工食品まですべての食品が対象として，農薬（動物用医薬品，飼料添加物を含む）の残留成分が一定以上含まれる食品の出荷・流通を原則禁止する制度。2002年に中国産の冷凍ホウレンソウから，基準値を大幅に超える残留農薬や規制対象外の農薬が相次いで検出されたことを直接のきっかけとして，食の安心・安全志向の高まりを背景として2006年に施行。残留してはならない農薬をリストで示し，食品ごとに設けた残留基準値を超えると，流通を原則禁止にしていた従前の制度（ネガティブリスト）では，指定外の農薬が含まれていた場合は規制の対象外になっていた。しかしポジティブリスト制度では食品ごとに使用農薬が指定されている。規制対象農薬は現在世界で使われているものをほぼ網羅する799品目。安全性確保のための生産・流通履歴の把握の重要性から，大手のスーパーや外食産業，食品メーカーを中心にICタグやQRコードなどを活用したトレーサビリティシステムの導入やチェック体制の整備が進んできた。また生協や産直型通販業者のなかには，以前から法規制よりも厳しい自主基準を設け，生産指導や情報開示に努めてきたが，中小の生産・加工業者のなかには，情報把握や検査体制の不備が目立ち，対応が苦慮される。　　［外川］

保証金

入居保証金。保証金は，原則としてショッピングセンターを開設（改装）するのに要した資金の一部として，テナントがディベロッパーに貸し付ける建設（改装）協力金であり，両者が締結した金銭消費貸借契約に基づくものである。なお㈳日本ショッピングセンター協会では，「ショッピングセンターにおける保証金契約の作成・締結に関するガイドライン」を作成し，保証金は基本的には，将来敷金に一本化することが望ましいとしている。また現段階においては保証金の必要性が否定できないことを踏まえ，保証金額の低額化，返還期間の短期化に努めることや，保証金返済の紛争防止

のため，あらかじめ返済について定めておくことを明記している。∽ 金銭消費貸借契約 [協会]

ポストモダン

post-modern
機能性や効率性，合理性に価値をおく近代主義（モダニズム）への反動として生まれた文学や建築，哲学・思想，文化上の運動やそのような考え方。建築においては，ストイックなまでに装飾性を排し，四角い箱をめざすようなモダニズムへの反動として現れた，装飾性，多様性，折衷性などを特徴とする様式のこと。 [外川]

ホスピタリティ

hospitality
もてなし，親切な応対，歓待，厚遇などのこと。顧客に提供されるサービスに心がこもっているさま。または人々が交流する場において必要とされる心遣い全般を意味する。ホスピタリティ産業は，旅行業やレジャー産業，フードサービスやホテルなど，対人的サービス密度が高い産業のことをさす。 [外川]

ポータルサイト

portal site
インターネットに接続して最初に閲覧するWebサイト，または最初に閲覧してもらうことを目的につくられた入口的なWebサイトをさす。検索エンジンサイトやISP（インターネットサービスプロバイダー）が運営するサイト，Webブラウザのメーカーが運営するサイトなど，さまざまなサイトがポータルサイト化をめざして競争している。 [外川]

ボーダーレス社会

borderless society
国境をはじめ，業種，業態，時間，組織，人材，仕事，性別など，さまざまな意味で「境界」が薄れて存在しなくなった社会，またそのような状態であること。 [外川]

ポッドキャスティング

podcasting
インターネット上で音声番組を配信する技術。アップルコンピュータの携帯音楽プレイヤーiPod（アイポッド）とブロードキャスティング（放送）とを組み合わせた造語で，パソコンに接続して携帯プレイヤーなどに番組を取り込め，時間と場所を選ばずに楽しむことができる。 [外川]

ホテイチ

ホテル内の有力レストランや著名なシェフのつくったデリカテッセン（惣菜）やパンやケーキや紅茶，コーヒーなどを販売している売場。ホテルの1階で展開されることが多いことからデパ地下（百貨店の地下の食品売場）をもじって名づけられた。有名シェフのこだわりの味を，手ごろな価格で，テイクアウトし，自宅で楽しめることから人気を集めている。∽ デパ地下 [及川]

ポートフォリオ

portfolio
細かく区分けされた書類鞄のことだが，一般的には金融や投資関連の概念として，金融機関や機関投資家などが所有する各種の金融資産の一覧表や，安全性・収益性を考慮した有利な分散投資の組合せのことを意味する。最近では生産や流通などの分野でも使われるようになっており，たとえばプロダクト・ポートフォリオ・マネジメント

(PPM)とは，多種類の製品を生産・販売したり，複数の事業を展開している企業が，経営資源の配分が最も効率的・効果的になるような製品や事業相互の組合せを決定するための経営管理手法を意味する。［外川］

ほふり

保管振替制度の実務を担う専門機関である「証券保管振替機構及び保管振替制度」の略称。「社債，株式等の振替に関する法律（通称「社債株式等振替法」）」の規定により，法務相および金融庁長官から，保管振替業を営む者として指定を受けた株式会社。保管振替制度は，株の売買にともなう受け渡しや名義書換えなどの手続きを簡素化する株券電子化のしくみで，「ほふり」が株主から株券を預かり，売買のたびに，その機構内で名義を振り替えることで受け渡しを簡素化する。名義を書き換えないでも株主としての権利をすべて行使することが可能である。証券会社で口座を開いて株の売買を始める際には，原則としては「ほふり」の申し込みをする。 株券電子化
［外川］

ホームセンター

homecenter
日曜大工用品，建材，自動車用品，園芸用品，家具・家電製品，ペットおよび関連品など住関連商品を販売する総合品揃えの大型店。欧米ではハードグッズや工具などが主体のホーム・インプルーブメント・ストアと，リネン類や寝具，台所用品などを品揃えしたホーム・ファニシング・ストア，工務店などの業務用需要に対応したプロディーラーに区分される。日本では1970年代前半に登場，モータリゼーションに対応して，郊外のロードサイドに多く展開されてきた。家庭生活用品全般を販売する低価格業態であり，ディスカウントストアや家電量販店などと競合している。店舗規模も多様化している。またショッピングセンター型式の店や食品も含めた総合品揃え業態であるスーパーセンターのような超大型店も増えている。 DIY ［外川］

ホームファッション

カーテン，敷物その他の室内用繊維製品，各種の室内装飾品，寝具類，照明器具，家具，その他家庭用品まで含めた住関連（室内）商品全般のこと，インテリア関連製品。またはそれらを扱う店舗や売場のことをいう。 ［外川］

ボランタリーチェーン

voluntary chain
独立した複数の小売業が，商品の共同仕入れや保管・配送，プロモーションなど，チェーンストアとしてのスケールメリットを得るために結成する共同組織。各小売業が経営の独自性を保ちつつ，チェーンストアのメリットも享受するために連携する経営形態で，「自発的連鎖店」または「任意連鎖店」などと呼ばれる。小売業者が主宰するもの，卸売業者が主宰するもの，製造業者が主宰するものがあるが，一般的には小売業者主宰のものと卸売業者主宰のものが多い。加盟店が自発的な意志に基づいて組織を結成もしくは加盟したものであり，とくに小売業者主宰のチェーンの場合は横のつながりが強いものが多い。 チェーンストア，フランチャイズチェーン ［及川］

保留床

再開発ビルにおいて，権利者が権利変換によって取得する床が「権利床」であり，それ以外につくられた床を「保留床」という。保留床を第三者に売却することにより，ビルの建設費や事業費をある程度賄うことが

できる。　　　　　　　　　　　[鈴木]

ホールガーメント

whole-garment technology
島精機製作所が開発した無縫製ニット技術で、セーターなどのニット衣類を一着まるごと機械上で立体的に編み上げてしまうもの。身頃や袖などの平らなパーツを編んだあと、細かな縫製作業で縫い合わせる従来技術と比べ、継ぎ目がなく自然なフィット感と着心地のよさ、美しいシルエットを実現できる。セーターのほか帽子、靴下、手袋やスカート、コート、パンツまであらゆるニット衣料が生産できるという汎用性の広さに加えて、裁断・縫製といった後工程をなくすことで、リードタイムの圧縮やコストの大幅削減にもつながり、各パーツの裁断によって発生するカットロス（切り取られたパーツの生地）もなくせる。コンピュータ技術との連動によって単品ごとの受注生産も可能となるもので、宇宙船内の日常服にも採用されている。　　　[外川]

ホールセールクラブ

wholesale club
ディスカウントストアの一種で、会員制の倉庫型店舗をいう。法人、個人から年会費を徴収し、会員限定で大幅割引販売をする。店舗規模は大きいが、取扱商品数は数千品目以下と絞り込まれており、低装備・低コストの店舗で、運営経費を抑えて薄利多売を追求する。ホールセールの名称が示すように、もともとは、地域消費税制度があるアメリカや、閉店法により小売店の営業時間が規制されていたドイツで、レストランやガソリンスタンド、ホテル、中小小売店、中小企業などの業務需要に対応した卸売業として発達した。　　　　　　　[及川]

ホールディングカンパニー

☞　持株会社

ホワイトカラーエグゼンプション

主に企画・立案などの業務に携わる一部の労働者を対象に、1日8時間といった改正労働基準法の労働時間規制の適用除外（エグゼンプション）とする制度。日本経団連などが要望し、2007年に国会提出の労働基準法改正案に盛り込むことが検討されたが、「過労死促進」「残業代をなくす目的」と労組や与野党から批判が相次ぎ、見送られた。当時、厚生労働省案は労働者保護のため、年104日の休日をもうけ、年収900万円以上の人に限るとしていた。　[外川]

マインドマップ

知識やアイディアを図式化する技法のひとつで、紙の中央にテーマを置き、そこから放射線状にキーワードを派生させていく。イギリスのT.ブザンによって提唱された。形状が人間の脳のネットワークに似ているため、理解や記憶がしやすいといわれる。代表的なソフトウェアに「Free Mind」がある。　　　　　　　　　　　　　　　[外川]

マクロビオティック

macrobiotic
フランス語。英語ではマクロバイオティックス。正食、穀物菜食の意味で、健康と長寿のための理論や技術のことだが、現在では、穀物や野菜中心の健康食・自然食や、菜食主義的な色彩の強い食事療法を意味する。万物には陰と陽の性質があるとの思想を取り入れ、玄米などの穀類と、野菜を中心とした食事で肉、卵、乳製品など動物性の食品や保存料・着色料など化学添加物、砂糖の摂取は避ける、なるべくその土地で取れた無農薬の食材を使用する、野菜は根や皮まで使い切る、などが特徴。⇒スローフード　　　　　　　　　　　　[外川]

マーケティング

marketing
商品やサービスが計画化されてから、生産され、最終的な使用者や消費者(エンドユーザー)の手に渡るまでに関係するすべての経済(産業、事業)的活動を意味する。すでに市場にあるものだけでなく、実際にはまだ存在しないものを製品やサービスに形づくって、それを必要としている(欲している)人や、企業などの組織に販売、あるいは提供するまでの一連の流れを意味する。現在では営利企業だけでなく、個人や非営利組織の活動もマーケティングに該当すると考えられている。　　　　　　[外川]

マスメディア集中排除原則

「放送をすることができる機会をできるだけ多くの者に対し確保することにより、放送による表現の自由ができるだけ多くの者によって享有されるようにする」ためのもの(放送法第2条)。放送メディアの寡占化を排し、表現の自由と言論の多様性を確保するために設けられているもので、同じ都道府県にある複数の地上波放送局(テレビ局・ラジオ局)について、同じ者が同時に10%以上の株式(正確には株主議決権)を保有してはならず、別の都道府県にある複数の放送局について、同時に20%以上の株式を保有してはならない、とされる。しかし大手新聞社やテレビキー局が名義貸しにより長年にわたってこの原則が制限する以上の株式を実質保有していた事実が明らかとされており、規制の形骸化が指摘されるのに加えて放送のデジタル化や衛星放送・ケーブルテレビの台頭による放送業界の構造変化にともない見直し論議が活発化している。　　　　　　　　　　　　[外川]

まちづくり3法

大店法の廃止（2000年）にともなって施行された、まちづくりに関する3つの法律のこと。ゾーニング（土地の利用規制）を促進するための「改正都市計画法」、生活環境への影響など社会的規制の側面から大規模小売店出店の新たな調整のしくみを定めた「大規模小売店舗立地法」（大店立地法）、空洞化する中心市街地の再活性化を支援する「中心市街地活性化法」のことをさす。地域の多様性と主体性を生かすことを目的に、地方自治体へ権限が委譲されていることが特徴。まちづくり3法の枠組みでは、まず、大規模小売店の新規出店の可否を改正都市計画法の特別用途地区設定等のゾーニング的手法によって判断する。立地が可能となれば、次に大規模小売店舗立地法（大店立地法）により生活環境面の保全の観点からチェックする。地域商業との調和について都市計画という手法で対応するのは国際的な流れに沿ったものであり、また、大店法では対応できなかった大規模小売店の立地と生活環境への影響について、チェックできるしくみとなり、また空洞化が進む中心市街地に対しては、中心市街地活性化法により、関係省庁が連携して集中的な施策が講じられることになっている。しかし実効性に課題が多く、人口減少時代の到来に向け、3法の整合性が問われるなかで、中心市街地の衰退を食い止めるために、2006（平成18）年に改正、床面積1万m²超の大型店の郊外出店が規制され、原則自由だった工場跡地などへの出店が制限されるようになるとともに、福祉施設など公的施設の郊外立地にも歯止めがかけられる方向にある。 ∽ 大規模小売店舗立地法、中心市街地活性化法、改正都市計画法 [外川]

まちづくり条例

地方自治体が、まちづくりの目的で定める法規で、現在全国の自治体の7割以上が、なんらかのかたちでのまちづくり条例を制定している。その中身は、自治体行政への市民の参加についての規定、景観規制、地区計画づくりの支援、開発に際しての周辺住民の関与についての規定、自治体独自の開発・建築規制など、さまざまだが、住民自身が地域の環境をよくするために自発的に活動することを行政として支援し、協働で地域創造に取り組もうという目的は共通している。 ∽ まちづくり3法 [外川]

マーチャンダイジング

merchandising ; MD

品揃え計画。メーカーの場合は製品化計画、卸・小売業の場合は商品化計画ともいわれる。商品（製品）やサービスを企画・開発し、マーケットに供給するまでの一連の流れについての計画と管理をさす。また小売業の販売戦略全体をさすこともある。この場合には、業態や店舗の企画開発から出店戦略、物流システムの設計、商品開発、品揃え、売場のゾーニングなどのすべてを計画し管理することを意味する。より狭義には、小売業における商品開発や各売場の品揃えや価格設定、商品の陳列方法や、広告宣伝、販売促進などの一貫した業務を意味する。 ∽ アソートメント [協会]

マーチャンダイジングディベロッパー

テナントに対してショッピングセンターのコンセプトを示し、営業指導を行い、ショッピングセンターのCIやコンセプトの具体化を進めていくための指導能力を有するディベロッパーをいう。不動産管理や施設管理のみを業務とし、マーチャンダイジング機能をもたず、テナントに対しても指導力を有していないディベロッパーは、マーチャンダイジングディベロッパーとは呼ばない。 ∽ ディベロッパー、SCディベ

ロッパー　　　　　　　　　　[協会]

マニフェスト

manifesto

もともとは荷物目録や管理表のことで、マニフェストシステムとは、産業廃棄物を排出する事業者がその処理を業者に委託する場合に、管理表（マニフェスト）に必要事項を記入し、産業廃棄物が適正なプロセスで処理されたかどうかを管理するためのしくみのことをいう。産業廃棄物の不法投棄を未然に防止するため、すべての産業廃棄物の処理についてマニフェストの使用が義務づけられている。ほかには、数値目標やスケジュール、具体的な予算などを組み込んだ政党の「政権公約」の意味でも使われる。
　　　　　　　　　　　　　　[外川]

ミクシィ

Mixi

2004年に開始された日本産のSNS（ソーシャル・ネットワーキング・サービス）。ユーザー会員には個人ページが用意され、プロフィールや日記、写真、お気に入りの本や音楽などを登録し、友人間でコメントしたり、テーマ別掲示板を開設して情報交換したり、友人の日記を読んでコメントしたり、テーマ別掲示板を読み書きして楽しむ。共通の趣味や関心事を語り合うコミュニティ機能など、交流を促す豊富なしくみが特徴。⌒　SNS　　　　　　　　[外川]

ミシュランガイド

michelin guide

フランスの大手タイヤメーカー、ミシュラン社が販促手段の一環として、フランスを中心にヨーロッパのレストランやホテルなど各種施設や観光地を、独自の調査を行いランキングして紹介するガイドブックを発行している。ミシュラン社はタイヤの積極的活用を促すためには世界を車で旅することが重要と考え、主要都市の魅力のひとつとして優れたレストランやホテルを紹介するガイドブックを作成した。ガイドブックの装丁が赤色をしていることからレッド・ミシュランと呼ばれている。そのなかで、食事や店の雰囲気やサービスなどを直接体験して、星印による格付けを毎年行っている。とくに、ミシュランの評価を得ることはレストラン業界の最高の栄誉として世界中に注目されることから、ミシュランガイドに乗ることをめざして、有力レストランが鎬を削っている。ランキングは、星印で、一つ星（その分野でとくに美味しい料理）、二つ星（遠回りしてでも訪れる価値がある素晴らしい料理）、三つ星（そのために旅行する価値がある卓越した料理）となっている。とくに三つ星はフランスのパリでも数店舗に限定されている。2007年より、ミシュラン社が日本版ミシュランガイドブックを出版し、日本の飲食店業界の大きな話題になった。　　　　　　　　　[及川]

ミステリーショッパー調査

覆面調査員（ミステリーショッパー）が一般客を装って来店し、接客サービスや品揃え、商品の品質、店舗設備などについての実態を調査すること。全店舗を共通の測定基準でチェック、得点化して、個別店舗の改善ポイントを数量的に把握し、顧客満足度の向上や、収益性の改善につなげる目的で実施される。　　　　　　　　　[外川]

道の駅

road side stations

一般道における休憩や食事の場所，地域の産品などが購入できる，比較的大規模な駐車場を併設した施設の総称。鉄道駅などと対比して道路の適切な位置に車の集積場所をつくり，「道の駅」とした。高速道路におけるパーキングエリアやサービスエリアに類似した性格の施設。国土交通省（当時，運輸省）の定義によれば，「道路利用者に快適な休憩と多様の質の高いサービスを提供する施設」とされており，24時間利用可能な無料駐車場やトイレの設置，休憩所や飲食サービス，加えて，道路情報や地域情報を提供する施設である。最近では地域の特産品や取れたて野菜を販売するなど，地域産業の活性化に寄与している。道の駅の設置主体は市町村あるいは外郭団体などの公的機関に限定されている。事業費は設置主体である市町村と国土交通省がそれぞれ分担して拠出し，国の道路整備特別財源が投入されている。道の駅は現在，900駅以上登録されている。　　　　　　　［及川］

ミッシー

missy

20代後半から30代前半にかけての，いわゆるヤングミセスをさす造語。主婦であり母である場合もあるが，従来のそうしたイメージにとらわれず，新しい流行や商品に敏感に反応し新鮮な生活空間を創造しようという意欲が旺盛な人をさす。主婦でありながら思わず「お嬢さん」と呼んでしまいたいムードを身につけているところから，miss（未婚女性）にyをつけてミッシーと造語された。　　　　　　　　　　［飯村］

ミニスーパー

小型のスーパーマーケットで，多くはコンビニエンスストアよりも若干大きめなもの（100㎡超）から300㎡程度までの規模。コンビニエンスストアよりも生鮮食品の比率が高く，価格は低いというのが特徴だが，生鮮コンビニとは必ずしも違いが明確でない。☞　生鮮コンビニ，コンビニエンスストア　　　　　　　　　　　　［外川］

ミニマムアクセス

minimum-access

輸入数量制限などを撤廃し，すべての貿易品目は関税さえ払えば自由に輸入できる「関税化」に移行することが焦点だったウルグアイ・ラウンドでは，輸入実績がほとんどない場合，関税化に加えて最低限の輸入機会を提供する「ミニマムアクセス（MA）」も導入するよう求められた。通常の輸入枠は国内消費量の3～5%で，日本は米（コメ）の関税化を6年間猶予される代わりにMA枠を4～8%に拡大することで決着した。年間約77万トンのミニマムアクセス米が米国，タイ，中国などから輸入され，年間20万～30万トンが味噌や米菓，焼酎などの原料になってる。加工原料向けは月に1度の入札で売り渡す。約10万トンが主食用に流通するほか，飼料や援助米にも充てる。基準値を超える残留農薬を発見した場合などに，「事故米」として工業用に使う条件で農林水産省が販売してきたが，2008年に農薬やカビ毒で汚染された米が，複雑な流通機構を悪用して加工食品の原料や病院・学校等の給食用に不正転売される「事故米問題」が発生した。　　　　　［外川］

身の丈再開発

地域の立地ポテンシャルに見合った再開発。これまでの市街地再開発事業は，高度成長時代の影響が大きく，全国どの都市でも多くの事業が高度利用・大規模な事業として行われてきたが，そのような事業計画は一

部の大都市で成立しても，地方都市では必ずしも成立せず，各地域に適した再開発の実施が必要になっている。低容積の再開発事業，外向き店舗を配置した再開発事業などがある。　　　　　　　　　　　　[飯村]

ミュージアムショップ

museum-goods shop

ミュージアム（博物館，美術館）のテーマやコレクションをモチーフにしたさまざまな商品やカタログなどのミュージアムグッズを販売する店。ショップの収益は，ミュージアムにとって貴重な収入源となるだけでなく，グッズの開発，販売を通じてミュージアムについてのさまざまな情報発信を行うことができる。最近では世界中に向けて，ネットショップ展開するものも増えている。　　　　　　　　　　　　[外川]

ミルクラン

milk run

買手側が自らトラックを仕立てて，複数の取引先を巡回して集荷する物流方式。牛乳メーカーが生乳を調達するために，牛舎を巡回し集荷することから名づけられた。売手側の工場や物流拠点で商品が引き渡され，買手側が物流コストを負担するため，商品原価と物流コストが分離されるので，物流コストを低減できれば，買手側の利益拡大につながる。同種の方式にバックホール方式（物流センターから小売店舗へ納品した車両をメーカーや卸売業に向かわせ，商品を集荷する方式。帰り車利用による引取り物流）があるが，欧米のスーパーではバックホール方式が仕入商品の15～20％を占めるケースもある。　　　　　　[外川]

ミールソリューション　☞　HMR

民活法

「民間事業者の能力の活用による特定施設の整備の促進に関する臨時措置法」。技術革新，情報化，国際化などの経済環境の変化に対応して，経済社会の基盤の充実に資する各種施設（特定施設）の整備を民間事業者の能力を活用して促進することを目的とするもので，1986（昭和61）年5月に10年間の時限立法により公布・施行。情報，国際経済，電気通信，流通，農林水産，商業等の15分野計29施設の対象施設（特定施設）が規定された。1995（平成7）年に10年間（2006年5月まで）の期限延長がされ，対象施設（特定施設）が17分野33施設に拡大，その他いくつかの点で改正された。　　　　　　　　　　　　[外川]

民事再生法

企業倒産手続きのための法律。経営困難に陥った企業の早期再建を目的として制定された。2000（平成12）年施行。経営者が再建業務を行う和議や会社更生法などの従来の再建手続きでは時間がかかるために，その間に資産価値が劣化したり，取引先や従業員が離散するなどの問題があったので，これらを改善するために制定された。経営破綻前に適用申請が可能であり，速やかに再生手続きに着手される。☞　会社更生法，破産法　　　　　　　　　　　　[外川]

無店舗販売

non-store retailing

店舗を設けずに，カタログ，テレビ，セールスマン，インターネット他，なんらかの

メディアを通じて商品を販売する小売業。訪問販売，通信販売，展示即売会，パーティ販売，テレビショッピング，電話販売，ダイレクトメール販売，インターネットショッピングなどがある。とくに近年は双方向機能をもったインターネットショッピングが急成長している。⌒　Ｅコマース

[及川]

命名権

naming rights

スタジアムやアリーナ，建物などの大量集客施設に，スポンサー企業名やブランド名をつける権利のことをさす。施設命名権。1980年代のアメリカで，MBL（プロ野球大リーグ）やNBA（全米プロバスケットボール協会）など人気スポーツ関連の施設で広まった。プロスポーツ施設のネーミングライツを獲得した企業は，施設内外での企業名やブランド名の告知効果だけでなく，テレビや新聞などのマスメディアに試合会場としての企業名やブランド名が映し出されるため，広告効果が非常に高くブランディングの新たな手法として注目されている。一方，命名された施設側は，命名権料（契約料）を施設の維持費や改善費用に充当できる。スポーツ施設だけでなく，商業施設やオフィスビルなどでもネーミングライツを導入する動きもある。これらの場合には，建物の外観のライティングや看板・大型広告の設置，施設を利用したイベントの実施などの施設利用優先権と命名権とがセットになることが多い。⌒　ネーミングライツ

[外川]

メザニン債

ハイリスク・ハイリターンとローリスク・ローリターンの中間的なミドルリスク・ミドルリターンの投資形態や，優先債と劣後債の中間の性格をもつ債券のことをさす。メザニン（mezzanine）は中2階の意味。不動産など資産の証券化スキームでは，資産をデットとエクィティに分離する。このデット部分を資金返済の優先度に応じて3分類し，信用力の高い順にシニア債＞メザニン債＞劣後債とする。中間の性格とはシニア債と劣後債の中間であることをいう。また利回りからみると劣後債が一番高く，信用力の逆の順になる。

[藤山]

メセナ

mésénat

企業の文化芸術活動，あるいは文化芸術支援活動のこと。各種のイベントを開催したり，財団を設立して文化や芸術への助成を行うなどが具体的な活動。ローマ帝国時代，文化や芸術を擁護，支援した大臣の名前が語源。欧米企業では早くからメセナ活動が活発に行われていたが，日本では1988年の日仏文化サミットを機に広がり，1990年には企業メセナ協議会が設立された。⌒　フィランソロピー

[外川]

目玉商品

leader item

おとり商品あるいはロスリーダー（loss leader）ともいい，極端な低価格によって顧客の来店を促し，他の商品の販売を促進させることを目的とした商品のこと。主としてどの家庭でも必要とされている日常必需品が目玉商品に使われるが，逆に，信用のあるブランド品などが使われることもある。

[飯村]

メラミン

melamine

食器やボタンなどに使われる樹脂の主原料となる有機化合物で，他の化学物質と反応すると結晶化し，腎臓障害を起こすおそれがある。樹脂性食器などでは規制があるが，食品への添加は想定されていないため基準がない。2007年に北米でペットフードを食べた犬や猫が大量死し，原料の中国産小麦グルテンにメラミンが混入していたことが明らかになった。また2008年には中国でメラミンが混入した粉ミルクを飲んだ乳幼児が死亡したり，腎臓結石などの重症患者が多発した。　　　　　　　　　　[外川]

メールマガジン

電子メールを利用して発行される雑誌。発信者が定期的にメールで情報を流し，読みたい人が発行元に自分のメールアドレスを登録し購読するメールの配信の一形態。発行者は企業や個人などさまざまで，無料のものには数行の広告が入っていることが多い。内容は企業による製品情報やニュース，特定の分野についての情報，日記など多様。メルマガと略される。和製英語。　[外川]

メンター

mentor

企業や組織における助言者のこと。1980年代の米国で，企業内人材育成策として始められた。役員や管理職が有望な若手を指導することだが，上司・部下の関係ではなくて，対等で相互にクリエイティブな関係であることが重要といわれる。もともとはギリシャ神話の英雄オデッセイがトロイ戦争に出陣する際に，息子のテレマコスを託した家庭教師メントールに由来する。
  コーチング，ファシリテーション
　　　　　　　　　　　　　　　[外川]

モータリゼーション

motorization

自動車の利用が一般化していく過程，または自動車が普及し交通手段が自動車中心になったことにより，商業立地の移動や購買行動の変化など生活や産業のあり方が変化すること。便利さと引き換えに交通渋滞や排出ガスによる大気汚染，騒音や振動公害，地球温暖化などの問題も発生している。
　　　　　　　　　　　　　　　[外川]

モーダルシフト

modal shift

輸送方式の転換。トラックや航空貨物から鉄道や海運に切り替えるなど，旅客や貨物輸送をより環境負荷が小さな大量輸送手段に転換すること。またそれによって道路の渋滞緩和や排気ガス削減をめざしたり輸送効率アップをめざすこと。　　　[外川]

持株会社

holding company

ホールディングカンパニー。いくつかの企業を支配するために，それらの企業の株式を保有する会社。株式を保有するだけの「純粋持株会社」と，持株会社自身でも事業を行う「事業持株会社」とがある。事業持株会社の場合には「親会社」と呼ばれることが多く，一般に持株会社という場合には後者（純粋持株会社）を意味する。日本では「純粋持株会社」は，第2次世界大戦後の財閥解体後，独占禁止法により禁止されてきた。一方，純粋持株会社が認められている欧米では，大規模なM&Aなどに

よる経営の合理化がはかられ，国際的な競争力をもつ大企業が増加した。こうした国際情勢を背景に，日本でも1997（平成9）年の独占禁止法改正によって，純粋持株会社が解禁された。持株会社のもとで同種の事業を行う会社を束ねる中間持株会社と呼ばれる形態もある。　　　　　　　[外川]

持分法適用会社

連結決算上，持分法が適用される会社。親会社の出資比率が20〜50％の関連会社で，財務諸表の合算処理が行われる「子会社」と区分するために用いられる。持分法適用会社の業績は，最終損益のみを出資比率に応じて，持分法投資損益として親会社連結決算の営業外損益に計上する。出資比率が20％未満の会社であっても，親会社が重要な債務保証をしているなどの条件を満たす場合は持分法適用会社とみなす一方で，重要性の乏しいものについては，持分法適用会社としないことも認められている。
⤴ 子会社　　　　　　　　　　　[外川]

モチベーションリサーチ

motivation research
商品の購買，銘柄や店の選択等，消費者の購買行動の動機づけを探ることを目的とした調査。行動を起こし，方向づけ，持続させる機能をもったものを動機と呼ぶが，動機には主に達成動機と購買動機がある。達成動機は，障害を克服し，困難な事柄を迅速，かつ立派にやりとげるために努力しようとする動機。購買動機は，商品やサービスの購入動機である。何が動機となり，購買決定されたかの調査がモチベーションリサーチと呼ばれる。　　　　　　　[飯村]

専ら派遣

特定の企業だけに働き手を派遣するもので，正社員で雇うべき人を不安定な非正規雇用に置き換えるのを促し，働き手の待遇切り下げにつながるおそれがあり，本来違法で事業許可は下りない。しかし，同一グループ内への派遣が結果的に100％でも，外部への営業をしていたり，外部からの派遣を拒まなかったりした場合は違法でないとされ，実際には多くの企業に広がっている。2008（平成20）年11月の労働者派遣法の改正案には，大企業系の派遣会社に対してグループ内への派遣割合を8割以下に抑える新たな規制が盛り込まれたが，不況下での派遣切りが相次ぐなかでの先行きは不透明である。⤴ 非正規雇用，人材派遣
　　　　　　　　　　　　　　　[外川]

最寄品

convenience goods
スーパーやコンビニエンスストア，近所の中小小売店などの「最寄りの店舗」で購入する傾向の強い商品のこと。買回り品の対義語。日常の食品や日用雑貨などが代表例で，低価格志向が強い。⤴ 買回り品，コモディティグッズ　　　　　　　[外川]

モール

mall
元は木陰道や遊歩道のことであるが，近年は歩行者専用にデザインされた繁華街の遊歩道や，ショッピングセンターの中央通路や計画的に配置された遊歩道をさす。ベンチや花壇，彫刻，美しい照明などが整備され，散歩や買物が楽しめるよう配慮されているものが多い。またショッピングセンターそのものをさす場合もある。　　[飯村]

モール型SC

通路の両側に店舗を連ねて，人工的に路面商店街の雰囲気を出したショッピングセン

ター。当初は，屋根のないオープン構造で登場したが，現在では屋根付きのエンクローズドモールが主流である。　　　[**協会**]

薬事法 ☞ 改正薬事法

薬価

医療保険の対象となる薬の一つ一つに国が定めている公定価格で，医療機関や保険薬局が薬剤費として医療保険から受け取る際の基礎となる。製薬会社の申請を受けて専門家が品目ごとに算定し，中央社会保険医療協議会が承認する。類似薬や新規性の有無，外国価格との調整など医薬品の特性に応じた算定ルールがある。医療機関は卸業者と価格交渉し，薬価に比べて安く薬を仕入れるので，薬価との差額が医療機関に入る。このため2年に1度の診療報酬改定では市場価格調査に基づいて薬価全体の水準を見直し，薬価差の縮小をはかる。［外川］

ヤフー

Yahoo!
検索エンジンをはじめとしたポータルサイトの運営を主力事業とするインターネット関連サービス企業。1994年，スタンフォード大学のデビッド・ファイロとジェリー・ヤンによってWebディレクトリとして創業された。Web上のコンテンツを調査し，キーワードで分類してデータベースとして蓄積し，必要なコンテンツを探すユーザーに対して検索フォームを提供するという検索エンジンは，ヤフーをはじめとする数社によって確立され，世界中に普及した。☞ 検索エンジン ［外川］

有機 EL

電圧をかけると光を放つ有機化合物でできた電子材料で，液晶と違い画面背後の光源（バックライト）が不要となる分，テレビや携帯電話を薄くできる。また画質が鮮明で，動きの早い映像の再生に向いているとされる。現状の技術では液晶やプラズマに比べて大型化しにくく，先行メーカーが大型パネル実現に向けた技術開発を進めている。 ［外川］

有機食品

organic foods
化学肥料や農薬に頼らずに堆肥や生物などを利用して健康で安全な農産物を栽培すること，またそのように栽培された農産物のこと。1999（平成11）年のJAS法（農林物資の規格化及び品質表示の適正化に関する法律）の改正によって厳密に定義され，登録認定機関による認証を経ないと，「有機」「オーガニック」などと表示できなくなった。「有機JASマーク」を貼るためには，有機JAS規格で定められた基準を満たし，オーガニック検査員による検査を受け，第三者機関である認定機関から有機認定を取得しなければならない。認定を希望する生産行程管理者，製造業者，小分け業者，輸入業者は，認定機関へ申請をし，書類審査，

実地検査，判定を受ける。JAS の登録認定機関は，申請者が認定の技術的基準に基づいた生産活動を行っているか，つくり方は JAS 規格（日本農林規格）に準じているかを判定する。また畜産物，水産物，酒類，および繊維（オーガニック・コットン）などは，JAS の有機認証制度の対象外とされる。また加工食品とは非有機のものとの混入や薬品の汚染をさせない食品をさし，有機農産物を原料とするだけでなく，原料である有機の特殊性を維持したまま製造工程においても食品添加物等を必要最低限のものにすることを求められる。　　[外川]

有限責任事業組合　☞　LLP

有利子負債依存度

総資産に占める有利子負債の比率。財務の健全性や安全性を示す経営指標のひとつで，この数字が低いほど財務体質の安全性が高い。逆に有利子負債依存度が高い企業は，金利上昇局面で利払い負担が増えて利益の圧迫要因となるため，財務の健全性は低い。有利子負債は返済までの期限が 1 年以内の短期借入金や，1 年超の長期借入金，普通社債などを合算して求める。依存度を下げるには，利益を増やして自己資本を厚くするか純現金収支や手元資金から有利子負債を返済する必要がある。☞　フリーキャッシュフロー　　[外川]

有料老人ホーム

常時 10 人以上の老人を入所させ，食事の提供その他日常生活に必要な便宜を供与することを目的とする施設であって，老人福祉施設（特別養護老人ホームや介護老人保健施設など）でないもの。2006 年時点で 2200 カ所弱，定員数は計 14 万人弱。①介護型有料老人ホーム，②健常型有料老人ホーム，③住宅型有料老人ホームの別があるが，大半が介護サービス付き。また介護費用を除く費用体系は，①終身利用権（入居一時金）＋月額費用，②月額費用のみの 2 種類がある。民間企業に開放されていない特別養護老人ホームは社会福祉法人などが運営する。　　[外川]

ユーチューブ

YouTube

2005 年にシリコンバレーのベンチャー企業が開設した動画共有サイト。ユーザーが録画や撮影した動画をアップロードし，それを Web 上に載せ，誰でも無料で見られるだけでなく，コメントしたり，自分のブログに転載することができることから急速に普及した。2006 年にグーグルが子会社化，その後，国別サービスも開始された。しかし，テレビ番組や DVD，映画その他，著作権侵害にあたるコンテンツも少なくない。テレビ局や音楽関係企業などでは掲載動画自体は短時間に限られるので，プロモーションと割り切って積極的に参入するところも出ている。また動画に絡んだ広告を付けて収益を生み出すことも検討されている。
☞　動画共有サイト　　[外川]

ユニバーサルデザイン

universal design

障害者や高齢者，健常者の別なく，誰もが利用しやすい製品や建物，空間をデザインしようとするもの。障害や国籍，性別，年齢などそれぞれの特性や違いを超えて，使う人たちの立場に立ち，すべての人が暮らしやすく，利用しやすいように，環境整備やまちづくり，建物づくり，ものづくり等のデザインを行おうという考え方。
☞　バリアフリー　　[藤山]

ユビキタス

ubiquitous computing
生活や社会のいたる所にコンピュータが存在し，コンピュータ同士が自律的に連携して動作することにより，人間の生活をバックアップするような情報環境のこと。語源はラテン語の ubique（いたるところに存在する）。1989 年に米国のゼロックス社の研究所が提唱した概念で，携帯電話などを中心とした小型情報端末の進化に代表されるコンピュータの小型化や，インターネットの爆発的な普及などの通信技術の発展と浸透にともなって，日本でも注目が集まりつつある。ユビキタス社会においては，コンピュータはその存在を人々に意識させることなく，必要に応じてネットワークに蓄積された個人情報などを参照しながら，自動的に他のコンピュータと連携して処理を行う。　　　　　　　　　　　　　　［外川］

容器包装リサイクル法

「容器包装に係る分別収集及び再商品化の促進等に関する法律」。消費者，自治体，事業者がそれぞれ責任分担し，容器包装廃棄物を減量化することを目的としている。対象となる容器包装は，ガラス製容器およびペットボトルのほか，プラスチックと紙製の容器包装で，対象となる事業者は，販売する商品について容器包装を使用する事業者，容器包装を製造する事業者，販売する商品について容器包装を使用する事業者である。ただし，小規模事業者（商業・サービス業では，売上高 7000 万円以下で従業員が 5 名以下）は，リサイクル義務が課されない。なお，レジ袋等の削減努力を盛り込んだ法改正が 2007（平成 19）年 4 月に施行された。　　　　　　　　　　　　［外川］

容積率

建築物の規模（広さ）に対する規制を示す数値のひとつで，敷地面積に対する建物の延べ床面積（各階の床面積の合計）の割合。用途地域と都市計画の指定により上限が定められている。⤴　建ぺい率，用途地域
　　　　　　　　　　　　　　　　　　［外川］

用途地域

それぞれの地域にふさわしい発展を促すために，都市計画法に基づいて土地の用途を定めたもの。地域区分には大別して，「住居系」「商業系」「工業系」の 3 つがあり，それぞれの中がさらに細かく分けられている。各区分によって，建てられるものと建てられないもの，またそれらの規模の制限が規定されている。⤴　建ぺい率，容積率　　　　　　　　　　　　　　　　　［外川］

予約契約

本契約の前に，当該物件の賃借人として決定した際に締結する契約。その際，予約契約保証金（賃料の 6 カ月分相当額）を徴収する場合があるが，その保証金は，本契約（賃貸借契約）を締結する際の敷金に充当することが多い。予約契約締結後，出店辞退した場合には，違約金として月額賃貸料の 6 カ月分相当額を徴収することがある。
　　　　　　　　　　　　　　　　　　［協会］

4P

マーケティングを考える際の 4 つの基本的な要件（マーケティングミックス）を示すもので，製品（product），価格（price），流通チャネル（place），プロモーション

(promotion) の頭文字をとったもの。ジェローム・マッカーシーが1961年に提唱した。マーケティングに際してはこれらのツールを効果的に組み合わせる。またブランディングを考慮した場合，単に数字的な効果の最大化をねらったマーケティングミックスを考えるだけでなく，ブランドの一貫性を損なわないかたちで組合わせを考える必要がある。　　　　　　　　　　　　[外川]

ライセンスビジネス

licensing business
商品化許諾業。商標，キャラクター，デザイン，美術の著作物等，商品化権の対象となるものを，さまざまな業種のメーカーに対して，商品分野別にライセンスする（商品化許諾を与える）ビジネスのこと。ファッションブランドの商品やキャラクター商品は，その多くが商標権等の商品化権をライセンスすることで製造されている。

[外川]

ライトノベル

若者向けの，軽い内容の娯楽小説。会話部分が多く，文章は短い。大きな活字，広い行間，アニメのような挿絵付きなどで，気軽に読めるのが特徴である。角川書店，講談社，集英社などが文庫を中心に展開しており，2007年5月には小学館が「ライトノベル大賞」を創設し，男子向けの「ガガガ文庫」と女子向けの「ルルル文庫」を創刊して参入した。現在では30以上の文庫シリーズがあるといわれ，学園ものからファンタジー，ミステリー，恋愛，SFとジャンルは幅広い。ライトノベルの作者のなかから一般向け小説を手がける作家も現れている。

[外川]

ライフスタイル

lifestyle
個人や集団の生き方。マーケティングや消費社会論では単なる生活様式や暮らし方という意味を超えて，その人の個性や主張，アイデンティティを示す際に用いられる。

[外川]

ライフスタイルストア

lifestyle store
特定の感性や嗜好，価値観に基づいたライフスタイルを切り口として，各種の生活雑貨や衣料品などを集めた専門店。デザインや雰囲気に統一感がある商品を，分野を超えて横断的に品揃えしている。特定の年齢や所得，限られた趣味嗜好の消費者に限るのではなく，多くの人に受け入れられる幅広さと奥行きの深さがあり，ベーシックな部分での統一がはかられている一方で，組合せや使いこなし方により，自分なりのライフスタイルをつくり上げる余地が残されている点が特徴。専門店だけでなく，アパレルメーカーの直営店や百貨店でも，特定の生活スタイルを意識しつつ，さまざまなブランドの衣料品や生活雑貨などを品揃えするライフスタイルストアの開発が進められている。 ライフスタイルセンター

[及川]

ライフスタイルセンター

lifestyle center
米国で今最も注目されているショッピングセンター形態であるが，はっきりした定義は決まっていない。特徴としては①オープンモールで路面商店街のイメージを強調，②核店舗は百貨店などではなく，書籍や家庭用品，スポーツ用品などの大型専門店，

③高品質で生活提案力のある専門店が集合，④同規模ショッピングセンターと比較して飲食店比率が高い，⑤規模は NSC, CSC レベルの面積，⑥環境に配慮した施設，⑦快適性を重視し，地域生活者のコミュニティの中心的役割を果たす，などである。現在，米国では RSC が過剰気味な一方，ライフスタイルセンター（LSC）開発が盛んになっている。⇨ ライフスタイルストア　　　　　　　　　　　　　　　［協会］

ラグジュアリーブランド

luxury brand
超高級ブランド。豪華，高品質，高感度，高付加価値で厳密に管理されたブランド。世界中の富裕層を顧客とし，好不況に関係なく安定的な業績を維持している。LVMH（モエ・ヘネシー・ルイ・ヴィトン）は 50 以上の超高級ブランドを擁し，年間売上高 20 億ユーロ超の世界最大のラグジュアリーブランド・ビジネス。ほかにグッチ・グループやリシュモン，シャネル，エルメスなどがある。⇨ ブランドショップ，アクセシブル・ラグジュアリーブランド　　　　　　　　　　　　　　　　　［外川］

ラックジョバー

rack jobber
小売店の売場のある部分（特定の棚やコーナーなど）の品揃えから在庫補充，販売促進までの一切の活動を，小売店から任された専門的卸売業。サービスマーチャンダイザー（service merchandiser）。小売店側に商品知識や経験が乏しく，自社では十分な品揃えや販売管理ができない場合に，ラックジョバーを活用することで，幅広い品揃えが実現できる。米国のスーパーマーケットでは，グリーティングカードや日用雑貨などの非食品や，キャンディ，チョコレートなどの菓子類に関して，ラックジョバーに売場を任せる例が多い。　　［外川］

ラッピング広告

バス，鉄道車両，航空機，建物等に，あらかじめ広告を印刷したフィルム（ラッピングフィルム）を貼り付けたり，商品広告を塗装する広告手法。ラッピング車両とは，車体全体にラッピング広告を施されたバス，タクシーや鉄道車両などのことをいう。公共交通機関はとくに都市部では大きな広告効果が期待できる。屋外広告物条例の規制を受けるが，2002 年に東京都条例が緩和され，バスや鉄道車両へのラッピング広告が可能になって以来，日本全国に波及した。　　　　　　　　　　　　　　　　　［外川］

ラップ口座

wrap account
顧客が期待する利回りや許容できるリスクなどを伝えたうえで，金融機関が日々の運用に当たる資産運用。証券の権利は投資家にありながら金融機関の名義で売買し，契約期間は 1 年が多い。「投資一任契約」を結ぶため，売買のタイミングや銘柄の選択を自分で考える必要がないほか，金融機関が自分に合うよう資産配分してくれるという利点がある。1998 年に商品化。2004（平成 16）年に証券取引法が改正され，証券会社や信託銀行に解禁されてから注目されるようになった。運用対象は株や債券，投信，REIT（不動産投資信託）など多岐にわたる。個別株などで運用する SMA（セパレートリー・マネージド・アカウント）と，投資対象を投信に絞ったファンドラップに大別される。ファンドラップは 1 万円から購入可能な投資信託で運用するため，最低預入金額が低い。　　　　　　　　　　［外川］

ラファラン法

loi Raffarin

フランスの大型店規制の法律。1996年ロワイエ法改正後に，こう呼ばれるようになった。改正理由としては，ハイパーマーケットの出店が増加したこと，大型店の出店が新たな雇用を生み出しているのか不明であること，地方都市中心部および農村部の小売店の衰退が進行したことなどがあげられている。改正内容としては，新設許可申請対象となる最低店舗面積が人口4万人以下の都市で1000㎡，4万人超の都市で1500㎡から一律300㎡へ引き下げられ，また許可申請対象施設にホテル・映画館等が追加された。売場面積が1000㎡を超える計画には，申請の際に区域内の商業や雇用への影響等を分析した書類の添付が必要とされ，6000㎡を超えるものは，公聴会の開催とあわせて，全国ベースの商業施設委員会（CNEC）での公共調査が義務づけられている。CNECは，中心市街地と周辺地域との都市圏の均衡，過疎地や山岳地帯における経済産業活動の維持，商業競争の確保，環境保護などの観点から許可審査する。
⇒ ロワイエ法，大規模小売店舗法，閉店法　　　　　　　　　　　　　　[外川]

ランチェスターの法則

Lanchester's theory

英国の自動車・航空工学技術者であるF.W.ランチェスターが1914年に提唱した「戦場で2つの戦闘単位が戦うとき，それぞれの戦力と消耗量が時間の推移にしたがってどのように変化するかを表した数理モデル」で，その後，第2次世界大戦でコロンビア大学のB.O.クープマンにより兵力の補填，兵器開発，兵站を考慮したランチェスターモデル式理論として発展させた。さらにそれが販売やマーケティングに関する経営戦略理論である「ランチェスター戦略」を生み出す理論的背景となった。日本でも1955年に翻訳出版（「オペレーションズ・リサーチの方法」）され，経営，マーケティングなどで応用されるようになった。第一法則（古代の「一騎打ちの法則」）と第二法則（近代の「集中効果の法則」）があり，前者から差別化やニッチ市場狙い，ターゲットの絞込みや顧客密着などの，いわゆる弱者の戦略が，後者からはマスメディアや大量販売チャネルの活用，大量投入，トレンドへの追随などのいわゆる強者の戦略が導き出される。　　　　　　　　　　[飯村]

ランドスケープ

landscape

風景や景観，造園，緑地，風景画などの意味で，まちづくりや都市計画においては，人工環境と自然環境の調和をめざした外部空間の総合的な構成を表す。　　　[飯村]

リアルクローズ

real clothes

直訳すると「現実性のある服」「本当の服」。ファッションデザイナーがコレクションで発表するようなデザイン性は高いが，非実用的な衣服ではなく，日常生活で着られるような衣服のこと。1995年頃からパリコレのデザイナーたちが現実性のあるファッションを提案したことから，デザインはされているが日常でも着られる服を発表するようになった。　　　　　　　　　　[鈴木]

リアル・マネー・トレード

real money trade
オンラインゲーム内で使う仮想通貨や武器，衣装などのアイテムを米ドルその他，実際の現金で売買すること。ゲーム内で使うものが欲しい場合，インターネットのリアル・マネー・トレードのサイトでは業者が売手と買手の連絡仲介などをする。ユーザーはゲーム内で得たアイテムを売りたい人をサイト上で探す。取引が成立すると指定された口座にクレジットカードなどで送金すると欲しいものを入手できる。⇒ セカンドライフ　　　　　　　　　　[外川]

リージョナルチェーン

一般的に，ローカルチェーンが2つ以上あるチェーンストアを，「リージョナルチェーン」といい，リージョナルチェーンが2つ以上集まると「ナショナルチェーン」と呼ぶようになる。単一都道府県内に出店を進めるチェーンをローカルチェーンといい，複数県にわたる場合をリージョナルチェーンと呼ぶこともある。広い地域にわたって展開するナショナルチェーンに対し，「地域密着」を特徴とする。日本ではスーパーマーケットやドラッグストア，ホームセンターなどにリージョナルチェーン展開するものが多い。⇒ ローカルチェーン，ナショナルチェーン　　　　　　　　　　[及川]

リーシング

leasing
一般には賃貸（借）すること，またはその事業のことだが，ショッピングセンターにおけるリーシングは，テナント候補である相手先との交渉を経て出店契約につなげていく業務全般を意味する。テナントミックスの内容と，募集時の経済条件などによって大きく影響されるので，リーシングにあたっては，出店しやすい経済条件や募集方法を明確にしておくとともに，毅然とした姿勢，契約思想をもって臨むことが重要である。⇒ テナントリーシング　　[協会]

リスクマネジメント

risk management
経営における危機管理。危機的な事象や状況に適切に対処すること。経営環境が大きく変化するときには，いかにリスクを分析，評価し，コントロールするかが重要になる。リスクマネジメントの対象となるのは，雇用と人材，生産，販売，財務戦略，情報管理などの経営リスクのほか，地震・水害などの自然災害，戦争，テロ，誘拐などの人的災害まで多様である。　　　　　　　　　　[藤山]

リースライン

賃貸借契約に基づく賃貸区画（専用使用できる部分）と，共用部分（通路など）の境界線のこと。通常はシャッターラインやタイルの色で明示される。　　　　　　[藤山]

立体商標

立体的な形状（三次元の形状）に対して認められる商標で，1996（平成8）年の商標法改正によって1997年4月から特許庁に登録できるようになった。商品や商品の包装そのものを形状としたり，サービス提供のための店舗や設備に設置することによって使用され，他と区別するための標識としての機能を果たす。一般の平面商標と同じく，日本国内だけでなく世界各国の法律や国際条約によって保護される。不二家のペコちゃん・ポコちゃん人形や，ケンタッキー・フライドチキンのカーネル・サンダース人形のような看板的なもののほかに，菓子の「ひよこ」やコカコーラの瓶などが立体商標の代表例。　　　　　　　　　　[外川]

リテールサポート

retail support

メーカーや卸が自社の扱い商品を販売するため、取引先を繁盛に結びつける提案活動を行うことをさす。リテールサポート活動は「商品、競合、価格、消費者、キャンペーン等に関する情報提供」などの日常営業活動に関するもの、「棚割り提案」などの節目における提案営業に関するもの、「専門スタッフ育成」など組織的に取り組む提案・改善活動に関するものの3つに大別できる。　　　　　　　　　　　　［飯村］

リテールパーク

retail park

郊外型の大規模商業集積の英国における呼称。米国のスーパーリージョナルショッピングセンター（SRSC）に相当するが、「パーク（公園）」と呼ばれるように、自然環境を含めたエンターテインメント機能が充実している点が特徴で、百貨店や専門店、スーパー、カフェ、レストラン、映画館などが集積したモールの周辺には公園や川や湖などがしつらえられており、ショッピングだけでなく豊かな自然を楽しむことができる。⌒ SRSC　　　　　　　　［及川］

リベート

rebates

売上割戻（わりもどし）、仕入割戻のこと。本来は取引の当事者間での利益の再分配を意味するが、日本の商慣行では売手が代金を回収したあとに、一定期間をおいて一部を「販売助成金」「販売協力金」などの名目で買手にキックバックすることをさす。販売促進を目的とする「売上目標達成リベート」や、支払い期間の短縮をねらう「現金支払いリベート」、値引きによる損失を補填する「事後調整リベート」などさまざまなものがある。リベート自体は違法ではないが、過度に行われると公正な商取引が阻害されるおそれがある。また営業管理費の上昇にもつながるため、売上が伸び悩むなかにあっては、リベートを簡素化したり、廃止するメーカーも増えている。

［外川］

流通系列化

affiliation of distribution

メーカーが自社商品の販売をしやすいように、卸や小売店を自社グループ内に取り込み、販路・流通のコネクションをつくること。流通系列化が進めば、生産から販売まで強力な基盤を構築できるため、ライバル会社や新規参入企業に自社の市場を侵食されにくい。このため、流通系列化が日本市場への参入の障壁になっているとしてしばしば海外諸国から非難されている。また販路維持にもコストがかかるため、流通系列化の見直しをはかる企業も増えている。

［飯村］

流通持株会社

いくつかの企業を支配するために、それらの企業の株式を保有する会社形式をとる流通企業。持株会社はグループ全体の戦略立案や人事などを担当し、各事業会社の相乗効果の最大化をはかる。2003年に西武百貨店とそごうを傘下にもつミレニアムリテイリングが発足。さらに2007年には大丸と松坂屋ホールディングスの経営統合でJ・フロントリテイリングが発足、10月には阪急百貨店と阪神百貨店も経営統合してエイチ・ツー・オーリテイリングが設立された。同業態間の経営統合以外に、セブン＆アイホールディングスは、セブン－イレブンとイトーヨーカ堂の統合に加え、2006年にミレニアムリテイリング（現㈱そごう・西武）を経営統合し、コンビニエンススト

ア，総合スーパー，百貨店，食品スーパー，外食，金融サービス，IT＆サービスを中心とした総合生活産業化した。イオンも2008年度に総合スーパー（GMS）事業を分割し，事業領域をGMS，デベロッパー，総合金融，等の9つに分け，グループ全体の持株会社イオンホールディングスに移行した。 ↝ 持株会社　　　　　　　　［外川］

リラクゼーション

relaxation

ゆったりとくつろいだ状態をさす言葉，あるいは身体的，精神的，情緒的に緊張のない状態。心身ともにストレスから解放された状態。もともとは筋肉が緩んだ状態を意味したが，現在ではストレスから解放されリラックスした状態になるためのさまざまな手立てのことを意味する場合が多い。

［外川］

リレーションシップマーケティング

relationship marketing

顧客と良好な関係を築くことで，長期間にわたって取引を継続しようというマーケティング手法。1回ごとの取引で最大の収入を得ることよりも，顧客に満足感を与えることで次回の取引を行う可能性をあげ，LTV（顧客生涯価値）による長期的な利益を増やすことを重視している。顧客の購買履歴を記録し，そのデータを分析することで顧客ニーズを把握し，それぞれの顧客ごとに最適なアプローチを展開するデータベースマーケティングを活用して顧客のニーズに応じたサービスを行うことや，定期的に顧客に働きかけて関係を保ち続けることなどが重要とされる。 ↝ LTV　［外川］

レアメタル

rare metal

インジウムのほかコバルト，ガリウム，タンタル，プラチナ，タングステンなど世界的に生産量が少なく，特殊な地域に偏在している約30種の希少金属のこと。たとえば液晶パネルの透明電極材料として使うインジウムは透明で光をよく通すうえ，導電性が高いなど，特殊な性質をもつことからハイテク製品などに多く使われる。デジタル市場の急拡大で，ここ数年価格が急騰している。日本は世界のレアメタルの需要の約2割を占めるともいわれる一大消費国で，大半を輸入に頼っている。　　　　［外川］

レイアウト

layout

売場や設備および通路などの配置のこと。売場レイアウトによって，客動線やサービス動線が決まる。わかりやすさ，買いやすさや，関連販売などについて考慮したうえで決定される。 ↝ 動線　　　　　［飯村］

レコメンデーション

recommendation

検索エンジンを保管し，情報を絞り込む技術のひとつで，インターネット利用者のサイトの閲覧履歴や，登録してもらった趣味などから好みを分析し，似た傾向をもつ他の利用者が購入した物品やサービスなどの情報を提供して，消費を促す機能のこと。アマゾンの機能が代表的で，ネット上の書籍などを選択すると，「この商品を買った人はこんな商品も買っています」と例示す

る。利用者は欲しい情報や商品についてのヒントを得られ，サイト側にとっては購買率を上げる可能性が高まるなど，双方に利点があることから普及している。　[外川]

レジスター手数料

レジスター使用料。POSシステムを導入しているショッピングセンターでは，共通仕様のPOSレジを全テナントに装備してもらうことが必要となり，テナントに共通仕様のレジスターを貸与する場合があるが，その使用料をいう。 POSレジ[飯村]

レジ袋有料化

スーパーやコンビニで使用されているレジ袋は1年間に約300億枚（1人1日約1枚）といわれる。便利ではあるが，その原料が石油であり，かつ，大部分がゴミとして廃棄されるため，環境という観点（とくに3R）からその削減が社会問題としてクローズアップされている。1995（平成7）年に制定された容器包装リサイクル法でも削減・再利用の対象になっているが，削減の有力な手段として"有料化"への取組みが始まっている。環境省の調査によれば，消費者の約半数が有料化に賛成し，マイバッグを持っている消費者は6割に達している。2002年に制定された東京都杉並区の「すぎなみ環境目的税」は，レジ袋1枚につき5円を課税することになっている。　[協会]

レーストラック型モール

大型のショッピングセンターで，モールの形状を陸上競技のトラック（レーストラック）のように長楕円形にデザインしたもの。モールの距離の長さを意識せずに，全体をくまなく回遊できる効果をねらっている。 回遊性　[協会]

レッド・オーシャン戦略

red ocean strategy

フランスの経営学者チャン・キムとレネ・ボルニューによって提唱された経営戦略の考え方で，レッド・オーシャン市場とは，現在多くの産業が直面している課題で，既存市場においてより多くのシェアを勝ち取る努力をしているが，ゼロサム社会では同質化が進行するなど，激しい競合状況となり血みどろの競争が繰り広げられるという意味で，「レッド・オーシャン」という表現をしている。企業がレッド・オーシャン市場で経営を行う場合には，あくまでも競合企業を打倒するため経営資源を集中して血みどろの戦いを行い，激しい競合に打ち勝つ戦略をとるか，レッド・オーシャン市場から撤退し，新しい商品や業態の開発を行い，まったく競合のない市場（ブルー・オーシャン）でビジネスを展開することが考えられる。 ブルー・オーシャン戦略　[及川]

連結経常利益

企業が子会社や関連会社などを含むグループ全体の事業活動（金融面を含む）で稼ぎ出した利益。企業グループの収益力を示す指標として活用される。連結売上高から原材料費や人件費などを引いた連結営業利益に，財務活動で生じた営業外損益を加えて算出する。営業外損益には借入金の支払利息，為替の差損益，関連会社の最終損益を持株比率に応じて計上する持分法投資損益などが含まれる。米国会計基準を採用する企業の損益計算書には経常利益の項目がないが，この場合は，有価証券売却益など日本基準の特別損益にあたる収支を加減した「税引き前利益」を経常利益に最も近い指標とみなすことが多い。　[外川]

連結決算

資本的および実質的に支配・従属関係にある,法的に独立した複数の会社からなる企業集団を,単一の組織体とみなして,経営状況,財政状態を把握するための決算の方法。出資比率が50％を超えるグループ会社の場合,連結子会社として売上高や利益,試算や負債などをすべて連結財務諸表に含めなければならず,50％以下でも出資比率が40％以上の会社に,役員を送り込むなど実質的に経営を支配している場合も連結子会社となる。連結決算により親会社が作成した連結財務諸表は,個別財務諸表と比べ企業集団の実態をより明確に把握することができる。　　　　　　　　　　　[外川]

連結範囲

criteria of consolidation
連結決算すべき対象の範囲。わが国では,①発行済株式総数のうち50％を超える株式を親会社が保有している場合(持株基準),②40％以上の株式を所有し,親会社が当該会社に対して支配力を有している場合(支配力基準),③中長期の戦略上重要な子会社,④親会社の一業務部門としての業務の一部または全部を実質的に担っている子会社,⑤セグメント情報の開示に重要な影響を与える子会社,⑥多額な含み損や発生の可能性の高い重要な偶発債務を有している子会社。質的に重要でなく小規模と考えられる子会社は連結しないことができる。
⇨　子会社　　　　　　　　　　　[外川]

レンタブル比率

建物の総延床面積に対する賃貸可能面積比率。ショッピングセンターの魅力を向上させるためには,レンタブル比率を低下させても,ゆとりスペースをつくるという判断も必要である。⇨　総賃貸面積　　[飯村]

老人保健施設

介護を必要とする高齢者の自立を支援し,家庭への復帰をめざすために,医師による医学的管理の下,看護・介護といったケアと作業療法士や理学療法士等によるリハビリテーション,また,栄養管理・食事・入浴などの日常サービスまであわせて提供する施設。介護老人保健施設。利用者一人ひとりの状態や目標に合わせたケアサービスを,医師をはじめとする専門スタッフが行い,夜間でも安心できる体制を整えている。利用できるのは介護保険法による被保険者で要介護度1～5の要介護認定を受けているが病状が安定していて入院治療の必要はなくリハビリテーションを必要とされる人。利用者の心身諸機能の改善や日常生活の質の向上のため,施設については,十分なゆとりをもった構造にするとともに,談話室,機能訓練室,食堂,浴室などの施設を備える。また家庭復帰を目的にしているため,3カ月をめどに見直しを求められることもあり,生涯利用施設ではない。　　[外川]

労働基準法

賃金,労働時間,休日休暇,その他の労働条件に関しての最低基準を定めた法律で,1947(昭和22)年制定・施行。労働組合法,労働関係調整法とともに労働3法のひとつ。1959(昭和34)年の最低賃金法制定による改正,1972(昭和47)年安全衛生法の制定による改正,1985(昭和60)年男女雇用機会均等法制定による改正など数次の改正を経て,2003(平成15)年に有期労働契約の期間の見直し,解雇に関する基本的なルールの明記,裁量労働制の要件の見直しなど

についての改正が行われ，2004年から施行されている。⤴︎ 労働3法　　　　　[外川]

労働3法

労働者の権利を保護し，生存を保障するための法規である労働法のなかで，基幹的な3つの法律（労働基準法，労働組合法，労働関係調整法）のこと。⤴︎ 労働基準法
[外川]

労働者派遣法

「労働者派遣事業の適正な運営の確保及び派遣労働者の就業条件の整備等に関する法律」（1986年施行）。派遣労働者の権利を守り，常用代替（正社員の代わりとすること）を防止するために，労働者派遣の活用を制限するのが目的の法律であり，施行当初は労働者を派遣できる業務は，専門性の高い13業務に限られていた。しかし法改正により26業務に拡大，1999（平成11）年には原則自由化された。さらに2003（平成15）年の改正では，①製造業や福祉施設での医療関係業務への派遣解禁，②期間制限が1年から3年に緩和，③紹介予定派遣での事前面接解禁に規制緩和された。現在，労働者派遣が禁止されているのは港湾運送業務，建設業務，警備業務，（福祉施設を除く）病院等における医療関連業務，の4種である。⤴︎ 労働基準法，警備業法
[外川]

労働力人口

15歳以上のうちで，働いている人と就職を希望している人を合計した働き手の数。具体的には企業などで働く就業者と，求職活動中の完全失業者の数を合わせた数値で，学生や家事手伝いは含まれない。人口に占める労働力人口の割合が「労働力化率」であり，「完全失業率」は完全失業者数を労働力人口で除して算出する。⤴︎ 完全失業率
[外川]

ローカルチェーン

地方マーケットを中心に展開しているチェーン。その商圏はある特定地域に限られている。一般にローカルチェーンの商圏が拡大するとリージョナルチェーンとなるといわれる。リージョナルチェーンは近隣の複数の都道府県内で展開されるが，単一の都道府県内で展開するチェーンのことをローカルチェーンという場合もある。⤴︎ ナショナルチェーン，リージョナルチェーン
[及川]

ローコスト経営

low cost operation

業務の集中化や物流・情報システムの合理化・効率化に取り組み，人件費や物件費の削減に努めること。物流では配送センターと店舗のレイアウトを同じようにし，配送センターでのピックアップ作業と店舗での陳列作業の効率化をはかったり，取引先卸やメーカーとの間の情報システムを高度化することで，作業全般の効率化をはかるなどである。ショッピングセンターにおいては，種々の合理化，効率化により家賃原価，共益費原価の低額化などに努めることをいう。
[藤山]

ロジスティックス

logistics

製品や原材料を仕入れてから，商品として消費者のもとに届けるまでのモノの流れである物流を，総合的な観点から戦略的・合理的に構築し，管理・統制すること。もともとは軍事物資の輸送や補給システムについて研究する兵站学（へいたんがく）のことであったが，マーケティング用語として，

一般的な製品，商品についても使われるようになった。戦略的物流とも呼ばれる。

[外川]

ロスリーダー

loss leader
小売業の価格政策で，集客目的で収益を度外視した低価格，場合によっては原価割れの状態で販売する商品のこと。目玉商品。ロスリーダー自体では利益が出なくても，他の商品が売れるのでマージンミックスの結果，全体としての利益が確保できる。

[外川]

路線価

課税（相続税や贈与税等）の際の基準として，国税庁が評定した市街地の道路に面した土地の1㎡当たりの価格のこと。国土交通省が発表している公示地価の8割を目安に専門家が評価する。

[外川]

ロードサイドショップ

郊外の幹線道路やバイパス沿いに立地している大型小売店。紳士服専門店，玩具専門店，靴専門店，スポーツ用品店，家電量販店，ホームセンター，書店その他，業態はさまざまであるが，モータリゼーションに対応したもので，駐車場を広くとっている点や，ワンフロア（単層）形式で，軽装備，低コストの店づくりである点が共通する。
 モータリゼーション [及川]

ロハス ☞ LOHAS

ロールプレイング

roll playing game
役割演技法。実際の仕事上の場面を設定して，その役割を演じることによって実務的なポイントを体得しようとする教育訓練方法。接客技術トレーニングやマナー教育など，基本的な技能の習得や対人的能力の向上をめざした研修で用いられることが多い。なお，㈳日本ショッピングセンター協会では，SCテナント従業員を対象にした接客ロールプレイングコンテストを毎年1回開催している。

[外川]

ロワイエ法

loi Royer
商業や手工業等の小規模企業に対する支援や振興策を規定したフランスの法律。正式名称は「商業・手工業の方向性に関する法律」（1973年制定）。商業面では中小商店の保護と都市計画の適正化を掲げた大規模小売店舗に対する出店規制が含まれる。ハイパーマーケットの出店が増加したこと，大型店の出店が新たな雇用を生み出しているのか不明であること，地方都市中心部および農村部の小売店の衰退が進行したことなどの理由から，1996年に改正され，ラファラン法と通称されるようになった。
 ラファラン法，大規模小売店舗法，閉店法 [外川]

ロングテール現象

the long tail
売上の大半がごく一部のベストセラー商品群によって占められる実店舗とは異なり，ネット販売においてはニッチ商品の販売額合計がベストセラー商品群の販売額の合計を上回っていること。ネットショップの販売額曲線ではベストセラー商品群が恐竜の首であり，ニッチ商品群が長い尾のように見えることから，米国のネット販売業界誌の編集長が名づけた。たとえば200万点を超える書籍を扱っている米国のネット書店大手では，売上の半分以上は販売部数ラン

キングでは4万位以下の商品群からあがっている。実在庫をかかえる必要がないネットショップでは，価格競争が発生しにくく収益性が高いニッチ商品を多数取り揃えることができることを反映した現象である。
☞ ABC分析　　　　　　　　　［外川］

ワイドリリース方式

wide release
映画業界の言葉で,資金力のある大手の制作・配給会社が巨額の費用をつぎ込んだ積極的な広告宣伝で,劇場の関心を引き,封切り時のスクリーン数をでききるだけ多く確保すること。短期に大量の観客動員数を稼ぎ評判を高め,さらなる動員増をねらうもので,2003年頃から増加している。

[外川]

ワーキングプア

働いているにもかかわらず,収入が生活保護の水準以下であるような人たちのこと。生活費を稼ぐことがせいいっぱいで,職業訓練を受けたり転職活動をしたりする余裕をもてないため,生活状況の改善が難しい層でもある。典型的な失業者をはじめとする貧困層とは異なり,経済力のある先進国における新しい種類の貧困を表現する言葉であり,米国で生まれた。2006(平成18)年に「NHKスペシャル」で取り上げられ,長期不況で失職した中高年世帯や,フリーター・派遣社員・偽装請負などの非正規雇用者が増えている若年層をかかえる日本でも社会問題視されるようになった。ワーキングプアにあたる世帯数は全国で650万を超えているとみられる。

[外川]

ワークライフバランス

work-life balance
「仕事と生活のバランス」を重視する考え方で,長時間労働の是正など個々人にあった働き方をすることで,仕事と生活の調和をはかろうというもの。1980年代に欧米で生まれた当初は育児支援が主な目的だったが,現在では働きやすい環境整備による,女性・高齢者などの就業率向上策や,一般的な人材確保策のひとつとなっている。日本でも「長時間労働体質」脱却などの観点から関心が高まっており,出生率回復につながる少子化対策の一環として,2004年の「少子化社会対策大綱」では重点課題とされている。

[外川]

ワラント債

warrant bond
新株予約権付社債。発行会社の株式を買い付ける権利の付いた社債のこと。中味は社債部分とワラント(新株引受権)部分とに分けられ,2つを分離できるのが分離型,分離できないのが非分離型である。ワラント(権利)を実行することを「行使」する,実行しないことを「放棄」するという。従来の転換社債とワラント債(新株引受権付社債)は,2002(平成14)年4月施行の商法改正により,新株予約権付社債に分類されるようになった。 ↪ 新株予約権

[外川]

割引キャッシュフロー

discounted cash flow
企業(事業,プロジェクト,資産)が将来にわたって生み出すフリーキャッシュフローを推計し,それを一定の率で割引いて事

業の価値を算定する方法。設備投資の判断やM&Aの取引価格算定など,企業価値やプロジェクト投資などの投資成果の価値評価をする際に使われる。この数値が大きいほど今後企業が獲得するキャッシュが多いことになるが,将来の未確定数値に基づき算出するため,その合理性と実現可能性の判断が重要となる。☞ フリーキャッシュフロー　　　　　　　　　　[外川]

ワンストップショッピング

one-stop-shopping

さまざまな商品の購入やサービスの利用を,1カ所で同時にすませようとする消費者行動,またはそれに対応した大型店舗や商業施設のことや,あらゆる商品が揃っていること,買回り品については比較購買ができることをいう。ワンストップショッピングは,マーケティング的には,消費者にとっては利便性が高く,企業側にとっては顧客の囲い込みが期待できるものである。またショッピングセンターの魅力のひとつでもある。☞ 比較購買,買回り品　　　　[協会]

ワンセグ

one segment

携帯機器向けの地上デジタル放送の名称。周波数帯値を13の領域(セグメント)に分けて利用されている地上デジタル放送に割り当てられている電波のうち固定テレビ向けの12を除いて,残りの1(ワン)を使うことからこう呼ばれる。移動中でも鮮明な映像が見られるのが特徴で,当面は地上デジタル放送と同じ番組が見られる。☞地上デジタル　　　　　　　　　　[外川]

ワンツーワン・マーケティング

one to one marketing

一人ひとりの顧客に密着して,個別ニーズに対応しようとするマーケティング。顧客全体(市場)を大きな塊としてとらえるマスマーケティングとは対照的な考え方で,インターネットなどの双方向の通信技術や,クレジットカードやポイントカードなどの利用を通じて,個別顧客の情報を把握することが前提となる。☞ ターゲットマーケティング,パーソナルマーケティング　　　　　　　　　　　　　　　　[外川]

索　引

〔和文索引〕

ア

アイテム　34
アイドルタイム　34
アヴァンギャルド　34
アウトソーシング　34
アウトバウンド　34
アウトレット（アウトレットストア）　35
アウトレットモール　35
アカウンタビリティ　35
アキバ系　35
アクセシブル・ラグジュアリーブランド　35
アグリビジネス　36
アスベスト　36
アセスメント　36
アセットマネジメント　36
アソシエイトプログラム　36
アソートメント　37
アップスケール　37
アトリウム　37
アバター　37
アパレル　37
アーバンセンター　37
アーバンリゾート　38
アービトラージ　38
アフィリエイト　38
アフターケア　38
アフターサービス　38
アフターマーケット　39
アマゾン・マーケットプレイス　39
アメニティセンター　39
アメリカンスイーツ　39
アラサー　39
アラフォー　39
粗利益率　40
アロケーション　40
アンカー効果　40
アンチエイジング　40
アンテナショップ　40

イ

委員会設置会社　40
イスラム金融　41
イスラム債　41
委託販売　41
一括物流　41
一般廃棄物　42
遺伝子組み換え　42
イートイン　42
移動平均法　42
イニシャルコスト　42
イノベーション　42
イベント　43
イメージ広告　43
イメージ調査　43
イールドスプレッド　43
色物（色物家電）　43
インサイダー取引　43
インショップ　44
インストアマーチャンダイジング　44
インセンティブ　44
インターネットオークション　44
インターネットカフェ　44
インターネットスーパー　44
インターネットバンキング　45
インターンシップ　45
インディーズ　45
インデックスファンド　45
インバウンド　46
インバータ制御　46
インプレ　46
インラインシステム　46

ウ

ヴァーティカルマーチャンダイジング　46
ウィキノミックス　46
ウィキペディア　47
ウィンドウズ Vista　47
ウィンドー・ショッピング　47
ウィンブルドン現象　47
ウエアハウスストア　47
ウェザーマーチャンダイジング　47
ウォーターマーク　48
ウォームビズ　48
ウランメジャー　48
売上管理　48
売上高利益率　48
売場効率　48
売場面積　49
売れ筋商品　49
上乗せ規制　49
運転資金　49

エ

営業委託契約　49
営業管理規則　50
エイジング　50
エキ（駅）ナカ　50
駅ビル　50
エクィティファイナンス　50
エグジットファイナンス　51
エクスペリエンスマーケティング　51
エクスペリメンタルストア　51
エコアイス　51
エコキュート　51
エコタウン事業　51
エコバッグ　52
エコモール　52
エスニック　52
エデュージメント　52
エマージング市場　53
エリアマーケティング　53
円キャリートレード　53
エンクローズドモール　53

エンジェル税制　53
エンターテインメントセンター　53
エンド陳列　53
エンドマーチャンダイジング　54

オ

追い証　54
欧州委員会　54
オーガニック　54
屋外広告物法　54
屋上緑化　55
汚濁負荷量　55
オートスロープ　55
オートモール　55
オーバーストア　55
オフバランス　56
オフプライスストア　56
オープンスカイ構想　56
オープンソースソフトウェア　56
オープンディスプレイ　56
オープン販促　56
オープン価格　57
オープンモール　57
オーベルジュ　57
オムニセンター　57
オムニバス調査　57
オリジネーター　58
卸売市場　58
音楽配信サービス　58
温室効果ガス　58
温対法　58
オンラインストレージ　59
オンリーショップ　59

カ

介護保険制度　60
会社型投信　60
会社更生法　60
会社整理　60
会社法　60
改正建築基準法　61
改正食品リサイクル法　61
改正都市計画法　61
改正薬事法　62
海賊版　62
階高　62

開発行為　62
開放特許　62
買回り　62
買回り品　63
回遊性　63
格差社会　63
格付け　63
確定拠出年金　63
家計調査　64
可採年数　64
瑕疵（かし）　64
貸株市場　64
貸金業規制法　64
カジュアル　64
過剰流動性　65
可処分所得　65
カスタマイゼーション　65
カスタマーエクスペリエンス　65
課徴金　65
学校選択制　65
家庭薬　66
カテゴリーキラー　66
カテゴリーマネジメント　66
家電リサイクル法　66
家電量販店　66
カニバリゼーション　66
ガバナンス　67
カフェ　67
カフェテリアプラン　67
株価収益率　67
株券電子化　67
株式交換　68
株式併合　68
株主資本利益率　68
株主代表訴訟　68
株主提案権　68
カーボンニュートラル　69
空売り　69
カルチャーセンター　69
ガレリア　69
環境ISO　69
環境影響評価　70
環境会計　70
環境基準　70
環境基本法　70
環境経営　70
環境報告書　70

管財人　71
感性マーケティング　71
完全失業率　71
完全歩合賃料　71
鑑定評価　71
カンパニー制　71
監理ポスト　72

キ

キオスク　72
規格外野菜　72
企業年金　72
企業物価指数　73
季節変動　73
偽装請負　73
既存不適格建築物　73
期待収益率　73
キッザニア　73
キーテナント　74
機能性食品　74
希望小売価格　74
客単価　74
逆特区　74
キャッシュ&キャリー　75
キャッシュフロー　75
キャップ&トレード　75
キャップレート　75
キャピタルゲイン　75
キャラクタービジネス　75
キャリアマトリックス　76
キャリアラダー　76
共益費　76
恐慌　76
競合　76
業績連動報酬　77
競争入札　77
業態　77
供託　77
協同組合　77
協同組合型ディベロッパー　77
共同懸賞　78
共同宅配　78
共同販促　78
共同販促費　78
京都議定書　78
業務改善命令　79
共有持分形式　79
共用施設　79

共用部分　79
キラーテナント　79
キーワード広告　79
均一価格店　79
金庫株　80
金銭消費貸借契約　80
金融コングロマリット　80
金融サービス法　80
金融商品取引法　81
金融持株会社　81
銀聯カード　81

ク

クイックレスポンス　82
空間規制　82
クォーター法　82
グーグル　82
苦情処理　82
躯体　82
区分所有形式　83
クライアント　83
クラインガルテン　83
グラウンドワーク　83
クラシファイド広告　83
グランドデザイン　84
クリアランスセール　84
クリエイティブコモンズ　84
クリック＆モルタル　84
クリニックモール　84
グリーンアーキテクチャー　84
クリーン開発メカニズム　84
クーリングオフ　85
グリーン購入　85
グリーン購入法　85
グリーンコンシューマリズム　85
グリーンシート銘柄　85
グリーンチェーン認定　86
クールジャパン　86
クールビズ　86
グループインタビュー　86
グルメスーパーマーケット　86
クレジットカード　86
クレジット手数料　87

クレジットデリバティブ　87
グレーゾーン金利　87
クレド　87
クレーム　87
グローサリーストア　88
クロスドッキング　88
クロスマーチャンダイジング　88

ケ

景観計画　88
景観法・景観条例　88
景気ウォッチャー調査　89
景気変動指数　89
携帯クレジット　89
警備業法　89
景表法　89
景品　90
契約型投信　90
契約栽培　90
契約自由の原則　90
契約面積　90
ケース貸し契約　90
下代　90
ケータリング　90
限界集落　91
減価償却　91
原価法　91
健康増進法　91
検索エンジン　91
懸賞　92
懸垂幕　92
減損会計　92
建築確認申請　92
建築基準法　92
改正建築基準法　61
建築物耐震改修促進法　93
建築面積　93
現場協力金　93
建ぺい率　93
原油先物取引　93
権利金　93
権利調整　93

コ

コアCPI　94
コアコンピタンス　94
公益通報者保護法　94

公益法人　94
後期高齢者　94
後期高齢者医療制度　94
合計特殊出生率　95
交叉比率　95
工事区分　95
公示地価　95
公正取引委員会　95
公設民営　96
構造改革特区　96
工程表　96
合同会社　96
行動ターゲティング広告　96
高度化資金　96
購買動機　97
後発医薬品　97
公募増資　97
小売店舗地区　97
高齢者雇用安定法　97
氷蓄熱　98
子会社　98
顧客カード　98
顧客生涯価値　98
顧客セントリック　99
顧客データサービス　99
国際会計基準　99
国勢調査　99
コジェネレーションシステム　99
個人型確定拠出年金　99
個人情報保護法　100
コストパフォーマンス　100
コーチング　100
固定客　100
ご当地検定　100
ご当地ファンド　101
コブランドクレジットカード　101
コーホート分析　101
コーポレートガバナンス　101
コマーシャルペーパー　101
コミュニティクレジット　102
コミュニティセンター　102

コミュニティビジネス 102
コミュニティペーパー 102
コモディティグッズ 102
娯楽レクリエーション地区 102
コラボレーションブランド 103
コールセンター 103
ゴールデンライン 103
コレクティブハウジング 103
コンサバティブ 103
コンサルティングセールス 104
コンシェルジュ 104
コンシューマリズム 104
コンセプト 104
コンセプトショップ 104
コンテンツビジネス 104
コンテンポラリー商品 105
ゴンドラセールス 105
コンパクトシティ 105
コンビニEC 105
コンビニエンスストア 105
コンビニエンスセンター 106
コンビニフィットネス 106
コンビネーションストア 106
コンプライアンス 106

サ

再開発組合 107
催告期間 107
在庫評価益 107
最低保証付歩合賃料 107
再販 107
サイン計画 107
サーキットトレーニング 108
サーキュレーション 108
サステイナビリティ・レポート 108
サステイナブルデベロップメント 108
サードパーティロジスティックス 108
サードプレイス 109
サバーバナイゼーション 109
サービサー 109
サービス産業動向調査 109
サービスマーク 109
サブキーテナント 109
サブプライムローン 110
サブリース契約 110
サーマルリサイクル 110
サムライ債 110
3R 111
三角合併 111
産業再生機構 111
産業廃棄物 111
サンク（ン）ガーデン 111

シ

シェア 112
ジェネリックブランド 112
ジェネレーションY 112
市街化区域 112
市街化調整区域 112
市街地再開発事業 113
時価会計 113
時価総額 113
敷金 113
敷地面積 113
事業委託方式 113
事業所内保育所 113
事業用定期借地権 114
資産流動化 114
自治体健全化法 114
市場化テスト 114
市場調査 114
次世代DVD 115
次世代携帯 115
次世代高速無線通信 115
執行役員 115
実質賃料 115
指定管理者制度 115
指定野菜 116
自動車分担率 116
自動車リサイクル 116
シナジー効果 116
シニアファイナンス 116
ジニ係数 116
老舗 116
シネコン 117
私募ファンド 117
島陳列 117
社会人基礎力 117
社会的責任投資 117
借地借家法 118
ジャスト・イン・タイム 118
シャッター商店街 118
収益還元法 118
収益賃料 118
種類株 119
循環型社会 119
ジョイントベンチャー 119
省エネトップランナー 119
省エネルギー 119
省エネルギー法 119
少額短期保険会社 119
消化仕入契約 120
商業ディベロッパー 120
商業統計 120
商圏 120
証券化 120
商号 121
少子高齢化 121
上代 121
使用貸借契約 121
商店街 121
衝動買い 122
消費期限 122
消費者契約法 122
消費者物価指数 122
商標 122
商標法（改正商標法） 122
消防法 123
賞味期限 123
静脈物流 123
食育 123
職能給 123
食品衛生法 123
食品表示規制 124
食品リサイクル法 124
改正食品リサイクル法 61

ショッピングセンター 124
ショップモビリティ 124
ジョブカフェ 125
ジョブローテーション 125
シリコンサイクル 125
シルバーマーケット 125
シロガネーゼ 125
白物(白物家電) 126
新株予約権 126
シングルマーケット 126
人材紹介 126
人材派遣 126
人材バンク 126
シンジケート 127
信書 127
身体障害者補助犬法 127
信託財産 127
新富裕層 127

ス

随意契約 128
スィーツ 128
スキニージーンズ 128
スキミング 128
スクラップ＆ビルド 128
スタグフレーション 129
ステークホルダー 129
ステルスブロガー 129
ストアコンパリゾン 129
ストアロイヤリティ 129
ストックオプション 129
ストリップセンター 130
ストリートファニチャー 130
スーパースーパーマーケット 130
スーパーセンター 130
スーパー銭湯 130
スーパーバイザー 130
スーパーマーケット 131
スパム 131
スペシャリティセンター 131
スマートシェルフ 131
スマートフォン 131
スローフード 132
スローライフ 132

セ

生活者 132
生活提案 132
生活保護基準 133
生協法 133
生産受託会社 133
成熟市場 133
生鮮コンビニ 133
正当事由 134
製販同盟 134
整理回収機構 134
政令指定都市 134
セカンドライフ 134
積算賃料 135
石油代替エネルギー法 135
セグメンテーション 135
世代特性 135
設計説明会 135
セーフガード 136
セーフティネット 136
セールスコンテスト 136
セルフサービス 136
セルフサービス・ディスカウントストア 136
セルフサービス販売 136
セルフメディケーション 137
セルフレジ 137
セールリースバック 137
セレクトショップ 137
セレブ 137
ゼロエミッション 137
センターコート 138
セントラルキッチン 138
専門大店 138
専門店 138

ソ

騒音規制法 139
相互会社 139
造作物買取請求権 139
創造都市 139
総賃貸面積 139
総付景品 140
ソーシャルマーケティング 140
ゾーニング 140

ゾーニング条例 140
ソムリエ 141

タ

大規模小売店舗法 142
大規模小売店舗立地法 142
第三セクター 142
大衆薬 143
ダイナミックパッケージ 143
タイムシェアリング 143
対面販売 143
太陽光発電 143
ダイレクトマーケティング 143
ダイレクトメール 144
ダウンサイジング 144
タウンセンター 144
抱き合わせ販売 144
多機能型ICカード 144
宅地建物取引業法 144
ターゲットマーケティング 145
堅穴区画 145
棚卸し 145
棚割 145
ダビング10 145
単位未満株 145
団塊の世代 145
単元未満株 146
男女雇用機会均等法 146

チ

地域コミュニティ 146
地域再生ファンド 146
地域団体商標 146
地域通貨 147
チェーンストア 147
地球温暖化 147
地産地消 147
地上デジタル 148
知的財産権 148
知的財産権推進計画 148
チャイナフリー 148
駐車場 148
駐車場管理費 148
駐車場付置義務 148
駐車場法 149

241

中小小売商業振興法　149
中心市街地活性化法　149
中途解約　149
調達物流　149
直接費賦課使用料　150
著作権　150
賃借権　150
賃貸事例比較法　150
賃料　150

ツ

通信販売　150
つくばエクスプレス　151
坪効率　151

テ

定期借地権　151
定期借家契約　151
デイケアセンター　152
ティザー広告　152
定住自立圏　152
定常騒音　152
ディスカウントストア　153
ディスクロージャー　153
ディスティネーションストア　153
定性分析　153
低炭素社会　154
ティッピングポイント　154
定点観測　154
ディナーレストラン　154
ディフュージョンブランド　154
ディベロッパー　154
定量分析　155
敵対的買収　155
デザイナーズブランド　155
デジタル家電　155
デジタル景気　155
データマイニング　155
テナント　156
テナント会　156
テナント会費　156
テナント管理　156
テナントミックス　156
テナントリーシング　157

デパ地下　157
デビットカード　157
デファクトスタンダード　157
デフォルト　157
テーマセンター　157
テーマパークモール　158
デモンストレーション　158
デュアルカード　158
デューデリジェンス　158
デリカテッセン　158
デリバティブ　158
転換社債　159
電気自動車　159
天候デリバティブ　159
電子書籍　159
電子ペーパー　159
電子マネー　160
店長会　160
店舗経費　160
店舗構成計画　160
店舗内装設計指針　160
店舗面積　160

ト

動画共有サイト　161
等価交換方式　161
投下資本回転率　161
等価騒音レベル　161
東京ガールズコレクション　161
動産担保融資　162
投資銀行　162
投資事業組合　162
道州制　162
動線　162
登録販売者　163
独占禁止法　163
特定サービス産業実態調査　163
特定商業集積法（商集法）　164
特定商取引法　164
特定保健用食品　164
特定目的会社　164
特別区　164
独立行政法人　165
都市計画法　165

改正都市計画法　61
都市再開発法　165
都市再生機構（UR）　165
都市再生特別措置法　166
土地信託方式　166
ドッグラン　166
トップランナー制度　166
ドーナツ化現象　166
ドミナント　166
ドミナント戦略　167
ドメイン　167
ドラッグストア　167
トラックバース　167
トラットリア　167
トラフィックコントロール　167
トラフィックプラー　167
トランジットモール　168
トレーサビリティ　168
トレンド商品　168
ドロップシッピング　168

ナ

内装監理　169
内装監理室　169
内装監理費　169
内装規制　169
内装工事　169
中食　169
ナショナルチェーン　170
ナショナルトラスト　170
ナショナルブランド　170
ナレッジマネジメント　170
ナンバーポータビリティサービス　170

ニ

二重価格表示　171
日経平均株価　171
ニッチ戦略　171
ニート　171
㈳日本ショッピングセンター協会　171
日本版SOX法　172
ニューエコノミー　172
認定事業者　172

ネ

ネイバーフッドマーケット 173
ネットワーク家電 173
燃油サーチャージ 173

ノ

農振法 173
農地法 174
納品代行 174
ノード 174
ノープリントプライス 174
ノベルティグッズ 174
ノーマライゼーション 175
ノンパッケージ流通 175
ノンバンク 175
ノンリコースローン 175

ハ

バイオ燃料 176
バイオマス 176
廃棄物処理法 176
買収防衛策 176
排出ガス 176
排出係数 177
排出量取引制度 177
媒体費 177
配当性向 177
ハイパーマーケット 177
ハイブリッド型ショッピングセンター 178
バイラルマーケティング 178
ハウスカード 178
パーキンソンの法則 178
パーク&ライド 178
白書 178
バーコード 179
バザール 179
破産法 179
バスケット分析 179
パーソナルマーケティング 179
バーチャルモール 180
バックヤード 180
パサージュ 180
パーツショップ 180
バッタモノ 180
パティオ 180
パティシエ 180
パートタイム労働法 (改正パート労働法) 180
ハードディスカウンター 181
ハートビル法 181
バナー広告 181
パネル調査 181
ハーフィンダール指数 181
ハフモデル 182
パブリシティ 182
パブリックインボルブメント 182
パブリックスペース 182
パブリックドメイン 182
パーマカルチャー 183
はみ出し陳列 183
バラエティストア 183
バランススコアカード 183
バリアフリー 183
バリューアップ 183
パレートの法則 184
ハローワーク 184
パワーセンター 184
ハンドルネーム 184
バンドル販売 184
販売士 185

ヒ

ピアチェック 185
ビオトープ 185
比較購買 185
ビジネスコンビニ 185
ビジネスモデル特許 185
ビジュアルマーチャンダイジング 186
比準賃料 186
比準方式, スライド方式 186
非正規雇用 186
非接触型ICカード 186
ピッツェリア 186
ビデオ・オン・デマンド 186
ヒートアイランド現象 187
ヒートテックインナー 187
ヒートポンプ 187
避難安全検証法 187
百円ショップ 187
百貨店 188
日雇い派遣 188
ビュッフェレストラン 188
ヒーリング 188
ヒルズ族 188
ビルメンテナンス 188

フ

ファイアーウォール 189
歩合賃料 189
ファクトリーアウトレットセンター 189
ファサード 189
ファシリティマネジメントシステム 189
ファシリテーション 189
ファストカジュアル 190
ファストファッション 190
ファストフード 190
ファッションビル 190
ファミリーフェイス 190
ファミリーレストラン 191
ファンシーショップ 191
ファンド 191
ファンドマネジャー 191
フィージビリティスタディ 191
フィッシング 191
フィットネスクラブ 192
フィランソロピー 192
フィルタリングサービス 192
フィールドマーケティング 192
風致地区 192
風力発電 192
フェアトレード 193
フェアユース 193
フェイシング 193

フェスティバルセンター 193
フォークソノミー 193
吹き抜け空間 194
複合カフェ 194
副都心線 194
普通株 194
フード＆ドラッグ 194
不動産の証券化 194
フードコート 195
フードテーマパーク 195
フードバンク 195
フューチャーストア 195
プライスゾーン 195
プライバシーマーク 196
プライベートバンキング 196
プライベートブランド 196
プライムレート 196
ブラウザー 196
フラッグシップショップ 197
フランチャイズチェーン 197
ブランドエクイティ 197
ブランドショップ 197
フリーキャッシュフロー 197
フリースタンディング 198
プリペイドカード 198
フリーペーパー 198
ブルー・オーシャン戦略 198
古着屋 198
ふるさと納税 199
ブルートゥース 199
フレキシキュリティ政策 199
プレステイジストア 199
プレミアムセール 199
フロアマネジメント 200
フロー型経営 200
ブログ 200
プロジェクトファイナンス 200
プロダクトプレースメント 200

プロトタイプ 200
プロバイダー 201
プロパティマネジメント 201
プロパティマネジャー 201
プロフ 201
プロフィットリーダー 201
プロモーション・ツール 202
粉飾決算 202
分野調整法 202

ヘ

ペイジー 202
閉店法 202
ペイメントカードデータセキュリティ基準 203
壁面緑化 203
ベビーブーマー 203
ヘルパー 203
変額年金保険 203
ベンチマーク 204
ベンチャーキャピタル 204
ベンチャービジネス 204

ホ

保安管理費 204
ポイントカード 204
ポイント引当金 205
防火区域 205
防火区画 205
防災管理規定 205
防炎規制 205
防災センター 205
放送局の外資規制 205
法定耐用年数 206
ポジショニング 206
ポジティブリスト制度 206
保証金 206
ポストモダン 207
ホスピタリティ 207
ポータルサイト 207
ボーダーレス社会 207
ポッドキャスティング 207

ホテイチ 207
ポートフォリオ 207
ほふり 208
ホームセンター 208
ホームファッション 208
ボランタリーチェーン 208
保留床 208
ホールガーメント 209
ホールセールクラブ 209
ホワイトカラーエグゼンプション 209

マ

マインドマップ 210
マクロビオティック 210
マーケティング 210
マスメディア集中排除原則 210
まちづくり3法 211
まちづくり条例 211
マーチャンダイジング 211
マーチャンダイジングディベロッパー 211
マニフェスト 212

ミ

ミクシィ 212
ミシュランガイド 212
ミステリーショッパー調査 212
道の駅 213
ミッシー 213
ミニスーパー 213
ミニマムアクセス 213
身の丈再開発 213
ミュージアムショップ 214
ミルクラン 214
民活法 214
民事再生法 214

ム

無店舗販売 214

メ

命名権 215
メザニン債 215

メセナ　215
目玉商品　215
メラミン　216
メールマガジン　216
メンター　216

モ

モータリゼーション　216
モーダルシフト　216
持株会社　216
持分法適用会社　217
モチベーションリサーチ　217
専ら派遣　217
最寄品　217
モール　217
モール型SC　217

ヤ

改正薬事法　62
薬価　219
ヤフー　219

ユ

有機EL　219
有機食品　219
有利子負債依存度　220
有料老人ホーム　220
ユーチューブ　220
ユニバーサルデザイン　220
ユビキタス　221

ヨ

容器包装リサイクル法　221
容積率　221
用途地域　221
予約契約　221
4P　221

ラ

ライセンスビジネス　223

ライトノベル　223
ライフスタイル　223
ライフスタイルストア　223
ライフスタイルセンター　223
ラグジュアリーブランド　224
ラックジョバー　224
ラッピング広告　224
ラップ口座　224
ラファラン法　225
ランチェスターの法則　225
ランドスケープ　225

リ

リアルクローズ　225
リアル・マネー・トレード　226
リージョナルチェーン　226
リーシング　226
リスクマネジメント　226
リースライン　226
立体商標　226
リテールサポート　227
リテールパーク　227
リベート　227
流通系列化　227
流通持株会社　227
リラクゼーション　228
リレーションシップマーケティング　228

レ

レアメタル　228
レイアウト　228
レコメンデーション　228
レジスター手数料　229
レジ袋有料化　229
レーストラック型モール　229

レッド・オーシャン戦略　229
連結経常利益　229
連結決算　230
連結範囲　230
レンタブル比率　230

ロ

老人保健施設　230
労働基準法　230
労働3法　231
労働者派遣法　231
労働力人口　231
ローカルチェーン　231
ローコスト経営　231
ロジスティックス　231
ロスリーダー　232
路線価　232
ロードサイドショップ　232
ロールプレイング　232
ロワイエ法　232
ロングテール現象　232

ワ

ワイドリリース方式　234
ワーキングプア　234
ワークライフバランス　234
ワラント債　234
割引キャッシュフロー　234
ワンストップショッピング　235
ワンセグ　235
ワンツーワン・マーケティング　235

索　引

〔欧文索引〕

A

ABC analysis　1
ABC 分析　1
accessible luxury brand　35
accountability　35
ADR（alternative dispute resolution）　1
ADR（American depositary receipt）　1
AEO　172
affiliate　38
affiliation of distribution　227
after care　38
after service　38
aging　50
AIDMA　1
AISAS　1
allocation　40
alternative, dispute resolution　1
Amazon Marketplace　39
American depositary receipt　1
American sweets　39
anchor store tenant　74
anti-aging　40
apparel　37
apparel manufacturer　37
application service provider　2
arbitrage　38
area marketing　53
asbestos　36
ASP　2
assessment　36
asset management　36
associate program　36
assortment　37
athletic club　192
atrium　37
auberge　57
authorized economic operator　172
auto mall　55
auto slope　55
avant-garde　34
avatar　37

B

baby boomer　203
backyard　180
balanced scorecard　183
banner　92
banner advertisement　181
barcode　179
barrier-free　183
BBS　2
BDF　2
behavioral targeting advertisement　96
benchmarking　204
best-before　123
BID　2
bio diesel fuel　2
biotope　185
blog　200
blue ocean strategy　198
bluetooth　199
bootleg　62
borderless society　207
bovine spongiform encephalopathy　3
BPR　2
brand equity　197
BRICs　3
broadcasting satellite　3
brown goods　43
browser　196
BSE　3
BS 放送　3
BTO　3
buffet restaurant　188
build-to-order　3
bulletin board system　2
Business Improvement District　2
business process re-engineering　2
buying motivation　97

C

café　67
CAFIS　3
call center　103
cannibalization　66
cap and trade　75
capital gain　75
capitalization rate　75
carbon neutral　69
CASBEE　4
cash and carry　75
cash flow　75
casual　64
CAT　4
category killer　66
category management　66
catering service　90
CDO　4
celebrity　137
center courtyard　138
central kitchen　138
centralized retail management　6
CEO　4
CGM　4
chain store　147
chief executive officer　4
chief operating officer　6
China free　148
CI　5
CIF　5
cinema complex　117
circuit training　108
circulation　108
claim　87

classified advertising 83
classified stock 119
clean development mechanism 84
clearance sale 84
click and mortar 84
client 83
clinic mall 84
CO_2削減 5
CO_2排出権取引 5
CO_2排出量 5
coaching 100
co-branded credit card 101
coffee shop 67
cogeneration system 99
cohort analysis 101
Collaborative Planning Forecasting & Replenishment 6
collateralized debt obligation 4
collective housing 103
combination store 106
commercial paper 101
commodity goods 102
common stock 194
community business 102
community center 102
community paper 102
community shopping center 6
compact city 105
comparison shopping 185
compliance 106
Comprehensive Assessment System for Build Environment Efficiency 4
concept 104
concierge 104
conservative 103
consulting sales 104
consumer 132
consumer generated media 4
consumer's price index 122
consumerism 104
contemporary goods 105

contents business 104
contract type investment trust 90
convenience center 106
convenience goods 217
convenience store 105
convenience store electronic commerce 105
convertible bond 159
COO 6
cooling off 85
core competence 94
corporate governance 67, 101
corporate identity 5
corporate officer 115
corporate philanthropy 192
corporate social responsibility 7
corporation type investment trust 60
cost performance 100
cost, insurance and freight 5
CP 101
CPFR® 6
creative cities 139
creative commons 84
credit and finance information system 3
credit authorization terminal 4
credit card 86
credit derivatives 87
credo 87
crisis 76
criteria of consolidation 230
CRM 6
CRM 6
cross docking 88
cross merchandising 88
CS 6
CSC 6
CSR 7
customer experience 65
customer lifetime value 98

customer relationship management 6
customer satisfaction 6
customers card 98
customization 65
cyber cafe 44

D

data mining 155
data service of customers 99
de facto standard 157
debit card 157
default 157
Delikatessen 158
demonstration 158
department store 188
depreciation 91
derivative 158
designer's brand 155
destination store 153
developer 154
DID 7
diffusion brand 154
digital cash 160
digital rights management 7
dinner restaurant 154
direct mail 144
direct marketing 143
disclosure 153
discount store 153
discounted cash flow 234
dividend payout ratio 177
DIY 7
DM 144
dog parks 166
dog-run 166
do-it-yourself 7
dominant 166
downsizing 144
downtown improvement district 7
DRM 7
drop shipping 168
drugstore 167
dual credit card 158
due diligence 158
dynamic package 143

E

earnings before interest, taxes, depreciation and amortization 8
earnings before interests and taxes 8
eat-in 42
EBIT 8
EBITDA 8
EC 8
eco bag 52
eco mall 52
Economic Partnership Agreement 9
economic value added 10
EDI 8
EDLP 8
edutainment 52
Edy 9
electronic commerce 8
electronic data interchange 8
electronic money 160
electronic toll collection system 10
embryonic stem cells 10
emerging markets 53
employee satisfaction 9
enclosed mall 53
end merchandising 54
enterprise resource planning 9
enterprise value 10
EPA 9
equity finance 50
equivalent continuous A-weighted sound pressure level 161
ERP 9
ES 9
ES 細胞 10
ETC 10
ethnic 52
European Commission 54
EV 10
EVA® 10
event 43
everyday low price 8
exit finance 51
expected rate of return 73
experience marketing 51
experimental store 51
E コマース 8

F

façade 189
facilitation 189
facilities for common 79
facility management system 189
facing 193
factory outlet center 189
fair trade 193
Fair Trade Commission 95
fair-use 193
family face 190
fancy goods shop 191
fashion building 190
fast casual restaurant 190
fast fashion 190
fastfood 190
FAZ 施設 10
feasibility study 191
festival center 193
field marketing 192
filtering service 192
financial conglomerate 80
fire wall 189
fishing 191
fitness center 192
fixed customers 100
fixed point observation 154
FL 11
flagship shop 197
floor level 11
floor management 200
FOB 11
folksonomy 193
food and drug 194
food bank 195
food court 195
food-entertainment themepark 195
foreign access zone 10
foreign exchange 11
franchise chain 197
free cash flow 197
free on board 11
free paper 198
Free Trade Agreement 11
freestanding 198
frequent shoppers program 11
FSP 11
FTA 11
fuel surcharge 173
functional foods 74
fund 191
fund manager 191
future store 195
FX 11

G

G7 12
galleria 69
GAP 12
GATT 12
GDP 12
General Agreement on Tariffs and Trade 12
general merchandise store 13
generation-Y 112
generics 97
generics brand 112
genetically modified organism 42
Gini's coefficient 116
ginren card 81
GL 12
GLA 139
global positioning system 13
GMS 13
GNP 13
golden line 103
gondora sales 105
Good Agricultural Practice 12
Google 82
gourmet supermarket 86

GPS 13
grand design 84
green architecture 84
green consumerism 85
grocery store 88
gross domestic products 12
gross leasable area 139
gross national products 13
ground level 12
ground work 83
group interview 86
Group of Seven 12

H

H&M 13
HACCP 13
handle 184
hard discounter 181
hazard analysis critical control point 13
HBC 14
healing 188
health and beauty care 14
heat-tech fabric 187
Hennes & Mauritz 13
Herfindahl index 181
HMR 14
holding company 216
home meal replacement 14
homecenter 208
hospitality 207
hostile take-over 155
Huff's model 182
hybrid shopping center 178
hypermarket 177

I

IC tag 14
ICSC 14
IC カード 14
IC タグ 14
idetity of shopping center 26
idle time 34

image advertisement 43
image survey 43
impulsive buy 122
inbound 46
incentive 44
indies 45
indoor playground 46
induced pluripotent stem cells 16
initial cost 42
initial public offering 15
in-line system 46
innovation 42
insider trading 43
instore merchandising 44
internal rate of return 16
International Council of Shopping Centers 14
International Financial Reporting Standards 99
International Organization for Standardization 16
Internet auction 44
Internet banking 45
Internet café 44
Internet governmental Panel on Climate Change 15
Internet protocol broadcasting 15
Internet supermarket (on-line grocer) 45
investment bank 162
investor relations 16
IPCC 15
iPhone 15
IPO 15
iPod 16
iPS 細胞 16
IP 電話 15
IP 放送 15
IR 16
IRR 16
Islamic finance 41
island display 117
ISO 16
ISO 22000 16
item 34

J

JAN コード 17
Japan Council of Shopping Centers 171
Japan real estate investment trust 17
Japanese Article Number 17
JAS 法 17
JCSC 171
JIT 118
job rotation 125
joint delivery 78
joint venture 119
JP ドメイン 17
J-REIT 17
just-in-time 118
JV 119

K

Kidzania 73
kiosk 72
Kleingarten 83
knowledge management 170

L

Ladenschlussgesetz 202
Lanchester's theory 225
landscape 225
layout 228
LBO 18
leader item 215
leadership in energy and environmental design 18
leasing 226
LED 照明 18
LEED 18
leveraged buyout 18
licensing business 223
lifestyle 223
lifestyle center 223
lifestyle of health and sustainability 18
lifestyle store 223
light emitting diode 18
light rail transit 19

limited liability company 96
limited liability partnership 18
LLP 18
loan to value 19
logistics 231
LOHAS 18
loi Raffarin 225
loi Royer 232
loss leader 232
low cost operation 231
LRT 19
LTV 19
luxury brand 224
luxury brand shop 197

M

M&A 19
macrobiotic 210
mail order business 150
mall 217
management buy out 19
manifesto 212
manufacturing service 133
market capitalization 113
market for senior 125
market price (market value) accounting 113
market research 114
market share 112
marketing 210
maturity market 133
MBO 19
MD 211
melamine 216
mentor 216
merchandising 211
mergers and acquisitions 19
mésénat 215
michelin guide 212
milk run 214
minimum-access 213
missy 213
Mixi 212
mobilephone credit payment system 89

modal shift 216
motivation research 217
motorization 216
moving average 42
multiple 147
museum-goods shop 214

N

naming rights 215
national brand 170
National Trust 170
nation-wide chain store 170
NB 170
NEET 171
neighborhood market 173
neighborhood shopping center 20
network-connected household appliances 173
new economy 172
NGO 19
niche-focused strategy 171
node 174
non recorseloan 175
non-bank 175
non-bank bank 175
non-governmental organization 19
non-profit organization 20
non-store retailing 214
normalization 175
not in employment, education or training 171
novelty 174
novelty goods 174
NPO 20
NSC 20
number portability sercvice 170

O

OEM 20
off-balance 56
off-price store 56
omni center 57

omnibus survey 57
one segment 235
one to one marketing 235
one-stop-shopping 235
on-line storage 59
open display 56
open mall 57
open source software 56
organic 54
organic foods 219
original equipment manufacturing 20
originator 58
OTC医薬品 20
outbound 34
outlet 35
outlet mall 35
outsourcing 34

P

P&A 21
panel research 181
Pareto's law 184
park and ride 178
parking lot 148
parking space 148
Parkinson's law 178
PASMO 21
passage 180
pâtessier 180
patio 180
pay per post 23
Payeasy 202
PB 196
PCI-DSS 203
PDCAサイクル 21
PER 67
performance pay system 77
Permaculture 183
personal marketing 179
PFI 21
pia check 185
PIPEs 22
pizzeria 186
plan-do-check-act cycle 21
PL法 22
podcasting 207

point of purchase advertising 22
point of sales system 22
point-to-point protocol 22
POP 広告 22
portal site 207
portfolio 207
positioning 206
positive lists 206
POS-register 22
post-modern 207
POS システム 22
POS レジ 22
power center 184
PPP (pay per post) 23
PPP (point-to-point protocol) 22
PPP (public private partnership) 23
premium sales 199
prepaid card 198
prestige store 199
price earnings ratio 67
price zone 195
prime rate 196
private banking 196
private brand 196
private finance initiative 21
private investment in public equities 22
product liability law 22
product placement 200
profit leader 201
project finance 200
promotion tool 202
property management 201
property manager 201
prototype 200
provider 201
PSE マーク 23
public domain 182
public involvement 182
public offering, public subscription 97
public private partnership 23
public space 182

publicity 182
purchase and assumption 21
purchase motive 97

Q

QC サークル 23
QR コード 24
qualitative analysis 153
quality control circle 23
quantitative analysis 155
quick response 82

R

rack jobber 224
radio frequency identification 24
rare metal 228
ratio of gross margin to inventory 95
RC 造 24
real clothes 225
real money trade 226
rebates 227
recency, frequency, monetary analysis 24
recommendation 228
red ocean strategy 229
reduce, reuse, recycle 111
regional shopping center 25
reinforced concrete structure 24
relationship marketing 228
relaxation 228
reserves/production ratio 64
retail park 227
retail support 227
return on asset 25
return on equity 68
return on investment 25, 161
RFID 24
RFM 分析 24
risk management 226
ROA 25

road side stations 213
ROI 25
roll playing game 232
RSC 25
RSS リーダー 25

S

S&L 25
SaaS 26
safeguard 136
safety net 136
sale and lease back 137
sales contest 136
samurai bond 110
savings and loan association 25
SC 124
scenic district 192
scenic zone 192
SCM 29
scrap and build 128
SC アイデンティティ 26
SC カード 26
SC ゾーニング 27
SC ディベロッパー 27
SC の立地 28
SC マーチャンダイジング 28
SC マネジャー 28
SC リニューアル 28
SC 競合 26
SC 共同販促 27
SC 業態 26
SC 経営士 27
SC 出店契約 27
SC 面積 28
search engine 91
search engine optimization 29
seasonal change 73
Second Life 134
secondary line 134
secondhand clothes store 198
securitization 120
segmentation 135
self-medication 137
self service 136
self-service 136

self service discount department store 136
selling line goods 49
sensitivity marketing 71
SEO 29
servicemark 109, 122
servicer 109
shop-in-shop 44
shop-mobility 124
shopping center 124
shopping goods 63
short selling 69
silicon cycle 125
single market 126
skimming 128
SKU 29
slow foods 132
slow life 132
small office/home office 29
smart shelf 131
SNS 29
social marketing 140
social networking service 29
socially responsible investment 117
Software as a Service 26
SOHO 29
sommelier (ère) 141
SPA 30
spam 131
SPC 164
special purpose company 164
special quality of generation 135
speciality store retailer of private label apparel 30
specialty shopping center 131
specialty store 138
SRC 造 30
SRSC 30
SSDDS 136
stagflation 129
stairwell 194
stake holder 129

station building 50
stealth blogger 129
steel reinforced concrete structure 30
steel structure 26
stock keeping unit 29
stock option 129
stock-taking 145
store comparison 129
store format 77
store royalty 129
street furniture 130
strip center 130
subprime loan 110
subsidiary 98
suburbanization 109
Suica 30
Sukuk 41
sunken garden 111
super regional shopping center 30
supercenter 130
supermarket 131
supervisor 130
supply chain management 29
Sustainability Report 108
sustainable development 108
sweets 128
SWOT 分析 30
syndicate 127
synergy (effects) 116
S 造 26

T

take-over bid 31
target marketing 145
TCM 30
teaser ad 152
Technology Licensing Organization 31
tenant 156
tenant leasing 157
tenant mix 156
TGC 161
the long tail 232
third place 109
third-party logistics 108

time-sharing 143
tipping point 154
TLO 31
TMO 31
TOB 31
Tokyo girls collection 161
town center 144
town center management 30
town management organization 31
traceability 168
trade service utility 31
trademark 122
trading area 120
traffic control 167
traffic diagram 162
traffic puller 167
transit mall 168
trattoria 167
triangular merger 111
truck berth 167
TSU 31
type of operation 77

U

ubiquitous computing 221
universal design 220
upscale 37
urban resort 38
urban shopping center 37
use-by date 122

V

variety store 183
venture capital 204
vertical merchandising 46
video on demand 186
viral marketing 178
virtual mall 180
visual merchandising 186
voluntary chain 208

W

warehouse store 47
warrant bond 234

watermark 48
weather merchandising 47
Web 2.0 32
weblog 200
white goods 126
White Paper 178
whole-garment technology 209
wholesale club 209
wide release 234
Wikinomics 46
Wikipedia 47
WiMax 32
Wimbledon effect 47
wind power 192
window shopping 47
working capital 49
work-life balance 234
World Trade Organization 32
wrap account 224
WTO 32

X

XML 32

Y

Yahoo! 219
yen carry trade 53
yen-denominated foreign bond 110
yield spread 43
YouTube 220

Z

zero-emission 137
zoning 140

ショッピングセンター用語辞典（新版）

2010年3月31日　第1版第1刷発行
2011年12月30日　第1版第2刷発行

著者　社団法人　日本ショッピングセンター協会
　　　ショッピングセンター用語辞典編集委員会

発行者　田中　千津子

発行所　株式会社　学文社

〒153-0064　東京都目黒区下目黒3-6-1
電　話　03（3715）1501㈹
ＦＡＸ　03（3715）2012
http://www.gakubunsha.com

©2010
乱丁・落丁の場合は本社でお取替えします。
定価は売上カード，カバーに表示。

印刷　新灯印刷
製本　小泉企画

ISBN 978-4-7620-2060-5